期货投资者教育系列丛书

白糖期货

中国期货业协会 编

中国财经出版传媒集团
中国财政经济出版社

图书在版编目（CIP）数据

白糖期货／中国期货业协会编．—北京：中国财政经济出版社，2019.2（2023.3重印）
（期货投资者教育系列丛书）
ISBN 978－7－5095－8814－7

I.①白… Ⅱ.①中… Ⅲ.①食糖－期货交易－基本知识 Ⅳ.①F830.9

中国版本图书馆 CIP 数据核字（2019）第 026371 号

责任编辑：武志庆　　　　　　　　封面设计：秦聪聪

中国财政经济出版社 出版

URL：http：//www.cfeph.cn
E－mail：cfeph@cfeph.cn

（版权所有　翻印必究）

社址：北京市海淀区阜成路甲 28 号　邮政编码：100142
营销中心电话：010－88191537
北京财经印刷厂印刷　　各地新华书店经销
787×1092 毫米　16 开　18 印张　274 000 字
2019 年 3 月第 1 版　2023 年 3 月北京第 3 次印刷
定价：49.00 元
ISBN 978－7－5095－8814－7
（图书出现印装问题，本社负责调换）
本社质量投诉电话：010－88190744
打击盗版举报热线：010－88191661　QQ：2242791300

期货投资者教育系列丛书编委会

编委会主任： 王明伟
编委会委员： 张晓轩　陈东升　吴亚军　冉　丽
　　　　　　　孙明福

主　　编： 王明伟
执行编委： 余晓丽　董文旭　刘方媛
编撰人员： 刘永华　张寻园　唐丽君　蔡　亮

前　言

近年来，在党中央国务院"稳步发展期货市场"政策指引下，我国期货市场在市场规模、产品创新、法规制度和国际影响力等方面取得了很大成就，与中国经济发展和金融改革日益紧密地联系在一起。期货市场已经成为我国市场经济的重要组成部分，其服务实体经济的功能日益发挥，为国民经济健康发展和平稳运行提供了有效的风险管理场所和手段。

随着我国期货市场规模的不断发展壮大，新的市场参与者特别是个人投资者呈持续上升趋势。投资者是期货市场的重要主体，期货市场的发展离不开投资者的积极参与。中小投资者是我国现阶段资本市场的主要参与群体，但处于信息弱势地位，抗风险能力和自我保护能力较弱，合法权益容易受到侵害。维护中小投资者合法权益是证券期货监管工作的重中之重，关系广大人民群众的切身利益，是资本市场持续健康发展的基础。因此，当前我国期货市场正处于快速发展时期，做好投资者教育工作意义深远。

2013年，《国务院办公厅关于进一步加强资本市场中小投资者合法权益保护工作的意见》（以下简称《意见》）发布，指出要强化中小投资者教育，加大普及证券期货知识力度。将投资者教育逐步纳入国民教育体系，有条件的地区可以先行试点。充分发挥媒体的舆论引导和宣传教育功能。证券期货经营机构应当承担各项产品和服务的投资者教育义务，保障费用支出和人员配备，将投资者教育纳入各业务环节。提高投资者风险防范意识。自律组织应当强化投资者教育功能，健全会员投资者教育服务自律规则。中小投资者应当树立理性投资意识，依法行使权利和履行义务，养成良好投资习惯，不听信传言，不盲目跟风，提高风险防范意识和自我保护能力。

随着《意见》的深入贯彻和落实，我国中小投资者保护工作取得了积极成效，围绕投资者教育工作，期货市场的监管部门、自律组织与中介机构都深入进行了大量形式多样、内容丰富、卓有成效的工作。由中国期货业协会组织编写的本套《期货投资者教育系列丛书》，就是协会按照中国证监会的统一部署，贯彻落实期货投资者教育工作的重要措施之一。本丛书是为期货投资者编写的一套普及性读物，以广大普通投资者为服务对象，兼顾了专业机构的需求，采取简单明了的问答体例，在语言上力争做到深入浅出、通俗易懂、可读性强。衷心地希望本丛书的出版能够为期货投资者了解期货市场、树立风险意识、理性参与期货交易提供有益的帮助。

在此，我们对所有在本丛书编写和出版过程中付出辛勤劳动的朋友表示衷心感谢。由于编写时间紧迫，书中错误和疏漏在所难免，恳请读者批评指正。

中国期货业协会

2019年3月

目 录

第一章　了解白糖 / 1

　　一、白糖是如何生产出来的？ / 1
　　二、白糖除了食用外，还有其他的用途吗？ / 3
　　三、除了白糖，市场上还有哪些蔗糖产品？ / 5
　　四、想参与白糖期货应该先做好哪些准备？ / 7
　　五、本书对参与白糖期货交易的投资者有什么帮助？ / 8
　自测题 / 10

第二章　白糖期货合约介绍 / 13

　　一、什么是白糖期货？ / 13
　　二、国内外食糖期货的历史和现状是怎样的？ / 14
　　三、我国白糖期货上市的背景是什么？ / 17
　　四、我国白糖期货上市的重大意义在哪里？ / 19
　　五、我国白糖期货交易都有哪些特点？ / 21
　　六、白糖期货市场对参与者有哪些帮助？ / 22
　　七、郑州商品交易所的白糖期货合约是怎样的？ / 24
　　八、白糖期货合约的涨跌停板制度是什么？有何作用？ / 26
　　九、为什么郑州商品交易所白糖期货合约的交割月份为
　　　　1月、3月、5月、7月、9月、11月？ / 29
　　十、白糖期货交割应该注意哪些问题？ / 30

十一、郑州商品交易所在全国设有哪些交割仓库？交割费用如何收取？ / 32

十二、哪些白糖品种可以用于白糖期货的交割？ / 40

十三、白糖期货合约的保证金指的是什么？ / 41

自测题 / 43

第三章　白糖的生产情况 / 46

一、我国白糖的生产特点是什么？ / 46

二、影响白糖生产的因素有哪些？ / 48

三、我国的食糖生产历史情况及现状是怎样的？ / 51

四、我国白糖的生产区域是如何分布的？ / 52

五、我国白糖主要生产企业的情况是怎样的？ / 54

六、国外的食糖生产历史情况及现状是怎样的？ / 57

七、国际主要糖料和食糖的生产区域是如何分布的？ / 58

八、我国目前糖料的主要品种有哪些？对生产有何影响？ / 59

九、我国实行了哪些管理制度来保障白糖生产？ / 61

十、我国对白糖生产有哪些发展战略和规划？ / 63

自测题 / 66

第四章　白糖的贸易流通情况 / 69

一、我国的白糖贸易流通情况是怎样的？ / 69

二、我国食糖的供需状况是怎样的？ / 72

三、我国食糖的进出口状况是怎样的？ / 74

四、我国白糖的主要贸易政策有哪些？ / 75

五、白糖期货给我国食糖贸易带来了哪些影响？ / 78

六、全球食糖的贸易状况是怎样的？ / 80

自测题 / 83

第五章　白糖的消费情况 / 86

一、我国食糖消费的总体情况是怎样的？ / 86

二、哪些因素会影响食糖的消费？ / 88

三、我国食糖消费的特点是什么？ / 91

四、我国食糖消费构成是如何变化的？ / 93

五、我国食糖消费的前景如何？ / 95

六、全球食糖的消费情况是怎样的？ / 98

自测题 / 100

第六章　影响白糖期货价格变动的因素 / 103

一、影响食糖价格的主要因素有哪些？ / 103

二、白糖的供求关系如何影响白糖期货价格？ / 108

三、白糖生产的周期性和销售的季节性因素如何影响白糖价格？ / 110

四、自然灾害对白糖期货价格有什么影响？ / 112

五、食糖的生产成本就是白糖期货价格的"底部"吗？ / 115

六、白糖替代品的价格变化会对白糖期货造成影响吗？ / 117

七、期末白糖现货结转库存和白糖期货库存如何影响白糖期货？ / 119

八、国家的糖业扶持政策对白糖期货的影响有多大？ / 121

九、白糖的收储、放储对白糖期货价格影响大吗？ / 124

十一、全球市场的供求变化对我国白糖期货影响大吗？ / 127

自测题 / 131

第七章　白糖生产企业如何利用白糖期货 / 134

一、白糖期货能够为糖料种植农户带来什么帮助？ / 134

二、生产企业如何利用白糖期货来规避白糖价格
波动风险？／139

三、生产企业如何利用白糖期货来指导生产和制定
销售策略？／142

四、为什么有的生产企业会不卖白糖反买白糖？／148

五、生产企业如何利用白糖期货改善库存和
资金压力？／152

六、生产企业参与白糖期货需要注意哪些问题？／156

七、生产企业参与期货如何进行风险控制？／159

自测题 ／161

第八章　流通企业如何利用白糖期货 ／164

一、流通企业如何利用白糖期货的价格发现
和套期保值功能？／164

二、流通企业如何具体应用白糖期货来制定采购和
销售策略？／167

三、流通企业在资金不足时也可以利用期货市场
锁定采购成本、保证销售利润吗？／170

四、流通企业如何利用期货市场来为已经签订的
购销合同规避风险？／174

五、流通企业可以利用白糖期货的基差和基差
交易来规避贸易风险吗？／178

六、流通企业如何利用期货市场扩大经营规模
开拓销售思路？／182

七、流通企业参与期货交易如何进行风险控制？／185

自测题 ／186

第九章　终端消费企业如何利用白糖期货 ／190

一、终端消费企业如何利用白糖期货指导生产

经营？／190

二、终端消费企业通过期货市场进行采购有什么
优势？／194

三、"现货＋期货"的模式可以让终端消费企业规避
价格风险吗？／196

四、白糖价格上涨，终端消费企业如何利用期货市场
保护利润？／198

五、白糖价格下跌，终端消费企业有哪些风险？
如何规避这些风险？／202

六、终端企业参与期货如何进行风险控制？／204

自测题／205

第十章　投资者如何参与白糖期货投机　／208

一、白糖期货投机需要注意哪些问题？／208

二、常用的交易风险控制方法有哪些？／210

三、怎样依据白糖基本面来参与白糖期货交易？／214

四、怎样依据白糖技术分析参与白糖期货交易？／216

五、短线交易者参与白糖期货需要注意哪些问题？／224

六、中长线交易者参与白糖期货需要注意哪些
问题？／226

七、如何运用套利操作参与白糖期货交易？／227

自测题／243

第十一章　白糖期权　／246

一、什么是期权？／246

二、期权价格的影响因素有哪些？／249

三、期权与期货有什么区别？／251

四、郑州商品交易所的白糖期权合约是怎样的？／252

五、白糖期权合约报价方式是怎样的？／255

六、白糖期权交易的了结方式有哪些？／257

七、行权之后，白糖期权变成了什么？／257

八、利用期权套期保值的优点有哪些？／258

九、期权套期保值的策略有哪些？／259

十、期权套期保值应该注意哪些问题？／269

自测题／270

后记／273

第一章

了解白糖

> **本章要点**
>
> 本章主要介绍本书对于参与白糖期货交易的投资者的重要参考意义,简述了白糖的基本属性、生产流程、主要用途及其分类。同时,介绍了投资者参与白糖期货交易时需要注意的重要环节,帮助投资者参与交易做好必要的准备。

 一、白糖是如何生产出来的?

了解制糖的原料和生产,是投资者了解白糖这个品种的第一步。

首先我们来认识白糖的生产原料。白糖最主要的生产原料是甘蔗和甜菜,其中又以甘蔗为主,其蔗茎部分是制糖的主要原料。

甘蔗原产于印度,是温带和热带农作物,适合栽种于土壤肥沃、阳光充足、冬夏温差大的地方，现广泛种植于热带及亚热带地区。全世界有100多个国家生产甘蔗。其中，甘蔗种植面积前三位的国家依次是巴西、印度、中国；种植面积较大的国家还有古巴、泰国、墨西哥、澳大利亚、美国等。我国甘蔗产区主要分布在广西、云南、广东、海南等省（自治区）。

在植物学上，甘蔗属于种子植物门，单子叶植物纲，禾本科，甘蔗属。甘蔗属植物又分许多种，可直接制糖和生食。目前，甘蔗在定向培育中形成两个种类：一类主要用于制糖，其纤维较为发达，利于压榨，糖分含量较高，一般为12%以上，出糖率高，称为糖料蔗或原料蔗；另一类主要作为水果食用，其纤维较少，水分充足，糖分较低，一般为8%，称为果蔗或肉蔗。糖料蔗的颜色是区分不同品种主要特征，糖料蔗的颜色主要有白色、黄色、红色、绿色、紫色等。蔗茎的颜色随着光照时间的加长、光照强度的加大，变得更暗、更深。

甜菜，也称糖萝卜，其果实呈球状褐色，通常数个联生成球果。主根为肉质块根，有圆锥形，也有纺锤形和楔形，甜菜皮有红色、紫色、白色、浅黄色等不同品种，喜凉爽气候，根中含糖分，用以生产糖，但在高温和潮湿地区生长的甜菜含糖量低。

甜菜起源于地中海沿岸，栽培种有4个变种：糖用甜菜、叶用甜菜、根用甜菜、饲料用甜菜。世界上有40多个国家种植甜菜，其中约80%产于欧洲，主要的种植国有俄罗斯、法国、德国、美国和波兰等。1906年，我国引进了糖用甜菜，其主要种植区是在北纬40°以北，包括华北（内蒙古）和西北（新疆）两大产区及黑龙江部分地区，其中，新疆、内蒙古产区占全国甜菜种植面积约90%以上。西北产区多采用灌溉栽培，加上日照时间长，甜菜单产和含糖量都比较高。甜菜是我国的主要糖料作物之一，作为制糖原料的糖用甜菜是两年生作物，块根是制糖工业的原料，也可用作饲料。

在了解了制糖原料之后，我们再来看看白糖的生产流程。

目前，世界各国采用的制糖法或澄清法，主要有石灰法、亚硫酸法和碳酸法三大类。石灰法只能生产出颜色较深的粗糖，而用亚硫酸法却能制出可直接消费的白糖，生产的白砂糖称硫化糖。用亚硫酸法比用碳酸法生产的白糖在洁白度和产糖率等方面都要差，但是因为亚硫酸法具有工艺流程较短，设备使用较少和澄清剂用量较省等优点，所以在国内大、中、小型甘蔗糖厂仍被广泛采用。

近十多年来，随着消费者对精炼糖使用量的增加，国外许多糖厂将亚硫酸法改为石灰法，把生产的粗糖再回溶精制，称为二步法制糖。

但在多数的发展中国家，亚硫酸法至今仍占有重要地位。用石灰和二氧化碳作为澄清剂来澄清蔗汁的方法叫碳酸法，生产的食糖称碳化糖。碳酸法所除去的非糖物比亚硫酸法除去的多，总收回率也比较高，且所制得的成品糖的纯度较高，色值较低，能久贮不致变色。但是，碳酸法也有一些缺点，如工艺流程比较复杂，需用机械设备较多，还要耗用大量石灰和二氧化碳，因而生产成本较高。特别是在离石灰石产地较远的地区，碳酸法的推广受到一定的限制。用亚硫酸法和碳酸法制糖，称为一步法。

二、白糖除了食用外，还有其他的用途吗？

白糖是我们日常生活的必需品，除了食用外，也是食品工业、制药工业和建筑工业不可或缺的原料。

白糖在工业消费中最主要的用途就是用于食品工业。食品工业直接关系到人们的日常生活，与经济周期关联性小，是发展最为迅速的产业，也是大多数国家国民经济中的重要产业之一。中国的食品工业自 2000 年以来保持了高速增长的态势，销售收入和利润总额增长速度是国内生产总值增速的两倍以上。随着经济的发展和人民生活水平的提高，人民对食品的要求也逐步提高，消费结构从追求数量向营养、便捷、安全方面转变，带动了中国食品工业对糖消费量的增加。在食品工业用糖中，含糖食品工业又占据了绝大部分的用糖比重，其中包括了糖果、饮料、饼干糕点等产业（见图 1-1）。

白糖除了用于食品工业外，还广泛用于制药工业和建筑工业。

在制药工业中，白糖主要是作为营养剂和调味剂来使用。糖是三大营养源之一，人体总能量的 55%～65% 来自糖，12%～15% 来自脂肪，25% 来自蛋白质。

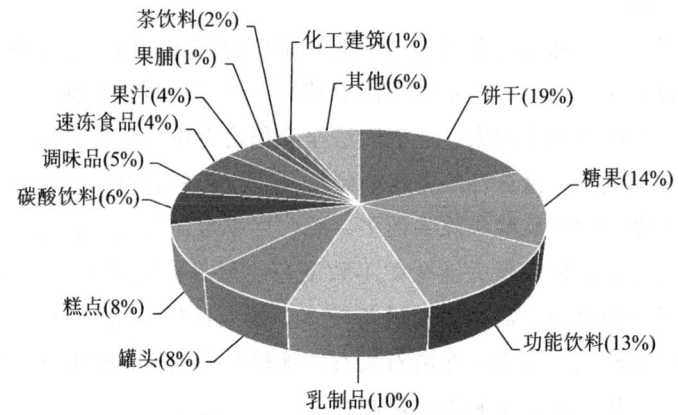

图1-1 2016年中国食品工业各行业消费白糖比例

资料来源：中国糖业协会。

  白糖是一种天然、健康、容易被人体吸收的食品，是体力劳动人群和运动型人群最便捷、最快速的能量补给源。白糖直接由甜菜或甘蔗糖汁提炼而成。

  同时，对人体而言，白糖经过快速吸收消化后没有残留物，不会对肝脏造成负担；白糖还是大脑的主要营养源，被人体吸收后分解成的葡萄糖是大脑的重要能源。联合国粮农组织（FAO）和世界卫生组织（WHO）联合出版的《人类食物中的碳水化合物》一书中指出，"白糖是一种安全而有价值的食物。"

  世界卫生组织的专家组对于白糖做出了权威性的结论："在平衡的膳食中，白糖并没有危害，它不会引起肥胖、糖尿病、心脏病、高血压病、多动症、癌症；相反，它是美味便宜的能源。"

  我国中医认为，白砂糖味甘、性平、归脾、肺经，有润肺生津、止咳、和中益肺、舒缓肝气、滋阴、调味、除口臭、疗疮去酒毒、解盐卤毒之功效。适当食用白糖可提高人体对钙的吸收，提供机体能量，维持心脏和神经系统正常功能，保肝解毒。糖是人体主要营养来源之一，人体的消耗要以糖氧化后产生的热能来维持，人体活动所需的能量大约有70%是靠糖供给的。相比来看，白糖是安全的能量来源。因此在制药工业里，糖的应用非常广泛。

在建筑工业中，糖则是作为一种缓凝剂来使用。缓凝剂是指能延缓混凝土凝结时间而不显著影响后期强度的外加剂。缓凝剂适用于要求延缓时间的施工中，如气温高、运距长的情况下，可防止混凝土拌合物发生过早坍落。一般说来，糖是有机物，有机物表面活性剂都能吸附于水泥矿物表面，起到阻止水泥矿物的水化作用，延缓了水泥水化速度，只要严格控制其含量，可以起缓凝剂的作用。缓凝剂的种类很多，最常用的是木质素磺酸钙、糖蜜以及等级较低的白糖，其中又以糖蜜缓凝效果最佳。常见的高速公路的建筑原料中也有糖的成分。

因此，白糖除了食用外，还广泛应用于医药、建筑等领域中，它已成为我们生活中不可缺少的必需品。

 三、除了白糖，市场上还有哪些蔗糖产品？

我们常说的白糖，也称为白砂糖，是众多制糖产品中的一种，也是应用最为广泛的一种。糖厂除了生产白糖外，还会根据市场的需求生产赤砂糖、绵白糖、精制糖、原糖等众多产品。

赤砂糖，为甘蔗的茎经压榨取汁炼制而成的赤色结晶体，也称为砂糖、红糖、紫砂糖、片黄糖。赤砂糖有丰富的糖分、矿物质及甘醇酸，呈棕红色或黄褐色，甜而略带糖蜜味，是没有经过高度精炼的蔗糖，主要用于食用和工业原料。一般采用亚硫酸法、碳酸法来生产白砂糖的糖厂，也生产部分赤砂糖。赤砂糖水分较大，不容易长时间保存。根据中国糖业协会的数据统计显示，赤砂糖占成品糖产量的比例一般为6%，最高为16%左右，由糖厂根据市场需求来生产。

绵白糖，是将晶粒较细的白砂糖与适量的转化糖浆均匀混合而得到的糖，晶体细小均匀，颜色洁白，质地绵软，主要用于食品行业。历史上以北方甜菜糖产区生产绵白糖为主，在我国南方也有食糖企业生产绵白糖，但数量上明显少于北方地区,这主要是因为北方风干物燥的气候条件对生产和储存绵白糖有利,而南方地区湿热的气候会使得绵白糖容易受潮和干结,带来储存上的不便所致。实际上,北方产绵白糖和南方产绵白糖在原料和制作工艺都是一样的,本质上并没有区别。在1998年以前,我国的绵白糖产量占白糖总产量的一半甚至更多一些。1999年以后,随着北方食糖产量的锐减,绵白糖价格上涨,北方甜菜糖产区用于绵白糖的比例扩大到70%~80%,也就是从这一时期起,南方甘蔗绵白糖开始较大量地进入北方市场。

精制糖,也称为精糖,一般是指纯度在99.80%以上而颜色洁白、色值在25IU以下的高档糖制品。精制糖的质量比普通白砂糖要高,可供较高食用标准要求的高级糖果、饮料以及医药工业使用。我国目前生产精制糖的方法有两种:一种是由榨蔗直接出精制糖法;一种是用原糖或者白砂糖为原料的重结晶法。重结晶法以原糖为原料,经过复筛将原糖表面残留的糖蜜洗去后溶解为粗糖液,然后清净、过滤、脱色制成精糖浆,再进行煮糖、分蜜、干燥、筛分,得到纯度更高的精糖。在国外,有些制糖企业还在精糖中加入一定量的转化糖而制成精绵白糖。

原糖,又名粗糖,是指以甘蔗为原料经压榨取汁、糖汁清净处理,一般用石灰法、煮炼结晶、离心分蜜,制成的带有一层糖蜜、糖度不低于97%、供精炼糖厂再加工用的原料糖,保质期较长。国际食糖贸易一般以原糖贸易为主。因为原糖为再加工用的原料糖,不具备食用的卫生条件,所以不能直接食用或用作食品加工业的原料和辅料。由于我国制糖企业目前主要以一步法来进行生产,所以原糖生产线较少,仅有广西扶南东亚糖业有限公司、柳州柳兴制糖有限公司等少数几家糖厂配置了原糖生产线。我国每年也会根据需求从国外进口一定数量的原糖来补充库存或提炼成白砂糖用于供应市场。

目前市场上的制糖产品,除了以上提到的五种产品,还有冰糖、黄片糖等产品。不同种类的制糖产品可以满足不同需求的市场。郑州商品交易所上市的白糖期货,是以白砂糖做为期货合约的标的物,这是因为我国的食糖贸易是以白糖为主,食糖生产企业主也多是采用一步法直接由糖料生产出白砂糖,再加上白糖具有价格波动幅度大和易于标准化的特点,所以郑州商品交易所根据国情出发,选择了白砂糖作为期货合约的标的物。而在国外的期货市场，也有采用其他制糖产品作为交易品种的期货合约，如纽约商品交易所（NYBOT）开展的就是原糖的期货交易。虽然制糖产品多种多样，但通过深入了解它们之间的关系，对从事白糖期货交易就会有一定的帮助。

四、想参与白糖期货应该先做好哪些准备？

期货交易是一个风险较高的投资方式，而白糖期货相对于其他大部分商品期货来说，具有价格波动性大的特点，不全面把握白糖本身的特点的话，投资风险将会更高。所以投资者在参与白糖期货交易之前，应该做好足够的知识准备、经验准备、资金准备和心理准备，并明确参与交易的目的，这样才能利用价格波动合理交易，有效地控制交易风险。

知识准备，是要求投资者在参与白糖期货交易之前，对白糖这个品种有一个清晰的了解，从而具备一定的白糖基本知识及期货基础知识。在白糖基本知识方面，投资者除了要对白糖的产业链有一定的认识，还应当充分了解影响白糖价格的各种因素，包括产量、销量、库存变化、天气状况等等；在期货基础知识方面，投资者则要掌握一些常用的技术分析方法和交易方法，充分了解白糖期货的交易规则。投资者通过把白糖基本知识与期货基础知识相结合，才能更好地把握住白糖期货的特点，发现获利机会，避免交易失误。

经验准备，对于初入期货市场的普通投资者来讲，就是要熟悉整个期货交易的流程。具备初步期货交易经验的最好办法，就是可以先用模拟账号进行实时行情的模拟交易，熟悉行情软件以及交易软件的应用，这样既可以让自己对期货交易有一个直观的认识，感受期货交易的特点，同时也可以避免由于行情、交易软件操作不熟悉而造成损失。

资金准备，则是要求投资者对自己用于在白糖期货投资上的资金有一个合理的规划。有足够的资金，是能参与期货交易的一个必要条件，但光有资金还不够，由于期货具有保证金、当日无负债结算等制度，使得期货交易的风险较高,如果使用不当,投入的资金很容易就打了水漂,这就需要投资者有管理资金的意识。保证账户里有足够的资金,平衡持仓所占用的资金比例等,都是投资者需要注意的问题。

心理准备,由于期货交易风险较大,在从事期货交易之前,投资者要做好能够承担损失的心理准备。交易心理对操作白糖期货起到至关重要的作用,投资者从事期货交易,要尽量克服自己贪婪和恐惧两种极端心理,将期货交易以平常心来对待,该收手时就收手,也要有认输的勇气。

最后,投资者应结合自身的投资需求及风险承受能力明确自己参与期货交易的目的,明确了交易目的后,方能制定合适的交易策略。在期货市场中,套期保值者参与交易是为规避现货市场的系统性风险,而不是以赢利为主要目的;投机者则是靠主动承担风险来把握期货市场上价格波动带来的风险收益。投资者不论是参与套期保值还是投机,都必须结合自身的需求,明确参与白糖期货市场的目的和预期目标,制定相应的交易策略并严格执行,才有可能利用期货市场实现自己的交易目标。

 五、本书对参与白糖期货交易的投资者有什么帮助?

白糖是人们日常生活的必需品,还是粮、棉、油以外的国家战略物资,关系到国计民生的大宗商品,在国际农产品贸易中占有重要地位,也是国内外商品期货市场的热点交易品种。本书以广大普通投资者为服务对象,对白糖商品本身及白糖期货的相关基础知识、常用的分析方法进行了系统介绍。

根据进入期货市场的目的不同,期货市场投资者分为两大类:套期保值者和投机者(包括套利者)。白糖套期保值者主要是生产商、加工商、经营商等,而参与白糖期货的投机者,既有普通的个人投资者,也有机构、企业投机者。对于普通投机者,参与白糖期货交易的目的主要是为了投机获利;而对于企业投机者来讲,其主要操作还是套期保值。

> **小贴士**
>
> ### 套期保值和投机操作
>
> 套期保值就是对现货保值，就是把期货市场当作转移价格风险的场所，利用期货合约作为将来在现货市场上买卖商品的临时替代物，对其现在买进或（已拥有、将拥有）准备以后出售的标的物或对将来要买进的标的物价格进行保险的个人或企业。简单地说就是在现货市场买进（或卖出）商品的同时，在期货市场卖出（或买进）相同数量的同种商品，进而无论现货市场价格怎么波动，最终都能取得在一个市场上亏损的同时在另一个市场盈利的结果，并且亏损额与盈利额大致相等，从而达到规避风险的目的。白糖期货市场上的套期保值者一般多为制糖企业、食糖贸易商以及用糖终端企业。
>
> 投机是以获取价差为最终目的，其收益直接来源于价差。投机者根据自己对期货价格走势的判断，做出买进或卖出的决定，如果这种判断与市场价格走势相同，则投机者平仓出局后可获取投机利润；如果判断与市场价格走势相反，则投机者平仓出局后承担投机损失。白糖期货是一个价格波动比较大的期货品种，投机者主动承担风险，促进了市场的流动性，保障了价格发现功能的实现。同时，投机者的出现缓解了市场价格可能产生的过大波动。
>
> 套期保值者和投机者在期货市场中作用不同。套期保值者是期货市场存在的前提和基础，他们规避了其生产经营过程中的风险，也就是转移了附着在这些风险中的收益。投机者利用期货市场增加了市场流动性并起到了承担套期保值者转嫁风险的作用，他们有利于期货交易的顺利进行和期货市场的正常运转，是期货市场套期保值功能和价格发现功能得以发挥的重要条件。

对于参与投机的投资者，需要关注影响白糖价格的各方面因素。本书通过介绍白糖的生产、贸易和消费环节，分析了影响白糖期货价格的各方面因素，为投资者了解白糖产业的总体状况、判断投资机遇提供参考。同时，我们还将在本书的相关章节着重分析在白糖期货投机交易中需要关注的问题，介绍投机交易所需要了解的基本技巧、风险控制手段，并针对不同类型与风格的投资者，通过实例讲解相关的理论知识和操作方法，帮助投资者更好地参与白糖期货交易。

对于参与套期保值的企业，不同类型的企业有不同的经营需求。在参与白糖期货套期保值的企业中，主要分为生产企业、流通企业和消费企业三大类型，针对各类型企业经营过程中所面对的不同风险，本书将有针对性地详细剖析利用白糖期货规避价格风险的基本原理，通过实际案例介绍各种套期保值方案的具体操作方法。这些案例从各个侧面体现了不同类型的企业在进行套期保值时所采取的各种策略、操作方法及其区别，让涉足这方面的企业能够尽快掌握基本的套期保值技术，并结合自身情况，选择适合自己的套期保值策略。

本书立足于期货投资者基础教育，侧重实用性、可操作性，针对各种类型的投资者，通过大量的案例，剖析各方面的理论知识与操作方法，力求内容深入浅出，通俗易懂。

因此，本书对初次参与白糖期货交易的投资者和想进入白糖期货市场进行套期保值操作的企业都具有一定的参考和实用价值。

自测题

一、填空题

1. 白糖的生产原料有很多种，最主要的原料是_____和_____。
2. 白糖除了食用外，还广泛用于食品工业、制药工业、_____。
3. 参与白糖期货套期保值的企业中，主要分为生产企业、流通企业和_____。
4. 套期保值分为_____和_____。
5. 期货市场套期保值功能将帮助实体企业有效规避_____的巨大风险。

二、不定项选择题

1. 在世界，甘蔗种植面积最大的国家是（   ）。

A. 巴西 B. 印度
C. 法国 D. 中国

2. 我国甘蔗主产区主要分布在（　　）。
   A. 广西 B. 云南
   C. 上海 D. 福建

3. 以甘蔗、甜菜为原料制作的成品糖有（　　）。
   A. 白砂糖 B. 绵白糖
   C. 原糖 D. 冰糖

4. 想做白糖期货应先做好（　　）准备。
   A. 知识准备 B. 资金准备
   C. 心理准备 D. 经验准备

5. 影响白糖价格的重要因素有（　　）。
   A. 产销关系 B. 季节性因素
   C. 油价变化 D. 存款利率变化

6. 国际食糖贸易一般以（　　）贸易为主。
   A. 原糖 B. 白砂糖
   C. 绵白糖 D. 精制糖

7. 含糖食品工业又占据了绝大部分的用糖比重，其中包括了（　　）等产业。
   A. 乳制品 B. 制药
   C. 饮料 D. 糖果

8. 我国的食糖贸易是以（　　）为主。
   A. 原糖 B. 白糖
   C. 赤砂糖 D. 冰糖

三、判断题

1. 我国的制糖生产方法目前以二步法为主。　　　　　　　　（　　）
2. 我国以甜菜为原料生产的白砂糖占主导地位。　　　　　　（　　）
3. 我国甜菜主产区主要分布在华北（内蒙古）和西北（新疆）地区。
   　　　　　　　　　　　　　　　　　　　　　　　　　　（　　）

4. 投机者参与期货交易是为了规避现货市场的系统性风险。（   ）

5. 套期保值者参与期货交易是为了获取期货价格波动带来的收益。

（   ）

参考答案

一、填空题

1. 甘蔗　甜菜　　2. 建筑工业　　3. 消费企业

4. 买入套期保值　卖出套期保值　　5. 价格波动

二、不定项选择题

1. A　　2. AB　　3. AB　　4. ABCD　　5. AB　　6. A　　7. ACD

8. B

三、判断题

1. 错　　2. 错　　3. 对　　4. 错　　5. 错

第二章

白糖期货合约介绍

> **本章要点**
>
> 本章主要介绍郑州商品交易所白糖期货所涉及的各方面的问题。首先简单地介绍白糖期货的历史和现状,并分析白糖期货在我国期货市场上市的各方面意义,讲解白糖期货合约的具体内容,突出白糖期货的交易特点,帮助投资者进一步了解白糖期货。

 一、什么是白糖期货?

我们通常所说的白糖期货,是指在郑州商品交易所上市的白糖期货合约。买卖双方通过交易所平台买卖标准化合约,同意按未来指定的时间、价格与其他交易条件,交收指定数量的白糖现货。白糖期货合约是由郑州商品交易所设计的标准化合约。白糖期货是一种衍生工具，按现货标的物的种类来划分，属于商品期货这一大类。

白糖期货是一种跨越时间的交易方式，这种方式是在现货交易的基础上发展起来的，是一种有组织的交易方式。白糖期货交易只能集中在期货交易所进行。交易所为白糖期货合约集中竞价交易提供场所、设施（如行情板、电视屏幕、电子计算机、电话、电传等）及相关服务，让四方八面的交易者能在同一个平台上方便地撮合交易。参与白糖期货交易者中，套期保值者透过买卖白糖期货，锁定利润与成本，减低时间带来的价格波动风险；投机者则透过白糖期货交易承担价格波动风险，伺机在价格波动中牟取价差利润。

自2006年1月6日白糖期货在郑州商品交易所上市以来，市场参与者日益增多，交易规模稳步扩大，期货价格影响力逐步增强，初步发挥出规避风险、发现价格的经济功能，得到了社会各界人士特别是糖业界人士的认可。随着白糖期货市场的进一步发展成熟，白糖期货对引导我国糖料种植、合理配置市场资源必将发挥出更大的积极作用。

 二、国内外食糖期货的历史和现状是怎样的？

在国际期货市场，食糖是成熟的也是活跃的交易品种，从世界上第一份食糖期货合约诞生至今已有90多年的历史。世界上很多国家开展食糖期货、期权交易，最主要的食糖期货市场是纽约期货交易所（NYBOT）和伦敦国际金融期货期权交易所（LIFFE），分别交易原糖和白砂糖，其形成的期货价格已被世界糖业界称作"国际糖价"，成为国际贸易定价和结算的依据。此外，巴西期货交易所（BM&F）、东京谷物交易所（TGE）、关西商品交易所（KCE）、法国期货交易所（MATIF）、莫斯科银行业外汇交易所（MICEX）、印度国家商品及衍生品交易所（NCDEX）、日本福冈期货交易所（FFE）都曾经或正在交易食糖期货（期权）合约。世界食糖期货合约交易的品种主要有白砂糖、精白软糖、原糖、结晶糖等。

19世纪末20世纪初，继1848年芝加哥期货交易所（CBOT）成立之后，美国不断涌现出新的交易所，也不断开发上市新的交易品种，美国期货市场得到迅速发展。在这样的背景下，纽约咖啡交易所于1882年成立。1914年第一次世界大战爆发，战争使位于英国伦敦和德国汉堡的传统国际食糖市场关闭，纽约咖啡交易所顺势于当年推出了原糖期货。正如欧洲食糖现货市场的诞生一样，是在极度不稳定的经济形势和剧烈波动的国际糖价的条件下，催生出世界第一份原糖期货合约。

表2-1是美国纽约期货交易所11号原糖期货合约，从这张合约中我们可以了解到纽约11号原糖期货的详细信息，该合约也为郑州商品交易所设计白糖期货合约提供了宝贵的参考价值。

表2-1　　　　　纽约期货交易所11号原糖期货合约

交易时间	3：30—13：00（纽约时间）
合约单位	112000磅，约50.8吨
报价单位	美分/磅
交易代码	SB
交割月份	3、5、7、10
最小变动单位	0.01美分/磅
交割品级	平均旋光度为96的原蔗糖
交割地点	巴西、哥伦比亚、哥斯达黎加、多米尼加共和国、萨尔瓦多、厄瓜多尔、斐济群岛、法属安的列斯群岛、危地马拉、洪都拉斯、印度、牙买加、马拉维、毛里求斯、墨西哥、莫桑比克、尼加拉瓜、秘鲁、菲律宾共和国、南非、斯威士兰、中国台湾、泰国、特立尼达、美国和津巴布韦
交割方式	实物交割
最后交易日	交割月前一个月的最后交易日
通知日	最后交易日后的第一个交易日

资料来源：纽约期货交易所网站。

1916年，纽约咖啡交易所改名为纽约咖啡和糖交易所，1979年与纽约可可交易所合并，改名为咖啡、糖和可可交易所有限公司（CSCE），1982年CSCE推出了糖期权合约，这是自1936年以来美国交易所交易的第一份以农产品期货合约为标的物的期权合约。1998年CSCE与纽约棉花交易所（NYCE）宣布合并，并改名为纽约期货交易所（NYBOT）。新成立的纽约期货交易所仍实行会员制，现有会员近1000家，都是原来两家交易所的会员。其中CSCE会员527家，主要是全球主要产糖国家和地区（巴西、澳大利亚、泰国、印度、墨西哥、南非以及中美洲国家）的制糖公司、国际上从事食糖贸易的公司、期货经纪公司、专业的基金等。在2007年，ICE（美国洲际交易所）完成了对NYBOT的收购，成功地将其业务范围拓展至了咖啡、糖等农产品领域。2013年11月，ICE收购纽约泛欧交易所集团（NYSE-Euronext），将其旗下的伦敦国际金融期货交易所（LIFFE）一并收入囊中。

目前，以ICE原糖和旗下LIFFE白糖为代表的欧美食糖期货市场同现货市场有效接轨，其形成的原糖和白糖期货价格已成为世界糖市的"风向标"，他们不仅形成了相当的市场规模，而且流动性、价格发现和转移风险等经济功能也很完善，其期货合约设计及交易制度为众多期货交易所借鉴和采用。

在我国，白糖期货交易经历了两个阶段。自1993年开始，天津、海南、上海等地开始试办白糖期货交易，随后上海粮油商品交易所、海南中商期货交易所、北京商品交易所、天津商品交易所、广东联合期货交易所、上海农业生产资料交易所、华南商品期货交易所、广州商品交易所也都陆续上市白糖期货合约，交易一度非常活跃，但因当时国内食糖供求矛盾过于突出，市场处于供不应求的局面，加上当时我国期货市场很不成熟，一些交易所的会员结构也不合理，出现了过分投机、少数大户操纵市场和人为哄抬价格等情况，导致合同失去约束力，没有体现出正常期货市场发现价格和套期保值功能。因此，国务院办公厅1994年4月4日转发了国务院证券委关于停止白糖期货交易的通知，各交易所于1994年10月31日前陆续停止了白糖期货交易，中国的白糖期货交易陷入了一阵子沉寂。

随着期货市场法律法规的健全和市场的需要，2002年1月25日，郑州商品交易所经过长期准备之后正式向中国证监会递交了关于上市白糖期货的申请，白糖期货终于获准于2006年1月6日在郑州商品交易所重新上市交易，中国白糖期货交易从此翻开了新的篇章。

郑州商品交易所白糖期货上市以来，交易持续活跃，市场规模迅速扩大。2006年全年交易量5868万手，日均成交24.3万手，日均持仓11.2万手；2007年交易量9094万手，日均成交37.5万手，日均持仓40万手。2008年以来，白糖期货市场呈现跨越式发展，2008年和2009年分别成交3.3亿手和2.92亿手，日均交易量突破100万手。2017年，白糖期货成交量1.22亿手，成交金额超过7.91亿万元。美国期货业协会（FIA）的统计显示，2017年在全球交易量前10名的农产品期货和期权当中，郑州商品交易所的白糖期货期权交易量位居全球第七。

三、我国白糖期货上市的背景是什么？

白糖是关系到国计民生的大宗商品。在我国，白糖市场是一个生产集中度很高的市场。目前，广西、云南作为我国的白糖主产区，产量占到全国白糖总产量的70%以上，制糖企业大多集中在这两省内。同时，白糖生产还有季产年销的特点。生产时间短、生产地区少，生产、经营高度集中，再加上消费需求日益旺盛，使得白糖的价格很容易受到供应、消费、天气等因素的影响而波动。

多年来，由于糖料种植的局限性，使得白糖的供求关系很难取得平衡，加上白糖价格主要由市场供求关系来决定，因而白糖的价格波动较大。客观上糖制品相关企业需要白糖期货来进行规避价格波动风险。在这种形势下，白糖期货在1993年就已经初次上市进行交易，但由于当时市场条件不成熟，交易所会员结构不合理等原因导致市场出现过分投机，使合同失去约束力，1994年底白糖期货又全面退出了国内期货市场。但是由于没有白糖期货，1994年后的中国糖业市场经历了价格波动带来的巨大损失。

案例 2-1

没有白糖期货这一避险工具，中国糖业承受了巨大的代价

1999年底，我国的白糖主产区广西遭遇了历史上罕见的严冬，出现了几十年不遇的霜冻天气，大面积的甘蔗被冻坏，使得糖价一周之内从1800元/吨暴涨至2800元/吨，到2000年7月底，广西白糖已大幅上涨至4100元/吨，涨幅达2300元/吨。白糖价格的巨幅波动，不仅使得蔗农的利益受到了严重损害，也使我国制糖企业的生产和销售出现经营利润不稳定。因此，从这个意义上来说，市场要求有白糖期货来规避价格风险和发现白糖的真实价格。

1999年5月，由原国内贸易部和广西区政府共同批准成立了国家级食糖中心批发市场——广西食糖中心批发市场，另一个产糖大省云南也成立了昆明商品中心批发市场，两个市场都开始了白糖的远期交易，并广泛借用了期货交易的规则，缓解了市场的剧烈波动，但没有从根本上解决规避价格风险的问题。产业的需求以及食糖批发市场良好的运行态势，使得白糖期货再度上市的筹备工作提上了郑州商品交易所的日程。

案例 2-2

没有白糖期货，就没有国际话语权

2005年年中至2006年年初，国际糖价大幅上涨，国际投资基金高调运作，对糖价步步紧逼且不断推高糖价，半年时间纽约原糖期货价格上涨了80%以上。随着国际投资基金变本加厉炒作国际糖价并大幅带动了国内糖价的上涨，产区广西的糖价从3150元/吨上涨至4800元/吨左右，对国内白糖产业造成很大冲击。由于没有白糖期货，相关企业面对糖价的上涨只能被动防守。高价格伴随着高风险，2006年2月后，国际及国内糖价开始下跌，由于白糖期货在国内上市不久，很多企业没有运用期货平台的概念，国内产区现货价格从5500元/吨左右一路下跌至4700元/吨，价格的下跌使相关企

业遭受了巨大的损失。

这一案例说明没有或没有参与白糖期货，企业正常的生产和经营就得不到保障。另一方面，说明白糖期货的上市是我国博弈国际大宗商品定价权棋盘上的关键一子，对减缓或避免国际食糖市场对我国食糖产业的冲击起着十分重要的作用。

因此，我国的白糖期货是受国内白糖市场价格波动和国际市场影响的背景下推出来的。

四、我国白糖期货上市的重大意义在哪里？

作为大宗商品的白糖，其期货合约的上市，在宏观方面，有利于进一步完善白糖市场体系和宏观调控体系，健全市场机制；在微观方面，有利于培育我国涉糖企业的市场化意识，有利于白糖的生产和流通，有利于白糖产业链的整合，有利于稳定糖农的收入，有利于增强涉糖企业的市场竞争力。白糖期货的上市，对我国实现糖市持续、稳定、健康发展具有十分重要的意义，这主要表现在以下几个方面：

（一）白糖期货上市，有助于调节我国白糖市场供求，减缓市场价格波动

白糖期货的上市，通过期货市场可以集中大量的白糖供求信息，可以吸引来自白糖生产、流通和消费等各个领域的投资者，他们根据各自对未来市场的判断，经过激烈竞争形成白糖期货价格，能够较为真实地反映出供求状况及其价格变动趋势，有助于校正现货市场白糖价格滞后性，可以合理引导生产和流通，优化配置资源。同时，价格信号也会及时传递给糖农，引导糖农调整糖料播种面积，减少生产的盲目性，避免出现因产量而导致价格巨幅波动。生产企业也可以根据白糖期货价格的变化趋势决定下一生产周期的生产规模，通过增加或减少市场供给量，使市场供求基本平衡，减缓了市场价

格的剧烈波动。

(二) 糖业健康发展需要利用期货市场规避风险,稳定经营

如果没有建立白糖期货市场,白糖价格的波动会使得白糖的生产、流通、消费整个产业链都承担着巨大的市场风险。当白糖价格出现价格上涨的时候,企业顺价销售,也许会错过价格继续上涨带来的获利机会;企业为了获得更多的利润而屯糖待涨,但因为不能预知未来糖价变化的情况,一旦价格下跌,企业不仅会错失盈利的机会,甚至还会出现亏损。大部分企业对白糖价格的波动只能被动接受,不能通过期货市场事先锁定产品利润,面临的价格风险也无法回避。白糖期货的上市,企业可以直接在期货市场上进行套期保值操作,利用白糖期货规避市场风险,锁定利润,保持企业的稳步发展。因此,糖业的发展需要利用期货市场规避价格风险,稳定其经营利润。

(三) 白糖期货上市有利于完善白糖市场体系

健全的市场价格体系,应该是包括批发价格、零售价格和期货价格在内的、与市场化水平相适应的价格体系。白糖期货市场是现货市场发展的深化,也是完善糖业体系的一个重要组成部分。白糖期货的上市,给食糖市场带来了有效的发现价格和规避风险的渠道,其安全性和规范性也能够让投资者的交易得到保障。同时,白糖期货也会让我国食糖流通体制市场化改革跟上市场的发展,并使食糖流通中存在的一些现实问题得以妥善解决。

(四) 白糖期货上市有利于增强我国白糖的国际市场竞争力

经过 10 多年的改革,我国制糖行业实现了由计划经济向市场经济的转型。入世以来,我国制糖行业进一步融入了世界市场,成为世界食糖市场的重要组成部分。加入 WTO 后,我国逐步降低对国内糖业的保护,进口关税起始率为 30%,至 2004 年进口配额增加至 194.5 万吨,配额内关税减至 15%,配额外关税减至 50%。随着我国经济的发展和消费水平的提高,我国逐步过渡为一个食糖进口大国,从而对世界食糖市场格局产生巨大的影响。同时,我国是世界食糖生产、流通和消费大国,努力把我国建设成为国际食糖定价中心意义重大。白糖期货上市后,随着郑州商品交易所白糖期货交易量逐步攀升，在国际市场中的影响力相应凸显，有效地减缓了国际糖价波动对我国食糖产业的冲击，中国在国际白糖价格的话语权也在日益增强。

（五）白糖期货可以为政府进行宏观调控提供决策参考，提高宏观调控的效率

期货市场具有发现价格、揭示未来供求关系的功能。国家对白糖市场的宏观调控，可以把期货市场价格走势作为决策参考，通过期货市场走向考虑储备政策，对储备糖进行轮库及保值操作，避免储备糖超期储存，节省财政开支；也能及早判断市场形势，提前决策，提高调控效率，增强调控效果，实现宏观调控目标。

五、我国白糖期货交易都有哪些特点？

目前，白糖期货的成交金额在郑州商品交易所的所有商品期货品种中名列前茅，在全国范围的期货市场中也是最具人气的商品期货品种之一。下面将简单介绍一下白糖期货交易的特点。

（一）白糖期货品种成熟，交易规模大

在国际期货市场上，食糖是成熟的也是很活跃的交易品种，从世界上第一份食糖期货合约诞生至今已经有近百年的历史。白糖期货在郑州商品交易所上市以来，由于其成熟的合约设计，再加上市场需求的配合，交易持续活跃。交易量从2006年全年5868万手、日均成交24.3万手迅速增长到2017年的1.22亿手，成交金额超过7.91万亿元。

（二）白糖产业链长，相关企业积极参与期货市场

白糖品种所涉及的生产、流通、消费等产业链较长，而每一个环节所辐射的领域也很广泛。例如，白糖生产领域就涉及糖料种植业、运输业、仓储

业、金融业等行业；而白糖流通领域则更为复杂，牵扯面更广，涉及仓储业、公路运输、铁路运输和海洋运输业、内贸行业、外贸行业等多个行业。每个行业对白糖市场的变化都具有一定的影响力，每个行业出于自身的需要，也都可以进入白糖期货市场寻找投资机会或进行套期保值等操作。截至2017年年底，国内重要的制糖、加工和贸易企业，都已基本参与了白糖期货交易，郑州商品交易所开户交易的涉糖企业数量超过3000家，法人客户持仓量占总持仓量的一半以上。

（三）白糖价格波动频繁，市场活跃、期货投资机会大

由于国内白糖期货价格和现货价格以及国际食糖期货价格之间的相互影响，加上白糖价格受供需格局、天气、产量、运输、消费量、进出口政策等各种因素变动的影响，价格波动频繁。此外，白糖涉及产业链较长，与白糖有关的每一个因素发生变化，都有可能会在价格上反映出来，因此市场的题材格外丰富，也使得白糖期货具有更多的投资机会。

六、白糖期货市场对参与者有哪些帮助？

白糖期货市场将会给生产、流通、终端消费等产业链的各个环节的参与者带来如下帮助：

（一）白糖期货能够帮助糖料种植农户调整种植结构

白糖期货可以为广大糖农提供未来糖价信息，增强糖农对糖料种植方面的掌控能力。糖农可以根据白糖期货的价格发现功能来推算收购价格，调整种植结构。据中国糖业协会的数据统计，我国糖料的种植面积在2005/2006榨季为2100万亩，增长到2012/2013榨季最高的2782万亩，后回落到2016/2017年的2093万亩。

（二）白糖期货能够帮助企业有效规避价格波动的巨大风险

规避价格风险是期货市场的基本功能之一。白糖现货市场价格波动幅度大，导致了企业的经营风险加大，也就增强了企业借助期货市场来规避价格风险的需要。不同的企业有不同规避风险的要求。白糖生产企业需要规避产品价格下跌的风险；白糖流通企业则要规避白糖价格波动带来的经营成本的风险；白糖终端消费企业又需要规避原料价格上涨的风险。而且，同一个企业在不同的市场情况下又会有不同的避险需求，例如同样是白糖流通企业，有库存时白糖价格下跌和没有库存时白糖价格上涨，面临的经营风险又是不一样的，这就需要有不同的套期保值策略，白糖期货市场给规避各种价格风险提供了有效的途径。

（三）白糖期货能够帮助企业制定经营计划，提高资金效率

发现价格是期货市场的另一个基本功能。白糖期货推出后，由于其价格能够综合反映出市场的预期，具有一定的前瞻性和权威性，糖农可以根据白糖期货价格信息来调整种植结构，预期收购价格变化；企业则可以利用期货价格走势制定采购和销售策略、安排调动资金，并通过套期保值操作来锁定采购成本和销售利润，规避价格波动风险，实现持续稳定经营。

（四）白糖期货交易可以改变企业贸易形式，增加盈利模式

白糖期货市场为白糖生产、流通及消费企业带来了很多新的贸易形式及盈利模式，原来只能靠现货市场进行交易，现在依靠期货市场这个平台，也能够实现白糖的采购及销售，经营渠道变得更加多元化。同时，也能够利用现货市场与期货市场的价差变化来进行套利交易，相对于原来仅靠单一的现货销售盈利，盈利模式也变得更加多样化。

（五）白糖期货市场可以帮助企业拓宽资金供应渠道，实现融资目的

白糖期货还能够为企业提供更多的融资渠道选择。企业在生产经营过程中，采购、生产、销售等各个环节都需要有充足的资金来保证正常运作。目前，参与白糖期货已经成为各白糖企业的重要融资渠道，多家商业银行已经

允许企业利用期货仓单来获得质押贷款。同时,由于利用期货能够有效规避现货市场的价格波动,使企业的生产能够平稳进行,减少企业的经营风险,参与了白糖期货套期保值交易的企业甚至能够获得更高的银行授信额度。融资渠道的畅通,无疑会给企业带来更好的发展机遇。

 七、郑州商品交易所的白糖期货合约是怎样的?

郑州商品交易所的白糖期货合约是由郑州商品交易所统一制定的、规定在未来的某个特定时间和地点交割一定数量和质量白糖的标准化合约。它主要有以下几个特点:

1. 白糖期货合约只在郑州商品交易所中进行交易。

2. 白糖期货合约是高度标准化的合约。郑州商品交易所对其交割月份、交割地点、交割品的数量和特征有统一且具体的规定。

3. 白糖期货交易方便、快捷。在白糖期货合约的交易中,投资者不需要与其交易对手直接接触,可以很方便地进行交易、交割等操作。

4. 白糖期货合约实行当日无负债的结算制度,在每日交易结束后结算投资者在其持有的合约上的盈利或亏损。

5. 白糖期货合约可以选择平仓以及实物交割等各种方式了结合约。

下面我们来看看在郑州商品交易所挂牌上市的白糖期货合约(表2-2)。

表2-2　　　　郑州商品交易所白糖期货标准合约

交易品种	白砂糖
交易单位	10 吨/手
报价单位	元(人民币)/吨
最小变动价位	1 元/吨

续表

交易品种	白砂糖
每日价格最大波动限制	不超过上一个交易日结算价±4%及《郑州商品交易所期货交易风险控制管理办法》相关规定
合约交割月份	1月、3月、5月、7月、9月、11月
交易时间	每周一至周五 上午9：00—10：15 10：30—11：30 下午1：30—3：00 以及交易所规定的其他时间
最后交易日	合约交割月份的第10个交易日
最后交割日	合约交割月份的第12个交易日
交割品级	见《郑州商品交易所期货交割细则》
交割地点	交易所指定交割仓库
最低交易保证金	合约价值的5%
交割方式	实物交割
交易代码	SR
上市交易所	郑州商品交易所

资料来源：郑州商品交易所。

对于普通的投资者，参与白糖期货交易主要是以投机获利为目的，通常就不涉及合约实物所有权的转移，只需要知道自己在期货市场中买卖的就是上面一份具有标准化的合约，并对合约中规定的交易单位、最小变动价位、每日价格最大波动限制、交易时间、最低交易保证金和交易手续费等内容要有清晰地认识。

而对于白糖行业中的各类企业，如果需要通过期货市场来进行采购与销售，则需要关注合约中"合约交割月份""交割品级""交割地点"等具体内容。因为白糖期货合约是高度标准化的合约，郑州商品交易所对其交割月份、交割地点、交割品的数量和特征有统一且具体的规定，如果相关条件不符合规定标准，将会蒙受很大损失。因此，如果是涉及白糖实物交割的企业，一定要充分了解郑州商品交易所制定的交易制度及相关环节的详细内容,尤其是实物交割环节。

白糖在国际市场上作为一个成功的期货品种,也给国内白糖期货合约的制定及推出提供了宝贵的经验。郑州商品交易所就是在参考国际白糖期货的经验,经过长时间的调研、论证后,在国内市场条件已经成熟的情况下推出了白糖期货合约。白糖期货合约在国内上市以来,得到了投资者的广泛关注和参与,交易量节节攀升,白糖期货已经成为郑州商品交易所的明星品种。事实证明,郑州商品交易所的白糖期货合约是一个成功的期货合约。

八、白糖期货合约的涨跌停板制度是什么?有何作用?

所谓涨跌停板制度,是指期货合约在一个交易日中的成交价格不能高于或低于以该合约上一交易日结算价为基准的某一涨跌幅度,超过该范围的报价将视为无效,不能成交。在涨跌停板制度下,前一个交易日结算价加上允许的最大涨幅构成当日价格上涨的上限,称为涨停板;前一交易日结算价减去允许的最大跌幅构成价格下跌的下限称为跌停板。涨跌停板制度是期货合约设置的风险控制手段之一。

涨跌停板幅度的确定,主要取决于该种商品现货市场价格波动的频繁程度和波幅的大小。一般来说,商品的价格波动越频繁、越剧烈,该商品期货合约的每日停板额就应设置得大一些;反之,则小一些。从郑州商品交易所白糖期货合约表中可以得知,白糖的涨跌幅度是 ±4%。下面我们就以白糖为例,讲解一下涨跌停板的计算。

郑州商品交易所的某白糖期货合约在某日的结算价为 5674 元/吨,那么该合约在下一个交易日,涨停板价格为:5674×(1+4%)=5900 元/吨;跌停板价格为:5674×(1-4%)=5447 元/吨。

小贴士

当期货合约出现涨跌停板的情况之后，保证金和涨跌幅度会如何变化？

如果某白糖合约在某日出现涨停板，那么该合约在当日结算时该期货合约交易保证金标准提高至9%；次日该期货合约的涨停板幅度增加到7%。

如果某日该合约出现涨停板，而次日该合约没有出现涨停板，那么在第三日，保证金标准和涨停板幅度恢复到调整前水平，即5%和4%；如果次日该合约仍然出现涨停板，当日结算时和第三日提高交易保证金标准至12%，第三日涨停板幅度提高至10%。

第三日，该合约未出现涨停板，第四日交易保证金标准和涨停板幅度恢复到调整前水平，即5%和4%；第三日该合约仍出现涨停板（即连续三个交易日出现同方向单边市），第四日交易所根据市场情况可以采取暂停交易等多种措施。出现跌停板情况，保证金和跌停幅度的调整也是一样的。

涨跌停板制度对于保障白糖期货市场的运转，稳定白糖期货市场的秩序以及发挥白糖期货市场的功能具有十分重要的作用。

1. 涨跌停板制度。涨跌停板制度为交易所、会员单位及投资者的日常风险控制创造了必要的条件，涨跌停板锁定了投资者及会员单位每一交易日可能新增的最大浮动盈亏和平仓盈亏，这就为交易所及会员单位设置初始保证金水平和维持保证金水平提供了客观准确的依据，从而使期货交易的保证金制度得以有效实施。

2. 涨跌停板制度的实施。涨跌停板制度的实施，可以有效地减缓和抑制突发事件和过度投机行为对白糖期货价格的冲击，给市场一定的时间来充分化解这些因素对市场所造成的影响，防止白糖期货价格不合理大幅波动，维护正常的市场秩序。

> 3. 涨跌停板制度使白糖期货价格运行更为理性。通过实施涨跌停板制度，可以延缓白糖期货价格波动的实现时间，从而更好地发挥白糖期货市场价格发现的功能。
>
> 4. 调整涨跌停板幅度的作用。在出现过度投机和操纵市场等异常现象时，调整涨跌停板幅度往往成为交易所控制风险的一个重要手段，可以把交易所、会员单位及投资者的损失控制在相对小的范围之内。

涨跌停板制度对于保障白糖期货市场的运转，稳定白糖期货市场的秩序以及发挥白糖期货市场的功能具有十分重要的作用。

（一）涨跌停板制度

涨跌停板制度为交易所、会员单位及投资者的日常风险控制创造了必要的条件，涨跌停板锁定了投资者及会员单位每一交易日可能新增的最大浮动盈亏和平仓盈亏，这就为交易所及会员单位设置初始保证金水平和维持保证金水平提供了客观准确的依据，从而使期货交易的保证金制度得以有效地实施。

（二）涨跌停板制度的实施

涨跌停板制度的实施，可以有效地减缓和抑制突发事件和过度投机行为对白糖期货价格的冲击，给市场一定的时间来充分化解这些因素对市场所造成的影响，防止白糖期货价格的不合理地大幅波动，维护正常的市场秩序。

（三）涨跌停板制度使白糖期货价格运行更为理性

通过实施涨跌停板制度，可以延缓白糖期货价格波动的实现时间，从而更好地发挥白糖期货市场价格发现的功能。

（四）调整涨跌停板幅度的作用

在出现过度投机和操纵市场等异常现象时，调整涨跌停板幅度往往成为交易所控制风险的一个重要手段，可以把交易所、会员单位及投资者的损失控制在相对小的范围之内。

 九、为什么郑州商品交易所白糖期货合约的交割月份为1月、3月、5月、7月、9月、11月？

郑州商品交易所白糖期货合约交割月份的设计，借鉴了国际通行的离散设计，有助于提高市场流动性和进行套期保值交易，也符合我国白糖生产与消费的特点。

一般来讲，我国甘蔗糖是每年11月至次年4月为集中生产期，甜菜糖是每年10月至次年2月为集中生产期，总产量供全年消费，其中1至3月份白糖的产量最大。白糖一年当中有两个消费旺季，第一个旺季是从每年12月底至次年的2月初，第二个消费旺季是从每年的5月份至8月份。

从我国白糖生产与消费特点来看，10月是新糖上市的第一个阶段，也是新旧交替阶段，新糖上市数量极少，市场仍然以消费陈糖为主，且10月份有一个国庆假期，如果以10月作为合约月份会很难活跃；在9月、11月设置交割月，起到了承上启下的作用。在现货市场陈糖已经库存不多而新糖又没有大量上市的情况下，9月和11月的交割量就担负起了供应年末市场的作用；1月是春节备货期的开始，同时也是新一年行情的开端，由于这个时间是集中生产期，新糖已经开始大量上市，并且这个时期白糖产量和销量都很大，作为期货交割月，非常有利于套期保值和投资；春节过后的3月，市场销量下降，白糖生产接近尾声，但后期供求状况未明，企业有套期保值的需求；5月、7月，白糖生产已经结束进入了纯销售期，此时也是每年的第二个消费旺季，市场销量相当大，价格波动频繁，也非常有利于套期保值和投资。

十、白糖期货交割应该注意哪些问题？

白糖期货要进行交割，首先要注意的问题是要确保交割的白糖质量标准要符合郑州商品交易所白糖期货合约交割品级的规定，即符合 GB317-2018 的一级白砂糖；替代品要符合《郑州商品交易所期货交割细则》当中的规定。交割品级的细节问题我们将在第十二节的内容中作进一步的介绍。

在了解了白糖期货交割的品质问题后，接下来要注意的是实物交割流程的问题。白糖期货的交割方式有三种：集中交割、期货转现货、滚动交割。

（一）集中交割

集中交割是指在交割月第 10 个交易日即最后一个交易日收市后，同一会员、同一交易编码客户持有的该交割月买卖持仓相对应部分由计算机自动平仓，平仓价按当日结算价计算；其他未平仓合约，一律视为交割合约，由计算机按数量取整、最少配对数原则予以配对。交割关系一经确定，买卖双方不得擅自调整或者变更。该日不再允许会员提出交割申请。

（二）期货转现货

期货转现货（以下简称期转现）是指持有同一交割月份合约的交易双方通过协商达成交货买卖协议，并按照协议价格了结各自持有的期货持仓，同时进行数量相当的货款和实物交换。期转现的申请期限为该合约上市之日起至交割月第 10 个交易日（含当日）之前，提出期转现申请的客户必须是能够交付或接收增值税专用发票的机构客户。期转现批准日结算时，交易所将交易双方的期转现持仓按双方协议价格进行结算，产生的盈亏计入当日平仓盈亏。

（三）滚动交割

滚动交割是指在合约进入交割月第1个交易日起至第9个交易日，持有交割月合约的买方会员和持有交割月合约、标准仓单的卖方会员均可在每个交易日下午2：30之前的交易时间内，通过会员服务系统提出交割申请。买方会员响应卖方会员的交割申请，即视为确认，否则如未被买方响应，则配对失败。

> **小贴士**
>
> 　　标准仓单是指指定交割仓库在完成入库商品验收、确认合格并签发《货物存储证明》后，按统一格式制定并经交易所注册可以在交易所流通的实物所有权凭证。交易所通过计算机办理标准仓单的注册登记、交割、交易、质押、注销等业务。标准仓单的表现形式为《标准仓单持有凭证》，交易所依据《货物存储证明》代为开具。标准仓单持有人可选择一个或多个交割仓库不同等级的交割商品提取货物。

接下来，我们来简述一下买卖双方在期货市场上进行交割的流程。

买方操作流程：建仓—准备货款—按保证金比例交纳—交割月可以提出交割意向—配对后提供增值税发票信息—交纳全额货款—拿到标准仓单—仓单变现货出库（或移仓至以后月份）。

卖方操作流程：建仓—交割预报（交纳定金）—组织入库（退预报定金）—交割库检验—生成仓单—进入交割月提出滚动交割申请—开具发票—收到货款。

对于白糖期货在实物交割中所涉及的其他相关问题，《郑州商品交易所期货交割细则》中有更详细、更明确的规定。感兴趣的读者可以登录郑州商品交易所的网站 www.czce.com.cn 进行查阅。

十一、郑州商品交易所在全国设有哪些交割仓库？交割费用如何收取？

郑州商品交易所在设计白糖期货合约及相关制度时，将白糖期货交割基准价定在了主产区广西，其他地区的交割仓库则规定了合适的升贴水标准，同时还设立了多个交割仓库，充分发挥了白糖主产区的资源优势和销区的集散优势。表2-3中我们列出了目前郑州商品交易所白糖交割仓库，从表中我们可以清楚地了解到关于交割仓库中的各种信息。

表2-3　　　　　　　白糖指定交割仓库一览表

仓库编号	仓库名称	升贴水（元/吨）	地址	铁路到站或船运码头或提货点
0404	广西荣桂贸易公司	0	手续：广西南宁市青秀区竹溪大道84号外商投资中心B座15层　提货：钦州市钦州港经济开发区勒沟作业区	铁路到站：钦州港（站）　船运到港：钦州港务局码头、水产码头、中山码头、边贸码头、丰隆码头、钰龙码头
0407	广西柳州桂糖有限责任公司	0	柳州市航生路9号	
0434	广西贵港桂糖储备有限公司	0	广西贵港市台湾产业园	
0435	广西北部湾弘信供应链管理有限公司	0	广西南宁市高新区丰达路28号	

续表

仓库编号	仓库名称	升贴水（元/吨）	地址	铁路到站或船运码头或提货点
0433	广西荣桂贸易公司来宾仓储分公司	0	广西来宾市盘古大道	铁路到站：广西来宾市沙来路来宾站货场 船运码头：广西来宾市宾港码头作业区 广西来宾市新龙码头作业区
0441	广西弘信供应链管理有限公司	0	广西扶绥县新宁镇空港大道与华阳路交汇处	
0442	广西来宾西江港务有限公司	0	广西来宾市兴宾区良江镇罗村	
0448	广西弘信创业工场有限公司	0	广西钦州市中马钦州产业园友谊路与南四街交汇处D04-01	
0454	南宁云鸥物流股份有限公司	0	广西南宁市邕宁区橙山路9号（银泉码头斜对面）	
0409	云南广大铁路物资储运有限公司	-170	云南祥云火车站、大理东火车站	祥云站、大理东站

续表

仓库编号	仓库名称	升贴水（元/吨）	地址	铁路到站或船运码头或提货点
0452	云南陆航物流服务有限公司	-100	云南省昆明市呈贡区王家营物流片区	王家营西火车站
0411	佛山市华商物流有限公司	80	广东省佛山市南海区小塘工业大道（小塘段）45号	铁路到站：佛山市华商物流有限公司专用线 码头：佛山市华商物流有限公司码头
0438	广东北部湾农产品批发中心有限公司	0	广东省湛江市麻章区金川路32号	
0413	天津中糖华丰物流有限公司	150	天津市西青区中北镇东姜井村南	西营门（京）
0112	天津军粮城国家粮食储备库	150	天津市东丽区军粮城大街193号	军粮城机米厂专用线
0415	营口港务集团有限公司	90	辽宁省营口市鲅鱼圈新港大路1号	码头：鲅鱼圈港
0436	营口新北方糖业有限公司	90	辽宁省营口市熊岳大铁工业园	码头：营口港（鲅鱼圈）码头作业区

续表

仓库编号	仓库名称	升贴水（元/吨）	地址	铁路到站或船运码头或提货点
0428	中储发展股份有限公司郑州南阳寨分公司	240	郑州市惠济区兴隆铺路9号	郑州中储南阳寨仓库专用线
0449	陕西省粮农咸阳储备库有限公司	180	陕西省咸阳市渭城区东风路16号	
0103	河北永安国家粮食储备库有限公司	240	河北省石家庄市藁城区永安路18号	藁城（京局第一粮库专用线）
0440	中粮糖业（唐山）仓储物流有限公司	110	河北省唐山市曹妃甸工业区二港池西岸	曹妃甸港西港码头
0445	中粮屯河糖业股份有限公司（厂库）	110	北京市朝阳区朝阳门南大街8号中粮福临门大厦902	中粮糖业（唐山）仓储物流有限公司
0450	秦皇岛冀盛物流有限公司	150	河北省秦皇岛海港区东港北路45号	
0201	南京铁心桥国家粮食储备库有限公司	200	江苏省南京市栖霞区石埠桥河西里1号	江苏南京石埠寨粮库码头：南京铁心桥国家粮食储备库石埠桥库区粮食码头

续表

仓库编号	仓库名称	升贴水（元/吨）	地址	铁路到站或船运码头或提货点
0444	中糖世纪股份有限公司江苏分公司	180	江苏省南通市跃龙南路179号	
0453	招商局物流集团（扬州）有限公司	180	江苏省扬州市开发区施桥南路9号	
0437	日照市凌云海糖业集团有限公司	90	日照开发区兰州路以西、天津路以南	
0443	日照粒粒金粮油贸易有限公司	90	日照市北经济开发区山河路58号	
0421	青岛中糖海湾物流有限公司	130	青岛高新区火炬路101号	
0447	山东星光糖业有限公司（厂库）	240	山东德州乐陵市云红大街北首山东星光糖业有限公司	河北永安国家粮食储备库
0417	中糖世纪股份有限公司湖北分公司	240	湖北省武汉市黄陂区滠口国家直属储备糖库	
0508	平湖华瑞仓储有限公司	180	浙江省平湖市独山港镇海涛路88路	
0451	北京中糖物流物流有限公司	150	北京市大兴区魏善庄镇东枣林村	铁路：百子湾车站

资料来源：郑州商品交易所。

白糖交割各种费用收费标准（每年度调整一次）：

（一）入库费

交割仓库和入库费用每个制糖年度（上年10月1日至次年9月30日）有所调整，具体收费标准参照交易所公告。表2-4中详细地列出了目前郑州商品交易所各交割库的具体费用。

表2-4　　郑州商品交易所白糖各交割库入库费表　　单位：元/吨

仓库名称	汽车入库	火车入库	轮船入库	集装箱掏箱费加收
广西荣桂贸易公司	16			0
广西柳州桂糖有限责任公司	16			0
广西贵港桂糖储备有限公司	16			0
广西北部湾弘信供应链管理有限公司	16			4
广西荣桂贸易公司来宾仓储分公司	16			0
广西弘信供应链管理有限公司	16			0
广西来宾西江港务有限公司	16			4
广西弘信创业工场有限公司	16			4
南宁云鸥物流股份有限公司	16			4
云南广大铁路物资储运有限公司	15			0
云南新储物流有限公司	15			0
佛山市华商物流有限公司	20	40	40	5
广东北部湾农产品批发中心有限公司	19			6
天津中糖华丰物流有限公司	20			20GP：4；40GP：14
天津军粮城国家粮食储备库	20	40		20GP：4；40GP：14
营口港务集团有限公司	17	35	55	6

续表

仓库名称	汽车入库	火车入库	轮船入库	集装箱掏箱费加收
营口新北方糖业有限公司	17			
中糖世纪股份有限公司河南分公司	20	60		6
中储发展股份有限公司郑州南阳寨分公司	20	35		6
陕西省粮农咸阳储备库有限公司	15	45		
河北永安国家粮食储备库有限公司	15	40		2
中粮糖业〔唐山〕仓储物流有限公司	18			3
秦皇岛冀盛物流有限公司	17	35		
南京铁心桥国家粮食储备库	18		55	5
中糖世纪股份有限公司江苏分公司	20			6
山东黄岛国家粮食储备库	20			2
日照市凌云海糖业集团有限公司	16			2
日照粒粒金粮油贸易有限公司	16	30		3
中糖世纪股份有限公司湖北分公司	16	30		3
平湖华瑞仓储有限公司	20		55	5

资料来源：郑州商品交易所。

（二）出库费（见表2-5）

表2-5　　　　郑州商品交易所白糖出库费表

汽车出库	广西区仓库12元/吨（扒垛、搬运、装车等）
	其他地区15元/吨
火车出库	35元/吨（扒垛、库内运输、装火车等）

备注：采用集装箱出库的，在以上费用基础上，增加3元/吨的装箱费

资料来源：郑州商品交易所。

（三）检验费（见表2-6）

表2-6　　　　　　白糖入库检验费表

项目	费用〔元/样〕	备注
蔗糖分	101	（1）入库全项目理化指标检验验收费450元/样品 （2）单项复检执行以上收费标准，单项合计585元/样品
还原糖分	91	
电导灰分	64	
干燥失重	73	
色值	109	
混浊度	64	
不溶于水杂质	83	

资料来源：郑州商品交易所。

（四）仓储费

白糖交割商品在仓单有效期间：5月1日至9月30日为0.45元/吨·天，其他时间为0.40元/吨·天。2018年12月1日后，统一调整为0.5元/吨·天。

（五）交割手续费

交割手续费为0.5元/吨。

（六）仓单转让手续费、期转现手续费

仓单转让手续费、期转现手续费为0.5元/吨。

交割库所在地是白糖主要的集散地或消耗地，交割库均有铁路专用线或专用码头，运输方便。

十二、哪些白糖品种可以用于白糖期货的交割？

郑州商品交易所在白糖交割细则中规定，交割基准品为符合《中华人民共和国国家标准白砂糖》（GB317-2018）（以下简称《白糖国标》）规定的一级白糖；替代品为符合《白糖国标》的一级和二级（色值小于等于170IU）的进口白糖（含进口原糖加工而成的白糖），色值小于等于170IU，其他指标符合《白糖国标》的二级白糖，可以在每年的9月和当年的11月合约替代交割，贴水标准为50元/吨。

因自然变异导致白糖色值变化在规定范围内的，仍可正常出库，货主不能拒绝接货。一级白糖的色值小于等于190IU的，由货主承担；大于190IU小于等于240IU的，色值每增加10IU（不足10IU按10IU计），交割仓库给提货方每吨10元的补偿。白糖色值大于240IU时，交割仓库承担赔偿责任。

在《白糖国标》中，白砂糖分为精制、优级、一级和二级共四个级别，而在郑州商品交易所的白糖期货合约交割品级中只有一级和二级两个等级。按照交易所的规定，一级白砂糖为标准品，用二级白砂糖进行交割要进行贴水，但用优级白砂糖和精制白砂糖交割却得不到升水，这对于卖方来说很不利。如果用于交割的白砂糖质量不好，则达不到交割要求难以交割；而如果用优质白砂糖进行交割，即使白砂糖的质量达到了国家精制白砂糖的标准，也不能获得升水。因此，在交割品级选择方面，应尽量选择一、二级的白砂糖来进行交割。

在理化和卫生要求方面，郑州商品交易所对白砂糖的要求同《白糖国标》中的规定一致，要求很严格，具体见表2-7。

郑州商品交易所对白砂糖品牌没有要求，只要白砂糖质量、包装符合《白糖国标》的规定，都可以用于交割。

表 2-7　　　　　　　期货交易用白砂糖的理化指标

项目	指标	
	一级	二级
蔗糖分,% ≥	99.60	99.50
还原糖分,% ≤	0.10	0.15
电导灰分,% ≤	0.10	0.13
干燥失重,% ≤	0.07	0.10
色值, IU ≤	150.00	240.00
混浊度, MAU ≤	160.00	220.00
不溶于水杂质, mg/kg ≤	40.00	60.00

资料来源：郑州商品交易所。

十三、白糖期货合约的保证金指的是什么？

在期货交易中，任何一个投资者都必须按照其所买卖期货合约价值的一定比例（通常为 5%~10%）缴纳少量资金，作为其履行期货合约的资金担保，然后才能参与期货合约的买卖，这种制度就是保证金制度，所缴的资金就是保证金。

在我国，期货保证金（以下简称保证金）按性质与作用的不同，可分为结算准备金和交易保证金两大类。结算准备金一般由会员单位按固定标准向交易所缴纳，为交易结算预先准备的资金。交易保证金是会员单位或投资者在期货交易中因持有期货合约而实际支付的保证金，它又分为初始保证金和追加保证金两类。

初始保证金是交易者新开仓时所需交纳的资金。它是根据交易额和保证金比率确定的，郑州商品交易所的白糖最低保证金比率为 5%，表示如果某投资者以 5000 元/吨的价格买入 5 张白糖期货合约（每张 10 吨），他必须向交易所支付 12500 元（即 5000×50×5%）的初始保证金，因为不是全额支付，故这种支付方式称为保证金的杠杆作用。

投资者在交易过程中，会因市场行情的不断变化而产生浮动盈亏，因而保证金账户中实际可用来弥补亏损和提供担保的资金就随时发生增减。保证金账户中必须维持的最低余额叫维持保证金（郑州商品交易所要求维持保证金最低余额不能为负），当保证金账户余额低于维持保证金时，投资者必须在规定时间内补充保证金，这部分需要新补充的保证金就称为追加保证金，否则在下一交易日，交易所或代理的期货公司就有权对投资者的持仓实施强行平仓。这部分需要新补充的保证金就称追加保证金。

假设投资者以 5000 元/吨的价格买入 5 手白糖期货合约后的第 20 个交易日，白糖当日结算价下跌至 4500 元/吨。由于价格下跌了 500 元/吨，当日的浮动亏损就为 25000 元（即 500×50），投资者的保证金账户余额为 −12500 元（即 12500−25000）。由于余额已经为负，小于郑州商品交易所规定的最低维持保证金要求，投资者就需要将保证金补足至余额为正，需补充的保证金 12500 元就是追加保证金。

期货保证金制度对于保障期货市场的正常运行具有重要作用，具体表现在以下几方面：

（一）保证金制度的实施

保证金交易制度的实施，降低了期货交易成本。保证金制度的杠杆作用，让投资者用合约价值 6% 左右的资金，就能从事 1 手白糖期货交易，提高了资金利用率。

（二）保证金制度保障履约

期货交易保证金为期货合约的履行提供资金担保，杜绝了负债现象。因此，保证金制度的严格执行为期货合约的履行提供了安全可靠的保障。

（三）保证金制度控制风险

保证金是交易所控制投机规模的重要手段。投机者和投机活动是期货市场的润滑剂，但过度的投机则会加剧市场风险，不利于期货市场的稳健运行。当投机过度时，交易所可通过提高保证金的办法，增加入市成本，抑制过度的投机行为，控制交易的规模和风险；反之，当期货市场低迷、交易规模过小时，则可通过适量降低保证金来吸引更多的市场参与者，活跃交易气氛。

自测题

一、填空题

1. 郑州商品交易所于_____年_____月_____日推出了白糖期货合约交易。

2. 广西、云南作为我国的主要白糖产区，目前其产量占到全国白糖总产量的_____以上。

3. 白糖期货合约是由_____统一制定的、规定在未来的某个特定时间和地点交割一定数量和质量白糖的标准化合约。

4. 白糖期货合约实行_____的结算制度，在每日交易结束后结算投资者在其持有的合约上的盈利或亏损。

5. 在郑商所挂牌上市的白糖期货合约的涨跌停板幅度是上一交易日结算价的_____。

二、判断题

1. 白糖期货对引导我国糖料种植、合理配置市场资源起到了积极作用。
（   ）

2. 作为世界主要的原糖和白砂糖期货交易市场—洲际交易所（ICE），其下属的纽约期货交易所（NYBOT）和伦敦国际金融期货期权交易所（LIFFE），其形成的期货价格已被世界糖业界称作"国际糖价"，成为国际贸易定价和结算的依据。
（   ）

3. 白糖期货能够帮助企业有效规避价格波动的巨大风险。（   ）

4. 白糖期货合约只可以选择平仓以及实物交割方式了结合约。（　　）

5. 在郑商所挂牌交易的白糖期货合约的交易时间是每周一至周五（北京时间，节假日除外）上午 9：00—11：30，下午 13：30—15：00。
（　　）

三、单选题

1. 在郑商所挂牌上市的白糖期货合约的交易代码是（　　）。
   A. WR　　　　　　　　B. WS
   C. SR　　　　　　　　D. SG

2. 在郑商所挂牌交易的白糖期货合约的交易单位是（　　）。
   A. 5 吨/手　　　　　　B. 10 吨/手
   C. 1 吨/手　　　　　　D. 15 吨/手

3. 在郑商所挂牌交易的白糖期货合约的最低交易保证金合约价值的（　　）。
   A. 6%　　　　　　　　B. 4%
   C. 5%　　　　　　　　D. 7%

4. 在郑商所挂牌交易的白糖期货合约的最后交易日是合约交割月份的第（　　）个交易日。
   A. 12　　　　　　　　B. 15
   C. 20　　　　　　　　D. 10

5. 在郑商所挂牌交易的白糖期货合约的最后交割日是合约交割月份的第（　　）个交易日。
   A. 12　　　　　　　　B. 15
   C. 20　　　　　　　　D. 10

四、多选题

1. 在郑商所挂牌交易的白糖期货合约的交割月份是（　　）。
   A. 1、3 月　　　　　　B. 2、4 月
   C. 5、7 月　　　　　　D. 9、11 月

2. 白糖期货合约的交割方式有（　　）。

A. 期货转现货 B. 滚动交割
C. 集中交割 D. 现金交割

3. 在郑州商品交易所的白糖期货合约交割品级中只有（　　）。
A. 精制白砂糖 B. 优级白砂糖
C. 一级白砂糖 D. 二级白砂糖

4. 在我国，期货保证金按性质与作用的不同，可分为（　　）。
A. 初始保证金 B. 交易保证金
C. 结算准备金 D. 追加保证金

参考答案

一、填空题

1. 2006　1　6　　2. 70%　　3. 郑州商品交易所　　4. 当日无负债
5. ±4%

二、判断题

1. 对　　2. 对　　3. 对　　4. 对　　5. 错

三、单选题

1. C　　2. B　　3. B　　4. D　　5. A

四、多选题

1. ACD　　2. ABC　　3. CD　　4. BC

第三章

白糖的生产情况

本章要点

> 本章主要讲解白糖的生产特点、国内外生产历史、国内外产区分布、生产企业情况、糖料情况等白糖的生产的基本知识;详细介绍白糖生产的相关管理制度以及国家对白糖产业的发展规划等情况,帮助投资者全面了解白糖生产的各个环节。

一、我国白糖的生产特点是什么?

白糖是由甘蔗或甜菜榨出的糖蜜而生产出来的精糖,色白、干净、甜度高。我国的白糖具有以下特点:

(一) 白糖是具有农产品属性的工业品

糖料首先是农产品,具有农产品属性,但它与其他作物不同的是,收获后需要经过工业加工才能得到成品白糖,因此,白糖具有农产品属性外还具有工业品属性。同时,白糖生产需要很大的设备及资金投入,生产加工的能力与糖料产量及白糖价格变化相比会有一定的滞后性,因此,白糖价格波动周期又比一般农产品价格波动的周期要长。

(二) 我国是世界上既产甘蔗糖,又产甜菜糖的国家

我国的糖业生产以甘蔗糖为主,近10年来,我国甘蔗糖的产量占总产量比例的88%~94%,甜菜糖占6%~12%。20世纪90年代,随着改革开放、经济体制改革的深化,制糖行业在向市场经济转型的时候配套政策及措施实施不当,导致当时我国糖业出现了几次大的波动,我国甜菜糖年产量逐年减少,特别是自2002年后受农产品价格上涨、农民改种其他农产品,北方甜菜糖大幅度减产。2002/2003榨季,甜菜糖产量为124万吨,2003/2004榨季甜菜糖产量进一步下降为58.73万吨,在全国总产糖量中所占比例由11.67%下降到5.86%。2015年以来,北方甜菜糖利用其机械化种管收优势,结合订单式管理,种植面积恢复性增长,2016/2017榨季甜菜糖产量达到104.71万吨,占全国总产糖11.27%,并呈逐步增长态势。巴西、泰国、澳大利亚等国是单一的甘蔗糖产国;而像德国、法国等欧盟产糖国则是单一的甜菜糖产国;除了我国外,既产甘蔗糖又产甜菜糖的国家还有美国、阿根廷、埃及、巴基斯坦等。

> **小贴士**
>
> 我们通常所说的榨季是广义的榨季(还可称为制糖年度、制糖期等),持续时间从当年的10月份至次年的9月份,因为时间前后跨度为2个年份,所以就以2个年份来标注。例如2017/2018榨季,就是指从2017年10月至2018年9月这12个月的时间。同时,榨季还分甘蔗糖榨季和甜菜糖榨季,甜菜糖榨季即上面所说的广义的榨季,而甘蔗糖榨季开始和结束时间则要更晚一些,我国习惯上采用国际通用的10月至次年9月的榨季起止月。

(三) 我国的糖业生产具有较强的地域性

通过政府支持、地方投资及生产技术发展，广西、云南、广东湛江和新疆、内蒙古五省区，成为我国新的糖料生产基地，实现集中连片种植。在南方，重点蔗区在广西、云南、湛江等地，而根据这些地区的地形特点开发的旱坡地种植甘蔗技术，使90%以上的蔗田由平原、河川地区转移到了旱坡地；在北方，则是在新疆等地发展垦荒地种甜菜。新制糖基地的发展，解决了在耕地不足的条件下，种甘蔗、种甜菜与粮食争地的矛盾。适度规模、集约经营，使新发展起来的糖料基地产糖量占全国产糖总量的90%以上，成为稳定全国食糖生产供应的支柱力量。

(四) 我国的白糖生产周期性明显

我国白糖的生产具有很强的周期性。我国白糖生产大致以5至6年为一个生产周期，基本上是3年连续增产，接下来的3年连续减产。1990—1995年为一个周期：1990—1992年连续增产，1993—1995年连续减产；1996—2001年为一个周期：1996—1999年连续增产，2000—2001年连续减产；2002—2008年为一个周期：2003—2006年减产，2007—2008年增产；2009—2014年为一个周期：2009—2011年连续减产；2012—2014年连续增产；2015年开始又进入新生产周期。2015—2016年减产阶段，2017—2018年进入增产年。

二、影响白糖生产的因素有哪些？

首先，从白糖自身的产品属性来看，它是一种具有农产品属性的工业产品，这就表明了白糖既会受到农产品概念因素的影响，也会受到来自工业品概念因素的影响；其次，随着白糖期货在我国上市交易且规模和影响的不断扩大，白糖已经不再是一个单一的产业，白糖的整个产业链的涉及范围越来越广，从而也使得影响生产的因素逐渐增多。近十年的白糖产量变化如图 3-1 所示。

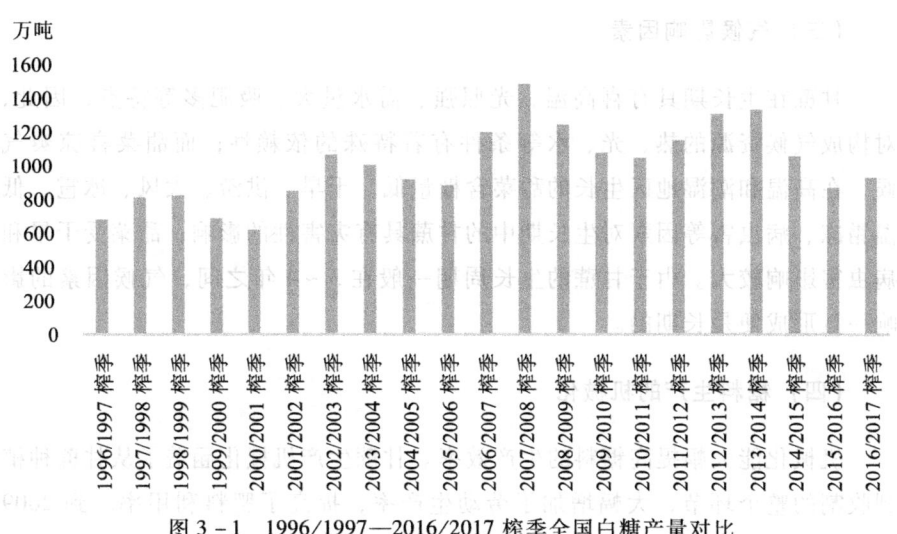

图 3-1　1996/1997—2016/2017 榨季全国白糖产量对比

资料来源：中国糖业协会。

（一）价值和价格因素

白糖产品价值是由白糖的功能、特性、品质及市场需求等因素所产生的，而价格是价值的货币表现。它们是影响白糖生产的主要因素。在一般情况下，白糖的产品价值的高低决定了其价格的高低，也直接关系到糖料及白糖生产的动力。白糖的价值高，且高价格能给食糖生产企业及糖农带来丰厚的利润，会提升他们的生产积极性；反之，则会降低食糖生产企业及糖农的生产积极性。

（二）政策因素

不论是农业生产还是工业生产，政策支持是行业发展的有力保障。我国对糖业发展和指导政策的变化，糖料的种植结构、种植面积有直接的影响。由于白糖这个产品的特殊性，国家对制糖行业的重视程度也比较高，我国各级政府对白糖生产实行的政策主要包括种植补贴、价格补贴、价格政策、收储政策、税收优惠政策等。只有政策给予充分保障与支持，才能根本保障白糖生产的顺利进行和稳步发展。

（三）气候影响因素

甘蔗在生长期具有喜高温、光照强、需水量大、吸肥多等特点，因此，对构成气候资源的热、光、水等条件有着特殊的依赖性；而甜菜喜凉爽气候，在高温和潮湿地区生长的甜菜含糖量低。干旱、洪涝、大风、冰雹、低温霜冻、病虫害等因素对生长期中的甘蔗具有灾害性的影响；甜菜受干旱和病虫害影响较大。由于甘蔗的生长周期一般在3~4年之间，气候因素的影响一旦形成便是长期的。

（四）糖料生产的机械化

机械化能大幅提高糖料的生产效率。甘蔗生产机械化涵盖了从甘蔗种植到收割的整个环节，大幅增加了劳动生产率，提高了肥料利用率。到2009年，广西甘蔗优势区域耕作机械化水平超过60%，中耕机械化水平也达到了10%左右；广东湛江建立了全国唯一的甘蔗机械化试验示范基地和甘蔗农业现代化示范区；云南甘蔗机械化生产技术也已经相当成熟，广泛地应用于甘蔗的种植、收获及套种；新疆目前也已经实现了甜菜的全自动机械化收割。

（五）糖料的生产成本

糖料的生产成本，也就是甘蔗和甜菜的种植成本。决定我国食糖生产成本的主要因素包括糖料收购价格、食糖生产费用、销售费用、财务费用、管理费用等。其中，糖料收购的成本占食糖生产成本的70%~80%。在我国的广西、云南等甘蔗主产区，甘蔗收购价都是由政府制定。在甘蔗收购价格一定的情况下，甘蔗种植成本的高低，就直接决定了蔗农的种植收益。种植收益高，蔗农就有种植积极性，甘蔗生产就会得到发展；反之，发展则会受到抑制。如2014/2015榨季，广西农民种蔗总收入213.48亿元，到2015/2016榨季其收入为199.05亿元，减少了14.43亿元；因而2016/2017榨季广西甘蔗种植面积为1120万亩，较2015/2016榨季的1200万亩减少了80

万亩。糖料的生产成本是制糖生产发展中很重要的一个参考因素,糖料生产成本的高低在一定程度上会成为糖价底部支撑,因为当糖价低于生产成本时,不仅会引起制糖企业亏损,而且会波及众多的糖农,最终导致糖农种植意向发生改变。

(六) 糖料种植的比较收益

在各个糖料主产区,糖料也会有相应的替代作物,不同的年份,不同作物间的比较收益也会有不同的变化。在南方甘蔗产区,甘蔗的替代作物主要有木薯、烤烟、桑蚕茧、籼稻、经济类水果及林木等;北方甜菜产区,甜菜的替代作物主要有玉米、小麦、棉花、大豆等,糖农会根据不同作物的收益变化来决定种植意向。

三、我国的食糖生产历史情况及现状是怎样的?

我国是世界上最古老的植蔗国家之一,据文字记载,我国制糖业的历史可追溯到公元前 400 年,但是长期的封建社会与半封建、半殖民地的历史使得旧中国的制糖业发展缓慢。直至 1948 年新中国成立前,中国内地的机制糖厂只有广东顺德、东莞两家甘蔗糖厂和东北 3 家甜菜糖厂,其中能开工的只有 3 家,年产机制糖仅 3 万吨,加上生产的土糖 17 万吨,合计食糖年产量为 20 万吨,在世界产糖国家中排在第 26 位。

1949 年新中国成立后,糖料生产和制糖工业得到迅速恢复和发展,食糖产量稳步上升。在随后的 10 年间,全国食糖产量增加了 4.5 倍,1958/1959 榨季食糖产量达到 110.25 万吨,平均每年递增 18.6%。截至 2008/2009 榨季,全国糖料平均亩产由 1949/1950 榨季的甘蔗平均亩产 1.6 吨、甜菜平均亩产 0.8 吨提高到 4.02 吨、2.23 吨;食糖产量也由 1949/1950 榨季的 26.1 万吨提高到 1243.12 万吨,食糖消费保持稳定增长,消费总量达 1390 万吨,人均消费量为 10.7 公斤/年。2017/2018 榨季,全国制糖生产集团企业达 46 家，开工糖厂 218 间。其中，甜菜糖生产企业（集团）4 家，糖厂 29 间；甘蔗糖生产企业集团 42 家，糖厂 189 间；炼糖企业 16 间。

目前全国现有的制糖企业除生产主产品食糖外，还大力发展制糖副产品的产业链，以甘蔗、甜菜加工后的副产品为原料的产品有：纸、纸浆板、食用、饲料酵母、甜菜颗粒粕、糖蜜酒精等。制糖副产业链的发展，给整个制糖行业带来了丰厚的回报。

四、我国白糖的生产区域是如何分布的？

甘蔗和甜菜是我国最主要的两种白糖生产原料，根据国家制定的发展政策，甘蔗和甜菜的主产区也是我国白糖生产的主产区。

甘蔗是热带、亚热带植物，全生育期需要较高的温度条件，在各个生长阶段对热量的要求也不同，生长期的大部分阶段都需要较高的温度，而到了成熟期则要求气温较低，需要昼夜温差大、干冷的天气才有利于糖分的积累；同时，甘蔗生长还需要丰富的光资源和水资源。甘蔗生长对气候的要求，也决定了它在我国的分布状况，热量资源、光资源、水资源丰富的地区，最适合甘蔗的生长。

我国有 18 个省（自治区）产糖，主要沿边境地区分布，甘蔗主产区集中分布在西部和西南部，其中主要分布在广西、广东、云南、海南等自然条件适宜甘蔗生长的省和自治区（见图 3-2）。以广西为例，作为中国的主要产糖区，甘蔗是广西种植面积最多的经济作物，2017/2018 榨季甘蔗种植面积达到了 1200 万亩，占广西耕地面积的近 1/3；广西有蔗农 1000 多万人，制糖企业职工 10 万多人，50 多个县（市、区）的财政收入主要依靠糖业，广西的糖业已发展成为广西经济和中国糖业的支柱，具有稳固的产业基础和经济优势。

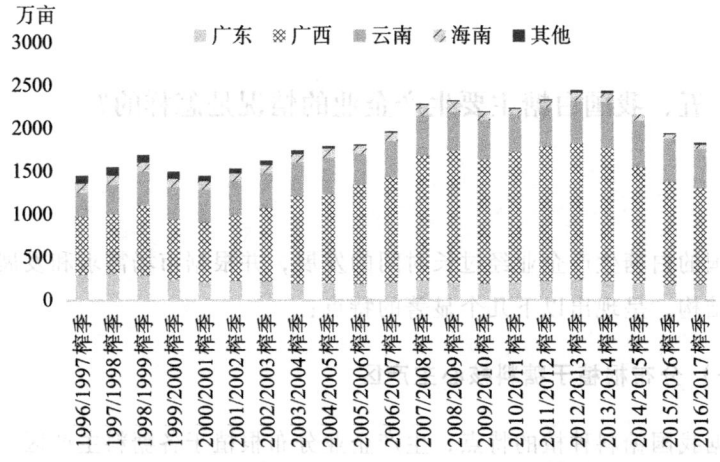

图 3-2　1996/1997—2016/2017 榨季全国主要产区甘蔗种植面积

资料来源：中国糖业协会。

我国从 20 世纪初开始种植糖料甜菜，到目前为止已有 100 多年的历史，中国的甜菜糖业从无到有，从小到大，不断发展。改革开放后，经过全国制糖行业结构的不断调整，形成了以新疆、黑龙江、内蒙古三大甜菜产区为主的布局。

但近年来我国甜菜糖生产呈现萎缩趋势，1998/1999 榨季以前，甜菜糖产量都维持在 100 万吨以上。但从 2003/2004 榨季起，甜菜受其他农产品的涨价影响，农民种植效益下降，我国北方甜菜糖连续多个榨季减产，减产的地区集中在东北与华北地区。2003/2004 榨季，甜菜种植面积为 320.10 万亩，到 2016/2017 榨季降为 256.21 万亩。因此，甜菜种植面积的不断减少是我国食糖生产中面临减产的严峻问题。2018/2019 榨季，甜菜种植面积恢复到 350 万亩。

五、我国白糖主要生产企业的情况是怎样的？

我国的白糖生产企业经过长时间的发展，并根据市场需求和发展不断调整自身结构，呈现出以下几个显著的特点：

（一）分布根植于糖料核心主产区

根据我国糖料种植的特点，生产企业分布根植于各糖料主产区。甘蔗糖生产企业主要分布于广西、云南等地，甜菜糖生产企业则分布于新疆、内蒙古等地。

（二）生产规模集团化

2000年，我国糖业进行了史无前例的结构调整，国家拿出120亿元资金关闭破产150家制糖企业，通过结构调整，淘汰落后生产能力。2003年底，国家再度出台措施，一是把制糖生产能力1050万吨压缩到818万吨，并要求从2004年开始制糖生产控制在750万吨之内；二是将制糖业列为国家控制总量和扭亏的重点行业，积极推进糖料生产的集约化经营，推广先进技术，降低生产成本，使制糖成本接近国际先进水平；三是关闭14家糖精厂家中的9家，给国内制糖业腾出市场。

2002年，广东、广西、云南、新疆四省区已经作为试点开展了规模制糖，开始组建大型糖业集团。到2015/2016榨季，广西有机制糖厂92家，产糖量超过15万吨的制糖企业集团达11家，其生产能力和产糖量占广西的90%以上，是广西和全国最具实力和影响力的大型企业集团（见图3-3）；云南有机制糖厂58家，日加工甘蔗生产能力185万吨，大型制糖企业集团有云南英茂集团有限公司、云南力量生物制品有限公司等。目前，全国产糖量超过10万吨的糖业集团已有20个，合计产糖超过670万吨，占全国产糖量的67%左右。从今往后，白糖产量的增长主要还将依靠政策扶持、制糖企业加大生产投入以及进一步扩大经营规模,降低生产成本。

小贴士

广西大型制糖企业集团名录(排名不分先后)

广西的大型制糖企业集团有:广西糖业集团有限公司、广西南宁糖业股份有限公司、洋浦南华糖业有限公司、广西凤糖生化股份有限公司、广西南宁东亚糖业集团、广西湘桂永鑫糖业有限公司、广西来宾东糖集团有限公司、百色甘化股份有限公司、广西上上糖业有限公司、广西粤桂(集团)股份有限公司、世纪飞龙糖业集团等。

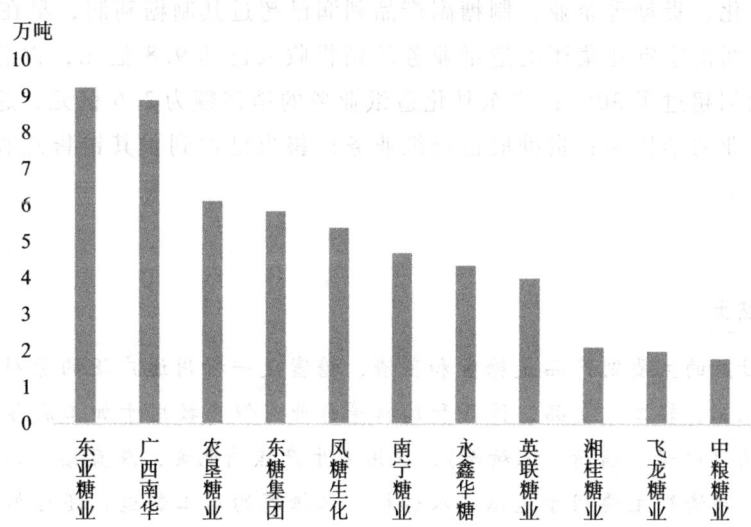

图 3-3 2015/2016 榨季广西产糖量 15 万吨以上集团(企业)日榨产能

资料来源:广西糖业协会。

(三) 企业生产的白糖产品种类单一化

我国目前大部分制糖企业生产白糖以一步法为主,成品多为硫化糖，其中一级、二级硫化白砂糖占白糖生产总量的90%以上；部分制糖企业拥有生产优级糖和精制糖的能力，仅有少数制糖企业拥有碳化糖及原糖的生产及加工能力，这就导致国内市场主要制糖产品品种较为单一，会增加生产企业的市场风险，特别是在市场饱和的时候容易出现白糖销售乏力。

（四）生产综合利用率水平高

甘蔗和甜菜是典型的可再生资源和生物能源，关联度极广，涉及农业、养殖业、能源工业、造纸工业、食品工业、生物工程、制药和日用化工等，对中国的社会、经济发展有及其重要的意义。近年来，随着生产技术水平的提升，我国的制糖产业已经发展成为一个集制糖产品和制糖副产品综合利用深加工于一体的产业群。目前广西部分制糖企业，如百色甘化、贵糖等企业，制糖副产品利润已超过其制糖利润，早在2007年，广西南宁糖业集团的造纸业务的销售收入已达9.8亿元，占总销售收入比例超过了30%；广东甘化造纸业务的销售额为2.6亿元，超过了其制糖业的销售额；贵糖股份造纸业务销售也已占到了其销售总收入的60%以上。

小贴士

甘蔗的主要副产品是糖蜜和蔗渣，糖蜜是一种用途广泛的原料，可用于化工、轻工、食品、医药和建材等行业。但多数用于加工成各种发酵产品（酵母、酒精、味精等），也用来生产焦糖色素，或直接作饲料添加剂；蔗渣则主要用于造纸、人造板、木糖醇的加工制造，还可加工制作活性炭等。

甜菜可以用于制作燃料乙醇，提取甜菜碱、甜菜纤维、制果胶等，是目前全世界最受关注的优势能源作物之一。

第三章　白糖的生产情况　57

 六、国外的食糖生产历史情况及现状是怎样的？

早在公元 6 世纪，地中海沿岸的国家就已经有了甘蔗制糖业。到 15 世纪殖民时代初期，葡萄牙和西班牙等国向非洲、美洲大陆传入了甘蔗种植并开拓了制糖业。甜菜制糖工业的发展落后于甘蔗制糖。世界上第一家甜菜糖厂于 1802 年在意大利的西西里岛建成，随后，德国和法国也兴建了几百家小型甜菜糖厂。

20 世纪，食糖的生产与消费得到了巨大的发展。1900 年世界产糖量为 1126 万吨；到 1924 年为 2321 万吨，产量翻了一番，年增长率为 3%；到了 1957 年又翻了一番，达到了 4358 万吨，年增长率为 1.9%（期间第二次世界大战爆发，发展减缓）；到了 1977 年再次翻了一番，达到 9035 万吨，年增长率为 3.5%；1997 年，产量已经达到 1.25 亿吨，年增长率为 1.6%；到了 2009 年，全球食糖的总产量为 1.49 亿吨，2018 年产量超过 1.9 亿吨。

两次世界大战使得欧洲甜菜糖产量锐减，而中、南美洲的甘蔗糖却得到了迅速地发展。由于引进培育了新的品种，甘蔗的单产和含糖分不断提高，加上廉价的劳动力和种植面积的扩大，到 1914 年，甘蔗糖产量已达到 990 万吨，超过了同期甜菜糖产量 830 万吨，占全球总产量的 55%，到 1919 年又增加到了 78%。此后，甘蔗糖一直处于主导地位。

近 10 年来，全世界白糖年产量在 1.4 亿 ~ 1.9 亿吨之间波动，产糖的国家有 130 多个，但食糖生产还是相对比较集中的，年产量在 100 万吨以上的国家有 28 个。2013 年，全世界产量创下了历史最高纪录，为 1.78 亿吨，到 2016 年全世界食糖总产量下滑至 1.49 亿吨，其中甜菜糖为 3343 万吨，所占比例为 22%，甘蔗糖为 1.31 亿吨，所占比例为 78%。2018 年（2017/2018 榨季）产量超过 1.9 亿吨，达到历史峰值。

七、国际主要糖料和食糖的生产区域是如何分布的?

甘蔗糖生产主要是沿着地球南、北回归线区域,分布在南美洲、加勒比海地区、大洋洲、亚洲、非洲等热带、亚热带国家,生产相对集中,且多数是第三世界国家,如巴西、印度、泰国、中国等。甜菜糖生产主要分布在北温带的欧洲、北美洲和小部分亚洲及南美洲地区。中国、美国、埃及、阿根廷和巴基斯坦是少数几个既产甘蔗糖又产甜菜糖的国家。从发展趋势看,今后甘蔗种植面积和产糖量还会不断增加,而甜菜的种植面积和产糖量相对稳定。欧盟取消生产者配额后,种植面积有所增加。具体主产区域分布见图3-4。

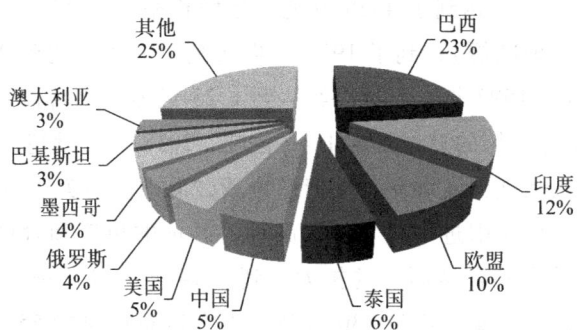

图3-4 2016/2017榨季全球食糖主产国产量比例

资料来源:国际糖业组织(ISO)。

主要产糖国中,巴西的产量居世界第一位。巴西气候适宜种植甘蔗,蔗区主要集中在中南部和东北部两个地区,是世界上唯一每年有两次甘蔗收获和加工期的国家。巴西的甘蔗除了用于生产糖外,还将一半左右的甘蔗用于生产酒精,酒精产量占世界总产量的40%以上,大部分供国内使用,小部分出口。

印度是世界第二大产糖国,第一大食糖消费国,印度的产糖量过去也曾长时间位居世界第一。糖业是印度的第二大农产品产业,仅次于稻米,种蔗从业人员近5000万人。糖业对印度的农业和工业发展起到了十分重要的推动作用,对国际糖价也有举足轻重的影响。由于制糖业是关系到印度国计民生的重要行业,印度政府对蔗价和糖价都进行了严格的控制,每年都要制定甘蔗的最低保护价格,而各个地方政府可以在此基础上将甘蔗收购价上调20%~50%,各糖厂都必须严格按照政府制定的收购价格来收购甘蔗。

欧盟是世界食糖主产区之一,也是世界甜菜糖的发源地和主产区。欧盟的主要产糖国是法国和德国,两国的甜菜产量占欧盟甜菜总产量的53%以上。欧盟国家的甜菜糖业发展水平较高,在甜菜种植机械化和制糖生产方面都达到了很高的水平,糖厂设备先进、自动化程度高、能耗低、糖分总回收率高,糖厂的技术水平和管理水平都处于世界前列。

美国是一个产糖大国,既产甘蔗糖又产甜菜糖,产糖量目前居世界第五,仅次于巴西、印度、中国和欧盟。同时,美国也是一个食糖消费大国,并且是世界上淀粉糖最大的生产国。因此,美国每年还需要进口上百万吨的食糖,为了避免进口糖对本国成本较高的国产糖的冲击,保证国内糖业的稳定生产,美国政府也制定了相关政策保护其糖业。

泰国地处东南亚,大部分地区属于热带季风气候,土地肥沃,土层深厚,非常适合发展甘蔗生产。泰国蔗糖行业有着悠久的历史,凭借泰国采取"农业工业化"的经济发展战略,泰国的糖业得到了高速发展,产糖量已超越了中国和美国,排在世界第四位,其中食糖出口位列世界第二位,仅次于巴西。

八、我国目前糖料的主要品种有哪些?对生产有何影响?

糖料良种是保障食糖生产能不断增长的基础条件,不同的糖料品种,它们的产量、含糖分、抗逆性、株形、适应性都是不同的,优良的糖料品种会涵盖更多的品种优点,保证生产的需要。

(一) 甘蔗主要种植品种

甘蔗品种目前主要以台糖系列、桂糖系列和粤糖系列为主（见图3-5）。由于台湾蔗糖业的种植技术、加工工艺已趋成熟，近10年来，内地蔗区不断从台湾引进了高产、高糖的优良蔗种。广西、广东及云南的低海拔优势蔗区侧重种植了抗旱性强、宿根性好、抗倒性强的品种，主要的甘蔗种植品种有新台糖16号、新台糖22号、粤糖93-159号和桂糖17号等；在云南的高海拔蔗区，则主要以抗寒性好、抗旱性强、宿根性强的品种，主要有新台糖16号、粤糖93-159号、云蔗89-7号和云蔗89-151号。

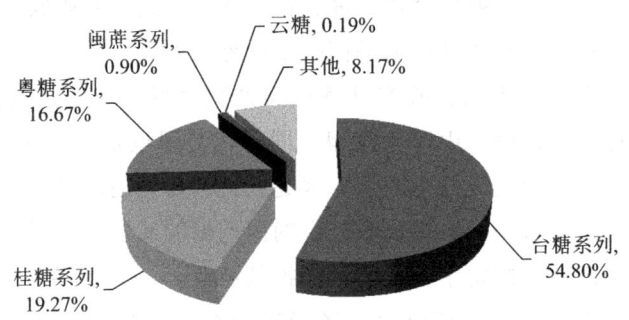

图3-5 主要甘蔗品种种植比例

资料来源：中国糖业协会。

(二) 甜菜主要种植品种

新中国成立初期，我国甜菜糖厂所用的原料甜菜品种皆来自苏联、波兰等国，到20世纪60年代，我国才在研究单位育成了自己的甜菜品种。近10年来，由于国外甜菜品种具有较好的产量、含糖分，品质相对优良，三大甜菜产区逐渐引进外国品种并积极推广，目前外国甜菜品种占我国甜菜种植比例的70%~80%，国内品种所占种植比例有逐渐减小的势头。

甜菜品种在各地区的种植情况差异较大，新疆以进口的德国KWS系列为主，约占全区种植面积的75%，华单等系列占25%；内蒙古的主要品种为先正达、安地等公司种子。黑龙江省主要种植甜研系列品种，但种植面积小（见图3-6）。

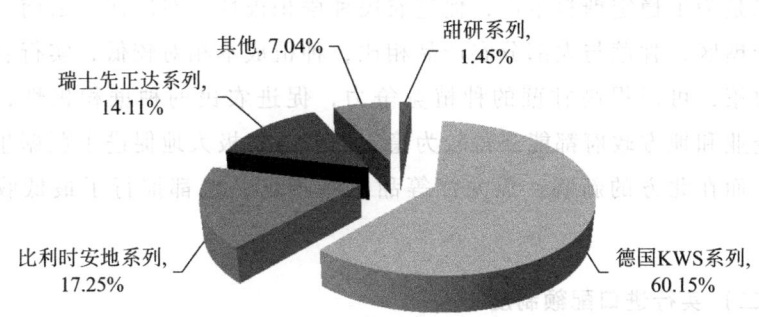

图3-6 主要甜菜品种种植比例图

资料来源：中国糖业协会。

近年来，我国已经逐步形成了自己的良种繁育体系，研究并推广了糖料高糖高产的综合栽培技术，如地膜覆盖、稀土微肥应用、甜菜的纸筒育苗移栽等。糖料优良品种的培育和推广，再加上田间管理经验的增加以及投入的加大，使得糖料含糖和单产不断稳步提高。2016/2017榨季，甘蔗的平均单产为4.12吨/亩，甜菜的平均单产也已经达到3.68吨/亩，糖料良种对食糖生产的增产增收、贡献是显而易见的。

九、我国实行了哪些管理制度来保障白糖生产？

白糖是关系国计民生的大宗商品，国家对制糖行业进行扶持的根本目的，就是为了加强对制糖行业的管理，规范制糖行业秩序，促进制糖行业的健康发展，主要有以下四点：

（一）制定糖料收购价制度

糖料收购价的制定，是国家在白糖生产进行管理调控政策中比较重要的一个环节。制定收购价的原因,一是为了提高糖料对其他农产品的竞争力;二是为了稳定糖料生产,促进农民种蔗积极性。在广西、云南等南方主要产糖区,甘蔗与大部分农产品相比,种植成本相对较低,实行甘蔗收购价政策,可以提高甘蔗的种植竞争力,促进农民的种蔗积极性,使农民、企业和地方政府都能获得较为稳定的收益,极大地促进了蔗糖生产的发展。而在北方的新疆、黑龙江等甜菜主产区,也都推行了最低收购价制度。

(二) 实行进口配额制度

在1994年下半年、1995年,一些不法分子以来料、进料加工为借口,大量走私进口食糖,凭借走私逃税价低的优势在国内低价倾销,使我国糖业受到致命打击。对于走私糖、非法进口糖的问题,国家采取了严厉打击、综合治理的措施,收到了成效。到1998年,走私糖、非法进口糖已基本被取缔。我国加入WTO之后,按照承诺,食糖市场以关税配额的形式逐步对外开放,同时承诺,从1999年起发放160万吨进口食糖关税配额,5年内配额数量每年增加5%。在配额内,进口原糖关税起点为30%,配额外进口关税为76%,每年递减3%,到2004年进口配额增长到194.50万吨,配额内关税降为15%,配额外最惠国税率为50%,其他国家为125%。并同时打破国家对食糖进口的垄断。进口配额所确定的数量不是必须要进口的量,而是"准入"即可以进口的数量限额,在此限额内政府不得阻止进口,而进口商只能在配额内进口。至于是否利用配额进口则是进口商依当时的国内外食糖差价和关税税率等情况做决定,当国内外差价较小,利润空间有限时,进口商可以放弃配额。2017年5月开始,我国出台贸易保障措施,对配额外关税分三年分别提高45%、40%和35%。

(三) 实行糖精限产限销制度

糖精是一种化学甜味剂,也是多年来世界上唯一大量生产与使用的甜味剂,甜度约为白砂糖的450~500倍。糖精虽甜,但糖精是食品添加剂而不是食品,除了在味觉上能引起甜的感觉外,对人体无任何营养价值。相反,当食用较多的糖精时,反而会对身体健康有一定的影响。20世纪90年代,由于我国当时对糖精的生产和销售失控等一系列问题没有及时妥善地解决，糖精挤占了大量白糖市场，导致糖农、制糖企业和国家的利益都受到了严重损害。为此，国家出台了糖精生产销售使用管理的规定，严格限制糖精的生产、销售及出口。

（四）实行国储糖调控制度

国储调控是我国惯用的一种调控手段，对保证市场供求平衡有不可替代的作用，也是最主要的调控手段之一。白糖收储是国家基于白糖的供过于求、糖价低迷的情况而通过暂时收购市场上过剩的白糖来调控市场的供求关系，防止由于糖价过低而导致蔗农收入减少，并保护制糖企业的利益，其目的在于长远平衡市场供给、维护糖价的平稳运行，着眼于整个白糖产业的健康持续发展，而非一时救市。同时，放储也是一样的道理。

以上白糖生产管理制度的实施，对强化蔗区管理、完善蔗糖价格挂钩联动政策、规范糖料购销及运输、推进食糖生产产业化、提高食糖竞争力、加强国家宏观调控等方面都有着积极显著作用，很好地促进了糖业健康、协调发展。

十、我国对白糖生产有哪些发展战略和规划？

2003年，农业部颁布实施了《"双高"甘蔗优势区域布局规划（2003—2007）》，促进了甘蔗产业的快速发展。各地按照规划要求，采取有力措施，加强对优势产业的建设，带动了我国蔗糖业实现跨越发展，有效保障了国内食糖供给。至2006/2007榨季，我国产糖1484万吨，创历史新高，为提前实现《中国食品与营养发展纲要（2001—2010）》规定的人均食糖摄入量9公斤的目标做出了重要贡献。根据农业部办公厅《关于印发新一轮〈优势农产品区域布局规划（2008—2015年）〉编制工作方案的通知》（农计办〔2007〕31号）精神，为进一步推进糖料科学布局，促进产业可持续发展，农业部有关部门又制定了我国糖料优势区域布局规划（2008—2015年），明确提出了我国糖料的发展规划。

（一）糖料生产发展战略

我国糖料的生产发展战略，按照积极发展现代农业、扎实推进社会主义新农村建设的总体要求，以科学的发展观为指导，准确把握产业发展形势，切实提高产业素质、保障国内食糖安全，进一步稳定甘蔗生产面积，优化区域布局，改善生产条件，加强产业关键技术的自主创新和推广应用，提高社会化服务水平，用现代科技、现代装备、先进理念改造和提升传统农业，建设有竞争力的现代甘蔗产业带。

（二）糖业与糖料发展规划

1. 糖业发展规划

为全面贯彻落实党中央、国务院关于"三农"工作的各项决策部署，进一步做好"十三五"时期的农村经济工作，国家发展改革委印发了《全国农村经济发展"十三五"规划》。该规划确定了"十三五"时期农村经济发展主要指标，其中，农村居民人均可支配收入年均增速超过6.5%，至2020年达到15649元；农村贫困人口脱贫5575万人。并且该规划强调，到2020年食糖自给率保持稳定，质量安全得到更有效保证；大力提升甘蔗机种和机收等关键环节的农机化技术，支持糖料等优势产区建设规模化、标准化生产基地，有序消化食糖等库存，合理确定自给水平；优化农产品生产区域布局，巩固广西和云南甘蔗等生产能力；实施精准扶贫、精准脱贫，支持贫困村、贫困户发展种养业和传统手工业，实施贫困村"一村一品"产业推动行动和"互联网+"产业扶贫；建立健全产业损害风险监测评估、产业安全保障、贸易救济和产业损害补偿机制；加强农产品进出口检验检疫和监管，打击农产品走私。

2. 糖料发展规划

根据农业部发布的《糖料蔗主产区生产发展规划（2015—2020年）》《2017年种植业工作重点》及中国糖业协会发布《2018—2022年糖业转型升级行动》等文件，要求巩固广西、云南甘蔗产区，适当发展北方甜菜生产，到2020年我国广西、云南主产区重点区域推广机械化种植砍收、水利化灌排，糖料种植分别达到1600万亩、500万亩，其中两省"双高"基地500万亩、200万亩，全国产糖量达到1400万吨左右。按照"十三五"规划实施后，核心基地蔗田基础设施普遍得到改善，抗灾能力明显增强。极大地改善农业生产条件，大幅度提高劳动生产率。促进土地流转和农民转向二、三产业。核心基地对全国糖业生产发展具有较强的辐射带动。预计到2020年，全国糖料生产能力12500万吨左右，我国糖业受国际市场波动的影响限定在可控范围内。

《糖料蔗主产区生产发展规划（2015—2020年）》，到2020年，全国优势区域广西、云南两省甘蔗种植面积稳定在2100万亩以上，总产量达到10400万吨，比基期增加635万吨。平均单产水平4.8吨以上，其中，糖料蔗生产核心基地单产水平达到6吨以上。良种覆盖率提高到95%以上，商品化供种水平提高到85%，分别比基期提高10个百分点、5个百分点。

广西产区：到2020年甘蔗种植面积1600万亩，平均亩产4.6吨，产量8000万吨以上。其中32个县（市、区）面积1300万亩，产量7150万吨以上。500亩核心基地产量达到3000万吨。

云南产区：到2020年甘蔗种植面积500万亩，平均亩产5吨，产蔗2400万吨。其中21个县（市、区）面积400万亩，产量2000万吨以上。200亩核心基地产量达到1200万吨。

从目前的产量情况来看，我国的食糖产量在2016/2017榨季为928.82万吨，因各主产区均受优势经济作物替代、糖料种植劳力成本和机械化管理等条件制约，相对2020年全国产糖1400万吨目标仍有不小距离。从需求来看，2016/2017榨季928.82万吨，全国消费量仅1490万吨，缺口561.18万吨。按照中国糖业协会我国食糖消费量年均增速5%的增长预期，到2020年，消费量将超过1800万吨，白糖产量目前已经跟不上我国食糖消费发展的需要。

自测题

一、填空题

1. 从狭义上讲,食糖的榨季是指食糖的生产期。其中,甜菜糖的榨季是指从当年的_____月份至次年的_____月份;甘蔗糖的榨季是从当年的_____月份至次年的_____月份。

2. 广西、云南作为我国的主要白糖产区,目前其产量占到全国白糖总产量的_____以上。

3. 我国白糖的生产具有很强的周期性。纵观白糖的生产历史,大致以_____年为一个生产周期,基本上是_____年连续增产,接下来的_____年连续减产。

4. 截至2017/2018榨季,全国糖产量约为_____万吨。

5. 目前,全国产糖量超过_____万吨的糖业集团已有_____个,合计产糖超过_____万吨,占全国产糖量的_____左右。

二、判断题

1. 我国的糖业生产主要以甘蔗糖为主,近十年来,我国甘蔗糖的产量占总产量的88%~94%。 ( )

2. 我国的糖业生产是从北向南、从沿海向内陆、从经济发达地区向经济欠发达地区转移的趋势。 ( )

3. 甘蔗和甜菜的主产区不是我国白糖生产的主产区。 ( )

4. 我国目前大部分制糖企业生产白糖以一步法为主,成品多为硫化糖,一级、二级白砂糖占生产总量的80%以上。 ( )

5. 印度是世界第一大产糖国,第一大食糖消费国。 ( )

三、单选题

1. 截至2008/2009榨季,食糖产量由1949/1950榨季的26.1万吨提高到（　　）万吨。

　　A. 1540　　　　　　　　　　B. 1240

　　C. 1640　　　　　　　　　　D. 1340

2. 近十年来，全世界食糖年产量在（　　）吨之间波动。

　　A. 1.4 亿~1.9 亿　　　　　　B. 1.67 亿~1.97 亿

　　C. 1.97 亿~2.17 亿　　　　　D. 1.67 亿~2.17 亿

3. 在全球的主要产糖国中，（　　）的产量居世界第一位。

　　A. 中国　　　　　　　　　　B. 印度

　　C. 泰国　　　　　　　　　　D. 巴西

4. 截至2017/2018榨季，我国甜菜糖产量达到（　　）万吨。

　　A. 120　　　　　　　　　　B. 105

　　C. 116　　　　　　　　　　D. 98

5. （　　）是世界食糖主产区之一，也是世界甜菜糖的发源地和主产区。

　　A. 巴西　　　　　　　　　　B. 中国

　　C. 印度　　　　　　　　　　D. 欧盟

四、多选题

1. 影响白糖生产的因素有（　　）。

　　A. 糖业政策　　　　　　　　B. 气候影响

　　C. 糖料生产成本　　　　　　D. 糖料种植的比较受益

2. 在我国，甘蔗主产区集中分布在西部和西南部，其中主要分布在（　　）等省和自治区。

　　A. 广西　　　　　　　　　　B. 广东

　　C. 海南　　　　　　　　　　D. 云南

3. 在全球的食糖生产国中既产甘蔗糖又产甜菜糖的国家有（　　）。

　　A. 中国　　　　　　　　　　B. 美国

　　C. 埃及　　　　　　　　　　D. 欧盟

4. 我国目前种植的甘蔗品种主要以（　　）为主。

　　A. 台糖系列　　　　　　　　B. 粤糖系列

C. 闽糖系列　　　　　　　　D. 桂糖系列

5. 我国实行了（　　）等管理制度来保障白糖生产。

A. 制定糖料收购价格　　　　B. 进口配额制度

C. 国储调控　　　　　　　　D. 降低税收

参考答案

一、填空题

1. 9　3　10　4　　2. 70%　　3. 5~6　3　3~4　　4. 1031

5. 10　20　700　70%

二、判断题

1. 对　2. 对　3. 错　4. 对　5. 错

三、单选题

1. B　2. A　3. D　4. C　5. D

四、多选题

1. ABCD　2. ABCD　3. ABC　4. ABD　5. AB

第四章

白糖的贸易流通情况

本章要点

> 本章主要介绍白糖的贸易情况。主要包括国内外白糖流通和贸易的基本情况、主要特点以及我国白糖贸易政策。旨在帮助投资者了解白糖行业的贸易流通情况,为投资者分析市场动态提供参考。

 一、我国的白糖贸易流通情况是怎样的?

新中国成立以来,我国糖业的发展大体上经历了三个阶段:即1949—1979年的计划经济阶段;1979—1990年,由计划经济向市场经济过渡的阶段;1991年以后,进入中国糖业的市场化阶段。

(一) 计划经济时期的食糖流通 (1949—1979 年)

1949—1979 年底以前,我国对食糖流通领域实行单一的综合性计划管理,糖料和食糖购销从数量、价格到流向,全部纳入计划安排,即实行"统一收购,集中管理"的计划体制。这一时期货源由国有商业部门统一收购、调拨、分配,实行指令性计划。糖料的收购除少部分由农场向糖厂交售外,大部分是分散种植的农民向糖厂交售。食糖生产出来,用糖大户和零售企业则向国有批发公司进货。

(二) 双轨制时期的食糖流通 (1979—1991 年)

这一时期我国食糖的经营较计划经济时期有所放开,实行计划内和计划外的经营双轨制。一方面家庭联产承包责任制激发了农民的种植热情;另一方面,从 1985 年开始国家逐步放开部分农产品的价格,农产品可通过议价获得较大的增收,因此,糖料生产发展迅速,从而使食糖生产得到了快速发展。同时食糖的经营政策有所放宽,糖厂拥有按产量一定比例的食糖销售权,食糖流通形成计划内和计划外双轨制并行的局面,但原有的国有食糖流通批发站的模式仍是流通的最主要形式。由于当时国家定价没有价格变动风险,整个食糖流通体系都保持稳定的盈利。

直至 20 世纪 90 年代初期,我国食糖流通体系仍多沿袭省、市、县三级食糖批发站的经营模式,基本上是实行统购统销、逐级批发的经营模式。按全国的县、市粗略估算,当时的食糖流通企业不少于 2500 家,基本上都是国有企业,各食糖流通企业的平均年经营规模在 3000 吨左右。

(三) 市场经济时期的食糖流通 (1991 年底至今)

为了搞活流通,调动各方面经营食糖的积极性,解除糖料和食糖统一定价对糖业发展的束缚,1991 年 11 月 7 日,国务院发布了《关于调整食糖经营管理有关政策的通知》。该通知要求在坚持计划经济与市场调节相结合的原则下,适当加大市场调节的成分。即:改革计划管理形式,放活价格,促进购销,开拓市场。

食糖流通体制改革对我国的食糖流通产生了重大的作用,除了企业所有制形式方面的转变外，20世纪末21世纪初，我国食糖流通格局的其他方面出现了以下几点变化。

1. 传统的产销界限

经过若干年的糖业改革后，产区制糖企业优胜劣汰、资源整合，逐步实现了集团化经营，此外，也有少数流通企业以多种方式掌控了产区的一些制糖企业，已形成了一批经营规模较大、界跨制糖生产与食糖流通、产销一体的企业，从经营上看，与计划经济时期由国有食糖流通企业向制糖企业买断后再批发销售的情况相比，当前企业产、销界限已不明显，因其生产经营规模较大，并掌握了绝大部分产区资源，其经营策略、经营方式对国内食糖生产、流通均有较大的影响力。

2. 食糖流通渠道多样化

购销方式、渠道多样化。1996年以后，食糖电子批发市场等新的购销模式逐步建立健全，并在我国食糖生产与流通中发挥着重要的作用。白糖期货市场、食糖批发交易市场及互联网的建设发展，大大提升了信息在食糖流通中的及时性，产销区价格进一步公开、透明，期货与现货的价格联动性增强；与此同时，也给食糖流通带来了极大的便利性，在信息分享的基础上，完成订货、交货、发货一系列业务，解决食糖流通中的时间与空间矛盾，为食糖流通提供了更安全、便捷、高效的交易平台。

食糖购销运输方式、流向有较明显的变化。除铁路运输外，食糖水运、汽运的比重在逐步增加。整车之外，铁路运输也新增了集装箱、行包快运等更经济、便捷的方式。交通运输方面的变化加大了市场的流动性，提升了市场竞争程度。销区对产区糖源的选择，已逐步由单纯的消费习惯转向价格优势、运输条件等方面的综合比较。销区之间跨地区、跨省互通有无的食糖购销增多，产区与产区之间也有一定数量的食糖购销流转。进入21世纪后，随着经济发展的区域性差异变化以及交通运输方面的转变，沿海地区新增了一些重点食糖集散地和消费地，如宁波、青岛、日照、天津、营口等地，内陆部分重点城市食糖中转、集散功能因此减弱。

3. 新的营销网络逐步形成

原有的省、市、县三级食糖批发站的经营模式退出历史舞台后，目前国内糖市已在构筑新的营销网络。部分经销商跨地区经营，个别规模较大的集团企业通过组建分公司的方式布局全国重要的食糖销区。自成体系的区域性或全国性食糖营销网络正在形成,如电子批发市场的物流网络等。进入21世纪后,产区对销区用糖企业的直销比例明显增加,根据中国糖业协会统计的数据显示,2016年糖厂直销数量已经占到年消费量的30%。以传统购销模式经营的中小食糖经销商面临日渐增大的冲击。

二、我国食糖的供需状况是怎样的?

(一)我国食糖供应状况

生产方面:我国制糖生产经过多年的发展,已发展成为世界第四大产糖国。2007/2008榨季,食糖产量创历史最高纪录,达到1484万吨。2013/2014榨季,食糖产量达到了1331万吨,为产量第二高的年份。2015/2016榨季,产量下降至870万吨,为2001/2002榨季(850万吨)以来低点。

进口方面:进入21世纪以后,我国制糖生产有了长足的发展,国内产量已经能够基本满足内需。我国的进口糖主要由两部分组成,一部分为政府间贸易,一般为签订了长期进口协议的进口糖,比如从古巴进口原糖,另一部分则是关税配额内进口糖。2000年前后,我国的进口量维持在80万~120万吨之间,其中40万吨古巴进口原糖用于国家储备,其余部分则是正常贸易进口,用于消费。2010年以后,从图4-1中我们也可以看出,我国的国内食糖总产量增加,食糖进口量就会减少,反之则进口量则增加。

(二)我国食糖需求状况

近10年来,我国食糖消费量呈逐年上升趋势,需求不断增加,2013/2014榨季以来,食糖消费量达到1500万吨左右,消费量居世界第二,是食糖消费大国,仅次于印度的2500万吨。但在人均食糖消费方面与世界人均水平相比则较低,据中国糖业协会公布的数据显示,2016年我国人均食糖

第四章 白糖的贸易流通情况 73

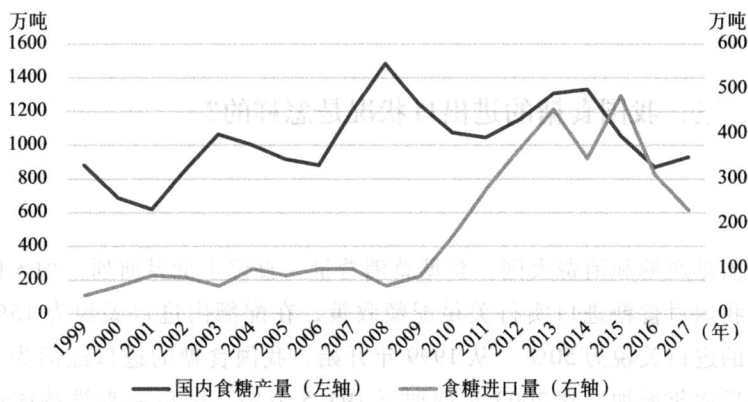

图4-1 1999—2017年我国食糖进口量随国内总产量的变化

资料来源：中国糖业协会、海关总署。

消费量为11千克左右，仅为世界人均食糖消费量的一半左右，这说明我国食糖需求量还将有一定的增长空间。

我们从图4-2可以看出，除了2002/2003榨季、2007/2008榨季我国食糖产量大幅增长，出现了较大数量的结转库存外，其余榨季基本处于供不应求的状况。2013/2014榨季之后，国内产需缺口逐步扩大，一度达到600万吨，产不足需成为常态。关于食糖消费的状况，我们还会在接下来的内容中进行详细解说。

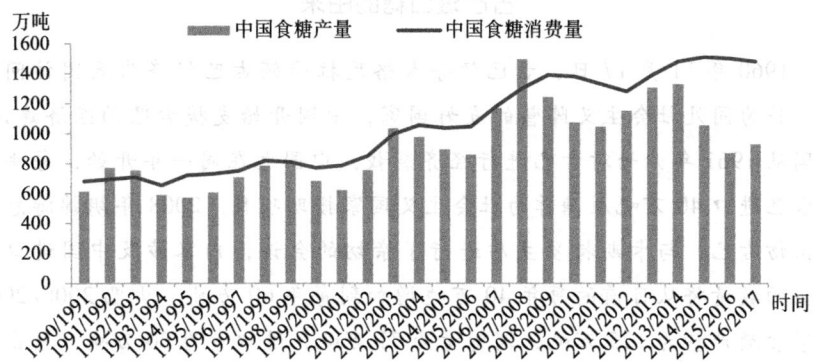

图4-2 1990/1991榨季—2016/2017榨季中国食糖产销量对比

资料来源：中国糖业协会。

三、我国食糖的进出口状况是怎样的？

我国是产糖和消费大国，食糖总消费量一直位于世界前列。加入世贸组织后，我国对食糖进口实行关税配额政策，在配额内进口关税为15%，非配额内的进口关税为50%。从1999年开始，我国食糖的进口配额为160万吨，随后逐年增加，到2003年增加至194.5万吨，随后一直维持该额度不变。在194.5万吨的食糖配额中，还包含了我国每年都会向古巴政策性进口的40万吨原糖，古巴进口原糖大都直接进入国家储备。除古巴外，我国的进口食糖主要是来自巴西，其次是泰国，实施贸易保障措施关税后，进口转向中美洲国家。进口食糖主要以原糖为主，其次是白砂糖。随着我国进口量不断增加，国际糖价对国内影响不断加深，由于内外糖价差较大，走私糖近年来冲击了国内糖业。

小贴士

古巴进口糖的由来

1960年11月17日，古巴领导人格瓦拉率领古巴经济代表团访问中国，作为同处社会主义阵营的友好国家，中国开始支援古巴的经济建设。美国从1961年开始对古巴进行经济制裁，中国也在同一年开始，每年都从古巴进口40万吨原糖作为社会主义国家援助项目。2008年胡锦涛总书记出访古巴，与卡斯特罗主席进行了亲切的会谈，内容涉及中国进口古巴糖的数量将从目前的每年40万吨增加到每年60万吨。古巴2008/2009榨季食糖产量为125万吨，消费量为71万吨，进口量为20万吨，总出口量达到73万吨，中国进口所占比例超过一半。

在国际糖市没有出现大的波动行情的情况下，我国的白糖现货市场是一个相对封闭和独立的市场,这主要是因为我国与其他产糖国相比,制糖成本高,产品质量低,加之食糖长期处于供不应求的状态,总产量没有富余、价格竞争亦无优势,因而不具备大量出口的能力。2003年开始,我国食糖年消费量突破了1000万吨,从产糖量与消费量的数据对比来看,仍然需要进口糖来满足国内消费市场。从图4-3中我们可以看到,食糖进口在2004年重新回到100万吨以上,直到2008年国内食糖大增产,国内市场供大于求,进口需求减少,进口量才重新回到80万吨以下。从近几年的进口量、产糖量、消费量的比值关系看,随着我国食糖产量的增加,进口糖数量逐年下降,再加上国产糖不具备国际定价权,现货市场受国际各种因素的影响相对较小。因此,进口糖对我国食糖价格的冲击和影响相对来说比较小。

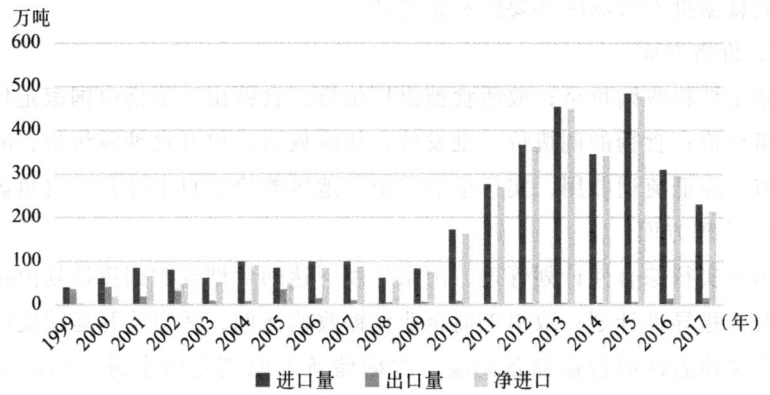

图4-3 1999—2017年我国食糖进口量、出口量与净进口量对比

资料来源:中国糖业协会、中国海关总署。

四、我国白糖的主要贸易政策有哪些?

(一)国内流通贸易政策方面

为了搞活流通,调动各方面经营食糖的积极性,解除糖料和食糖统一定价对糖业发展的束缚，1991 年 11 月 7 日，国务院发布了《关于调整食糖经营管理有关政策的通知》。该通知要求在坚持计划经济与市场调节相结合的原则下，适当加大市场调节的成分，即改革计划管理形式、放活价格、促进购销、开拓市场，具体包括如下三个方面：

1. 销售方面

将国家计委下达的食糖收购调拨计划由指令性计划改为指导性计划，改商业包销为工业自主经营；取消工商企业食糖收购比例，食糖生产企业、糖酒公司和其他国营、集体商业企业均可多渠道、少环节地经营食糖批发业务；商业各级批发公司、零售店、供销社和工业用糖单位均可直接从产区的工商企业进货；取消凭证定量供应办法，放开食糖的零售市场，明确了在我国建立食糖批发市场的必要性和紧迫性。

2. 价格方面

稳定糖料收购价格；放活食糖出厂价格，食糖出厂价格由国家定价改为国家指导价；食糖的调拨价、批发价也相应放活，放开食糖零售价；减少中间环节，降低流通费用，实行季节差价、地区差价、自主经营、自负盈亏。

3. 管理方面

不再实行综合性计划管理，国家计委下达的食糖收购调拨计划由指令性计划改为指导性计划；取消工商企业食糖收购比例，适当放开运输流向；建立中央和地方两级食糖储备制度，食糖储备的原则是国家进口糖由中央储备，国内生产糖由产区和销区分别储备；实行各制糖企业归口轻工部门，各食糖流通企业归口商业部门的糖业管理体制。

（二）进出口贸易政策方面

根据我国加入世贸组织的谈判结果，我国对粮、油、糖、毛等大宗农产品进口实行关税配额管理。我国政府同时承诺，从 1999 年发放 160 万吨进口食糖关税配额，5 年内配额数量每年增加 5%，到 2004 年，进口食糖关税配额增长到 194.5 万吨。在该项配额内，进口原糖关税为 20%，白砂糖为 30%，到 2004 年降低为 15%；配额外进口关税 2004 年将从 76% 降低到 50%，并同时打破国家对食糖进口的垄断。从表 4-1 中世界部分国家（地区）的食糖进口关税税率表中可看出，我国食糖进口关税处于很低的水平，这一关税水平远远低于世贸组织 135 个成员国（地区）97% 的平均关税水平。

表 4-1 世界部分国家（地区）食糖进口关税税率

国家（地区）	进口税率	国家（地区）	进口税率	国家（地区）	进口税率
欧盟	200%	南非	124%	孟加拉国	200%
美国	130%	哥伦比亚	130%	巴基斯坦	26%
泰国	104%	埃及	30%	印度	75%
巴西	55%	斯里兰卡	66%	菲律宾	133%

资料来源：中国糖业协会。

2017 年 5 月 22 日，我国对配额外进口食糖实施为期三年的保障措施关税，税率提高到 95%，并逐年下降 5%。

我国对食糖进口实行配额管理，关税配额内进口的食糖适用关税配额税率，配额外进口的食糖按照《中华人民共和国进出口关税条例》的有关规定执行。食糖进口关税配额分为国营贸易配额和非国营贸易配额。国营贸易配额须通过国营贸易企业进口，非国营贸易配额通过有贸易权的企业进口，有贸易权的最终用户也可以自行进口，具体为：国营贸易企业；具有国家储备职能的中央企业；有食糖进口实绩的企业；日加工原糖 600 吨以上（含 600 吨）、注册资金 1000 万元以上（含 1000 万元）、年销售额 2 亿元以上（含 2 亿元）的制糖企业；以食糖为原料从事加工贸易的企业。

进口关税配额由商务部分配，商务部授权机构负责受理本地区内食糖进口关税配额的申请。食糖进口关税配额根据申请者的申请数量和以往进口实绩、生产能力、其他相关商业标准或根据先来先领的方式进行分配；分配的最小数量以食糖商业上可行的装运量确定。进口关税配额证自每年 1 月 1 日起至当年 12 月 31 日有效。持有食糖进口关税配额的企业当年无法将已申领到的全部配额量签订进口合同或已签订合同但无法完成的，须在 9 月 15 日前将无法完成的配额量交还原发证机构。食糖进口关税配额再分配量的申请期为每年 9 月 1 日至 15 日，每年 9 月 30 日前，商务部将食糖进口关税配额再分配量分配到最终用户（凭合同先来先领分配方式除外）；关税配额再分配量根据公布的申请条件，按照先来先领方式进行分配。获得再分配配额量的最终用户可以通过有贸易权的企业进口，有贸易权的企业也可以自行进口。具体流程可参考图 4-4。

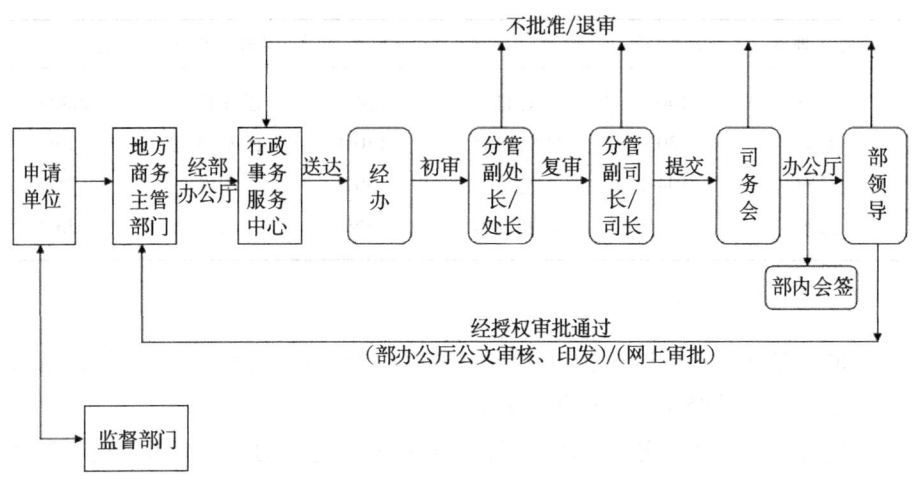

图 4-4 食糖进口关税配额许可流程图

资料来源：商务部外贸司。

五、白糖期货给我国食糖贸易带来了哪些影响？

白糖期货在国内已经上市交易 12 年有余。白糖期货的上市，对于广大的食糖相关企业来说是一个规避价格风险的重要工具。在白糖期货上市交易的这十几年时间里，很好地发挥了其应有的价格发现、套期保值等作用。它给现有食糖流通贸易带来如下四个方面的影响：

（一）对现货市场贸易的影响

推出白糖期货交易会对白糖现货市场带来一定影响。由于现货交易存在质量、诚信等多种问题，期货交易又在资金、投机等方面存在优势，因而一部分贸易流通企业将会将重心由现货交易转向期货交易。

期货交易的推出会引起白糖定价模式的改变。白糖期货没有上市以前，白糖价格是由制糖企业决定，市场调节。这种定价方式主观性强，不能完全反映市场供求情况。而进行期货交易，实行期货定价，现货参考期货报价，期货价格将直接左右现货市场价格，现货市场价格将跟随期货价格而上下波动。

至于期货交易对现货贸易量的影响，由于期货交易真正交割的机会相对于现货市场交易量有较大差距，现货贸易仍是主流。但随着期货交割制度的不断完善，相信期货交割也具有很大潜力。

（二）白糖期货为食糖流通贸易提供了新的运作空间

中国的食糖贸易流通渠道相对分散，在白糖期货未上市之前，主要通过众多的流通企业进行销售。在流通市场上我国销售食糖的方式主要有三种：一是企业直销；二是由流通企业通过流通环节销售；三是通过电子批发市场销售。通过流通环节销售，在交易过程中存在着预付款订货、赊销等结算方式，隐含着较大的交易和价格风险，需要期货市场来规避。能够通过参与期货交易套期保值，规避市场价格波动风险，是食糖现货贸易流通企业的共同愿望。白糖期货上市后，不仅提供了套期保值、规避价格波动风险的功能，同时通过期货市场可以进行实物交割，更拓展了食糖流通贸易的方式，提供了新的运作空间。还可以通过基差点价交易。

（三）食糖流通贸易群体出现分化

白糖期货的推行将会造成其他贸易商群体出现分化，一些实力雄厚、决策正确的贸易企业充分利用白糖期货获得丰厚盈利，可能会将经营重点逐步转向期货市场；一些注重稳定的贸易企业、特别是食糖生产企业，则可能继续从事现货贸易，其中拥有生产资源的食糖生产企业以及其代理商通过运用期货套期保值，仍然会获得丰厚的收益；另一些贸易商则有可能选择风险稍低的电子批发市场，或游离于三者之间，也有可能获得可观的盈利。

总之，白糖期货市场会对目前的现货市场和食糖电子批发市场产生一定影响，三者之间的互动会有一个过程。从一个成熟的市场经济的形态来看，现货市场、电子批发市场和期货市场共同发展、相互促进是合理的，也是必需的。随着市场的不断发展，由于期货市场价格的权威性及交割的便利性，会逐渐在流通贸易中占据主流地位，与电子批发市场及现货市场相辅相成，这也将是未来食糖流通贸易的发展趋势。相关企业了解这些影响有利于把握现货市场的发展，规划企业的未来。

六、全球食糖的贸易状况是怎样的？

食糖的国际贸易一直是以原糖为主，但白砂糖的贸易量也在不断增加。2016/2017榨季进入世界贸易的食糖量占总产糖量的1/3，约为6000万吨，其中有近1/5，大约1200万吨是属于各国长期双边贸易协定的贸易量，真正进入自由贸易的占4/5，约4800万吨，这部分占世界总产量的28%。在2017年世界食糖主要出口国（地区）当中，主要出口原糖的是巴西、泰国、澳大利亚、危地马拉、墨西哥等国；主要出口白砂糖的是欧盟、土耳其等；巴西、泰国等国原糖与白砂糖均有大量出口（如表4-2、图4-5所示）。

表4-2 2016/2017榨季世界食糖出口前五位国家（地区）的年出口量

国家（地区）	出口量
巴西	2850万吨
泰国	750万吨
澳大利亚	400万吨
危地马拉	215万吨
印度	180万吨
小计	4395万吨
世界食糖总出口量	5902万吨
前五位所占总量份额	74%

资料来源：美国农业部（USDA）。

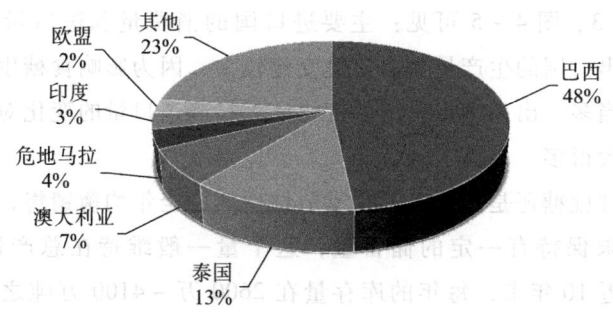

图 4-5 2016/2017 榨季世界主要食糖出口国（地区）出口量所占比例图

资料来源：美国农业部（USDA）。

2016/2017 榨季，世界食糖主要进口国（地区）是俄罗斯、欧盟、印度、美国、印度尼西亚、日本、加拿大、埃及、中国和墨西哥（见表 4-3）。这 10 个国家（地区）的进口量占世界进口总量的 42%。

表 4-3　2016/2017 榨季世界食糖主要进口国（地区）前十位的年进口量

国家（地区）	进口量
俄罗斯	310 万吨
欧　盟	364.7 万吨
印　度	280 万吨
美　国	279.5 万吨
印度尼西亚	157 万吨
日　本	145 万吨
加拿大	144.4 万吨
埃　及	141 万吨
中　国	107.7 万吨
墨西哥	21.5 万吨
小计	1950.8 万吨
世界食糖进口总量	4657 万吨
前十位所占份额总量	42%

资料来源：美国农业部（USDA）。

从表4-3、图4-5可见：主要进口国的消费量和进口量是比较稳定的，而主要出口国的生产量和出口量变化较大，因为影响食糖生产量和消费量的因素相当多。出口国出口量的变化比进口国进口量的变化对世界食糖市场的影响要大得多。

无论是甘蔗糖还是甜菜糖都是季节性生产、全年均衡销售，因而世界食糖在销售期末保持有一定的储备量，这个量一般维持在总产量的20%~30%之间。近10年来，每年的库存量在2600万~4100万吨之间波动。从图4-6中我们可以看到近10年来世界食糖期末库存量的变化。

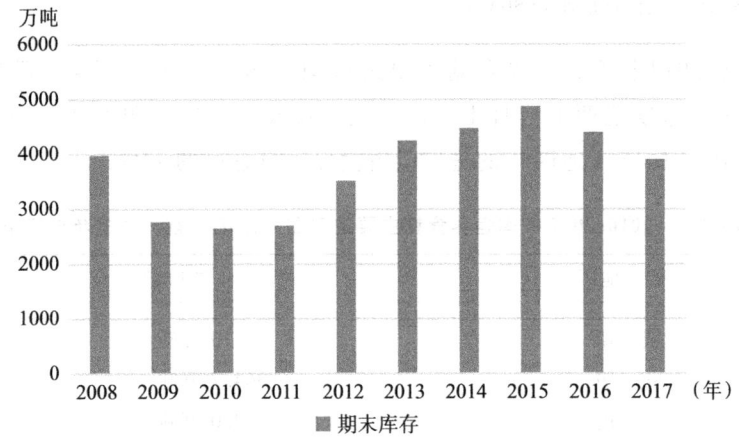

图4-6 近10年世界食糖期末库存量对比

资料来源：美国农业部（USDA）。

自测题

一、填空题

1. 2007/2008 榨季,我国食糖产量创历史最高纪录,达到_____万吨。

2. 从 2015 年以来的进口情况来看,我国的进口量维持在_____万吨之间。

3. 加入 WTO 后,我国对食糖进口实行关税配额政策,在配额内进口关税为_____,非配额内的进口关税为_____。

4. 2017 年我国食糖进口关税配额量为_____万吨,其中_____为国营贸易配额。

5. 我国的进口关税水平远远低于世贸组织 135 个成员国(地区)的平均进口关税_____的水平。

二、判断题

1. 我国进口糖主要是原糖,不包括成品糖。   (   )

2. 国家对符合配额管理政策的进口糖进入国内流通没有政策限制,即可以完全按照市场化原则进行流通。   (   )

3. 我国的进口糖主要由两部分组成,一部分为政府间贸易,签订了长期进口协议的进口糖,另一部分则是关税配额内进口糖。   (   )

4. 我国与其他产糖国相比,制糖成本低,产品质量高,具备大量出口的能力。   (   )

5. 进口糖对我国白糖价格的冲击和影响相对来说比较大。   (   )

三、单选题

1. 近 10 年来,我国食糖消费量呈逐年上升趋势,需求不断增加,2016/2017 榨季食糖消费量达到(   )万吨。

A. 1300 B. 1400
C. 1500 D. 1600

2. 2017/2018 榨季进入世界贸易的食糖量占总产糖量的 1/3，约为（　　）万吨。

  A. 4000 B. 5000
  C. 6000 D. 7000

3. 作为世界最大的食糖出口国——巴西，2017/2018 榨季其食糖出口量占世界总出口量的（　　）左右。

  A. 25% B. 35%
  C. 55% D. 40%

4. 近 5 年来，世界食糖每年的库存量在（　　）吨之间波动。

  A. 3500 万～4500 万 B. 4500 万～5500 万
  C. 5500 万～6500 万 D. 6500 万～7500 万

5. 我国制糖生产经过多年的发展，已发展成为世界第（　　）大产糖国。

  A. 二 B. 三
  C. 四 D. 五

四、多选题

1. 我国的进口食糖主要是来自（　　）。

  A. 泰国 B. 韩国
  C. 巴西 D. 中美洲

2. 2017/2018 榨季，世界食糖的主要进口国（地区）是（　　）。

  A. 阿尔及利亚 B. 俄罗斯
  C. 印度尼西亚 D. 中国

3. 流通市场上我国销售食糖的方式主要通过（　　）等方式进行销售。

  A. 企业直销 B. 电子现货批发市场
  C. 期货交割 D. 便利店

4. 在 2017 年世界食糖主要出口国（地区）当中，主要出口原糖的是（　　）。

A. 欧盟 B. 古巴
C. 澳大利亚 D. 巴西

5. 我国的进口糖主要由（　　）等部分组成。

A. 政府间贸易 B. 走私
C. 关税配额内进口 D. 关税配额外进口

参考答案

一、填空题

1. 1484　　2. 200~400　　3. 15%　50%　　4. 194.5　70%
5. 97%

二、判断题

1. 错　2. 对　3. 对　4. 错　5. 错

三、单选题

1. C　2. C　3. D　4. D　5. D

四、多选题

1. ABCD　2. ACD　3. AB　4. BCD　5. ACD

第五章

白糖的消费情况

本章要点

本章主要讲解国内外白糖的消费情况。主要介绍国内外白糖消费的总体概况、消费特点、消费构成和消费前景,同时对我国影响食糖消费的因素进行分析。通过本章,可以全面了解国内白糖的消费情况,帮助读者分析白糖消费对白糖期货的影响。

一、我国食糖消费的总体情况是怎样的?

随着中国经济的持续快速发展,食糖的消费不断扩大,人均食糖消费水平逐年提高。目前,中国已成为世界第三大食糖消费国,且消费量仍保持稳步增长的态势。中国食糖消费量由 1960/1961 榨季的 125.79 万吨增长到

1991/1992 榨季的 761.5 万吨，2007/2008 榨季进一步增长到 1330 万吨，2010 年后食糖消费量增长有所放缓，到了 2016/2017 榨季，消费量已达到 1490 万吨。综合来看，中国食糖消费量年均增长速度达 4.5% 左右。

我国食糖消费量占全球食糖消费总量的份额日趋增长。食糖总消费量由 1961 年的 2.5%，增长到 1981 年的 5%，到了 1999/2000 榨季，该比率保持在 6%~7% 之间，到了 2003 年后开始进一步提升，2016/2017 榨季，我国的食糖消费量已经占到了全球食糖消费总量的 8%~9%，成为仅次于印度和欧盟的第三大食糖消费国。

虽然我国目前已成为了世界食糖消费大国，但由于我国的饮食习惯和理念，食糖一般仅作为调味品或健康甜味剂来使用，食糖的消费金额占总消费的比重小，加之人口基数大，就使得我国的人均食糖消费量与西方发达国家存在较大差距（见表 5-1）。在西方发达国家，食糖、淀粉和脂肪构成居民热量的三大来源，人均消费量大。

表 5-1　　世界部分国家（地区）人均年食糖消费量　　单位：千克

国家（地区）	消费量	国家（地区）	消费量	国家（地区）	消费量
世界	23.07	埃及	37.59	越南	17.47
马来西亚	57.88	哥伦比亚	36.07	日本	16.82
巴西	52.49	南非	34.83	赞比亚	13.46
新西兰	48.41	墨西哥	34.59	坦桑尼亚	12.24
澳大利亚	46.28	美国	33.32	中国	11.68
智利	43.51	加拿大	32.38	加纳	9.95
泰国	43.44	韩国	31.68	尼日利亚	8.56
乌拉圭	42.97	伊朗	31.42	莫桑比克	6.78
乌克兰	40.9	土耳其	30.27	埃塞俄比亚	4.82
俄罗斯	39.39	巴基斯坦	26.24		
阿根廷	39.34	印度尼西亚	24.64		
秘鲁	39.09	菲律宾	23.47		
欧盟-28 国	38.26	印度	20.16		
沙特阿拉伯	38.25	巴拉圭	20.07		

资料来源：OECD。

从表 5-1 中可以看出，我国食糖人均年消费量不仅远低于发达国家和地区，在发展中国家中也排在下游。目前，我国人均 11 千克左右的年食糖消费量，低于全世界人均 23 千克的水平，也低于拥有近似饮食习惯的中国台湾同期人均 24 千克、中国香港人均 31 千克的水平，不及世界人均年消费量的二分之一，处于世界食糖消费低水平的行列。西方一些发达国家一般人均年消费食糖 35~40 千克，高的达到 50~70 千克。随着我国今后经济的发展、人民生活水平的提高以及食物消费结构的变化，我国的食糖市场还具有一定的发展空间。

二、哪些因素会影响食糖的消费？

影响食糖消费的因素有很多，有经济因素，也有非经济因素。经济因素有消费水平、经济增长水平、居民收入水平、白糖价格水平的变动等；非经济因素有人口数量、居民消费习惯等。

（一）经济增长水平

目前，我国经济正处于高速发展时期，经济的高速发展会使得国内居民的消费欲望不断地加强，消费水平不断攀升，这也是影响我国食糖消费的根本因素。首先，经济增长才能刺激消费，消费水平增长才能拉动内需，内需扩大后又能带动经济增长，经济增长与消费水平是紧密联系在一起的。其次，消费水平与经济增长有一定的依存关系。特别是对于广西等白糖主产区，制糖行业是重要的支柱产业及税收来源。在合理的经济增长区间内，当食糖消费旺盛，给制糖行业带来较高经济收益，对经济增长的贡献也会增强；食糖消费不足，制糖行业利润下降，也就会拖累经济增长速度。

（二）居民收入和水平消费水平

食糖消费水平的高低，直接依存于消费金额的多少，而消费金额又来自居民收入。理论上,在其他条件不变的情况下,居民收入总额大,增长速度快,用于食糖及含糖食品的消费金额会增加,食糖消费水平就会增高;收入总额小,增长速度慢,用于食糖及含糖食品的消费金额就会减少,则食糖消费水平就降低。从图5-1中可以看出,我国的人均GDP从20世纪90年代初增长速度快,而食糖消费量总体上随着我国人均GDP的增长而增长;直到2008年金融危机后,人均GDP增速有所放缓,我国食糖消费量也保持低速增长。

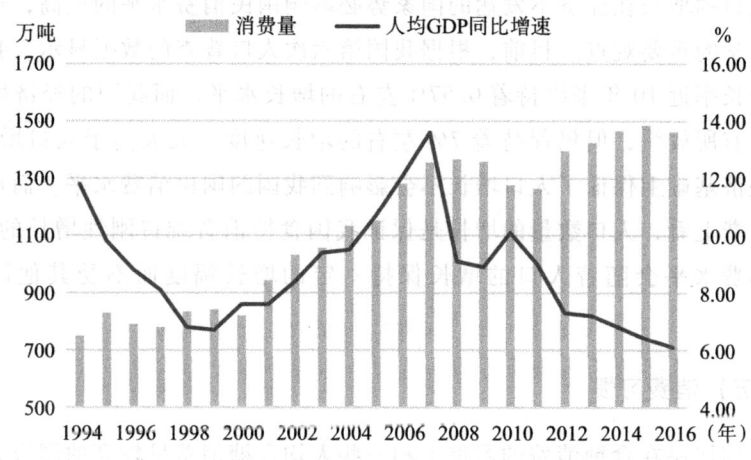

图5-1 1994—2016年国内人均GDP增速与食糖消费量对比

资料来源:Wind资讯、国家统计局。

食糖消费水平的变动与居民收入水平的变动有着直接的依存关系,居民收入水平是影响我国食糖消费的直接因素,因为居民消费直接受到居民可支配收入的制约。当居民的收入大幅增加,居民的消费水平就有所上升,居民的收入下降时,消费也就相对地受到限制;当居民收入的增长较快时,在其他条件不变的情况下,食糖消费水平也会增长较快。

(三)白糖价格水平

白糖价格是白糖这个商品价值的货币表现形式,白糖价格的高低,直接关系到买卖双方的切身利益,也直接影响消费者对白糖的消费意愿。所以,白糖价格是消费者购买心理中最敏感的因素。价格作为客观因素,它对消费者的购买心理必定产生影响,进而影响白糖的消费水平。同时,由于食糖有淀粉糖、糖精等多种甜味剂替代品的存在,当白糖价格上涨,就会使替代品的替代效应显现出来,进而挤占白糖的市场份额,影响到白糖消费;而当白糖价格下跌,就会使替代品的替代效应减弱,无法挤占白糖的市场份额,而白糖的消费也会得到稳步增长。

(四) 人口数量

人口的增长在经济不发达的国家势必影响国民消费水平的提高,这是经济人口学的重要观点。目前,根据我国第六次人口普查的数据显示,我国的人口增长率近10年来维持着0.57%左右的增长水平,而我国的经济增长速度虽然有所放缓,但仍保持着7%左右的增长速度,大大高于人口增长率,这从经济基础上保证了人口增长不会影响到我国的国民消费水平。而从我国食糖消费上看,人口数量的增长是保证我国食糖消费维持刚性增长的基础,食糖消费水平会随着人口的增长保持一定的增长幅度而不受其他因素所影响。

(五) 消费习惯

我国居民在食糖消费的习惯上和一些人均食糖消费量较高的国家有所不同,这主要体现在饮食习惯及消费观念上。首先,在我国,我们在日常生活中有相当部分的人群只把食糖当成一种可有可无的调味剂来使用;而在人均食糖消费量较高的国家和地区,人们由于饮食习惯的差异,把食糖当作是一种饮食上的一种必需品,是居民饮食热量的来源。其次,在消费观念上,我国则普遍认为食糖会引起肥胖、糖尿病、心脏病、高血压病等多种病症,会刻意节制食糖消费;而在国外,联合国粮农组织(FAO)和世界卫生组织(WHO)在联合出版的《人类食物中的碳水化合物》一书中指出"食糖是一种安全而有价值的食物",是一种天然、健康、容易被人体吸收的食品,是体力劳动人群和运动型人群最便捷、最快速的能量补给源。因此,消费习惯的差异,对我国食糖消费的增长起到了一定的制约作用。

三、我国食糖消费的特点是什么?

(一) 食糖消费具有季节性

食糖消费的季节性,表现为含糖食品的销售、消费旺季带动食糖的消费,产生高峰期。例如:中国传统的春节、中秋节以及夏季冷饮的消费增加,形成节气性消费旺季,而每年的五六月份,消费途径减少,形成淡季。从每年白糖的消费来看,有两个用糖高峰期:一个是元旦、春节的糖果消费旺季;另一个是每年7月至9月份的夏季冷饮的消费旺季和中秋节。两个用糖高峰期的前一个月,由于食品行业的大量用糖,使白糖消费进入高峰。

(二) 食糖消费与区域经济水平及饮食习惯有关

食糖消费与区域经济发展水平和居民收入水平有一定的关系,但与居民的饮食习惯关系更加密切。例如经济发达的华南、华东和京津地区是我国食糖消费的主要销区,由于这些地区的区域经济水平以及居民收入在我国排前列,城镇化水平较高,食品消费结构不同,在含糖食品消费方面有较高需求。从饮食习惯方面来看,我国南方比我国北方更喜欢甜食,饮食习惯的差异也使得南方地区的食糖消费量比北方地区更高。食糖消费主要集中在经济较为发达的地区,如广东、上海、江苏、浙江等省份。

(三) 我国食糖消费中工业消费占主要部分

食糖作为天然的甜味剂,既是日常生活的必需品,也是工业生产中不可或缺的原料,所以食糖消费又分为工业消费和民用消费。其中,工业消费又占了总消费量的绝大部分,2016/2017榨季工业消费比例约为59%,民用消费为41%。食糖工业消费领域主要以食品加工业为主,其次是用于医药制药行业。

(四) 食糖消费受替代品的影响

我国食糖生产和消费，长期以来，一直以蔗糖为主，淀粉糖、糖精等替代品为辅。从广义上说，食糖和替代品同为甜味剂，而作为替代品的淀粉糖和糖精等甜味剂的生产和销售量将会直接影响食糖的消费量和消费的发展空间。

1998—2013 年，淀粉糖产量保持了较高的增长速度。2014 年，受到食糖消费趋于稳定，生产商配方升级基本完成，原料玉米价格上涨影响，淀粉糖产量开始下降。具体情况见图 5 - 2。由于淀粉糖与食糖相比，口感较差，甜度也较低，两者并不是完全替代关系。

除了一些必须用到糖的某种特性保证口感和物理性质的食品外，在其他领域中，淀粉糖和食糖的替代关系主要原因体现在价格上。从两者的价格替代关系看，当食糖价格低于 3600 元/吨时，食品行业多数使用食糖；当食糖价格在 3600 ~ 4000 元/吨，是食糖与淀粉糖互相替代的平衡点；当食糖价格高于 4200 元/吨，淀粉糖的替代量就相对增加。

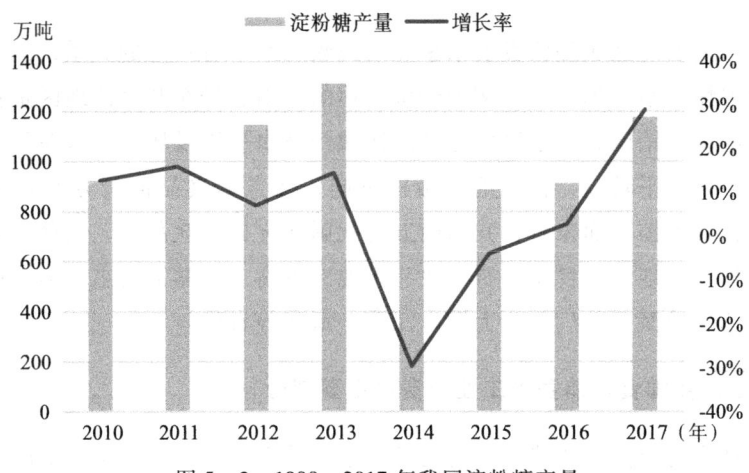

图 5 - 2　1998—2017 年我国淀粉糖产量

资料来源：中国淀粉工业协会。

(五) 食糖消费具有刚性特点

人口数量是影响我国食糖消费的一个主要因素,人口的不断增长给我国的食糖消费带来固定的增长,使食糖消费获得了刚性的特点。不考虑其他消费因素的影响,食糖消费的刚性特点会使得的食糖价格的弹性变小,市场总体呈现卖方市场的趋势。当食糖产量有波动时,反映在价格上的波动就会成倍地放大。例如,我国2014/2015榨季的产量为1055.6万吨,较2013/2014榨季1331.8万吨的产量减产276.2万吨,减产幅度为20.7%,但其间郑州白糖指数价格从4163点上涨至2014/2015榨季内最高点5663点,上涨1500点,涨幅为36%,期货价格上涨幅度是现货减产幅度的1.8倍。

四、我国食糖消费构成是如何变化的?

目前,我国的食糖消费主要分为民用消费和工业消费,在1988/1989榨季,工业消费约占食糖总消费量的60%左右,民用食糖消费约占食糖消费的40%;到2000/2005榨季,食糖消费结构呈现"工业消费约占食糖消费的70%以上,民用消费占食糖消费30%以下"的格局,年度间略有波动;2006年后,在食糖工业消费保持绝对数量持续增长的同时,民用消费所占比例也有所提高。2007/2008榨季和2008/2009榨季工业消费约占65%左右,民用消费占35%左右;近年受经济增速放缓影响,工业消费有所下降,2016/2017榨季工业消费比例约为59%,民用消费为41%。我国食糖工业消费主要分布在食品加工、饮料、饮食等用糖行业,工业消费生产出来的大多数商品最终还是会以各种形式进入到民用消费领域。

民用消费具有相对刚性,需求弹性小,主要跟随经济水平和人口数量稳步增长。而食糖工业消费受经济环境和价格影响较大,是影响食糖总消费的重要因素。2017年在食糖工业消费中,对乳制品、饮料、饼干和糖果的食糖消费量约占67%左右。在2007—2009年,乳制品和饮料行业消费位居前列,两者总和约占工业用糖的 70% 左右，罐头、饼干等含糖食品产量所占比例居次。近几年由于生产技术提高、消费者口味变化、原料成本价格等因素，导致各食品配方不断更新升级，食糖在各食品中的比例出现变化（见图 5-3）。

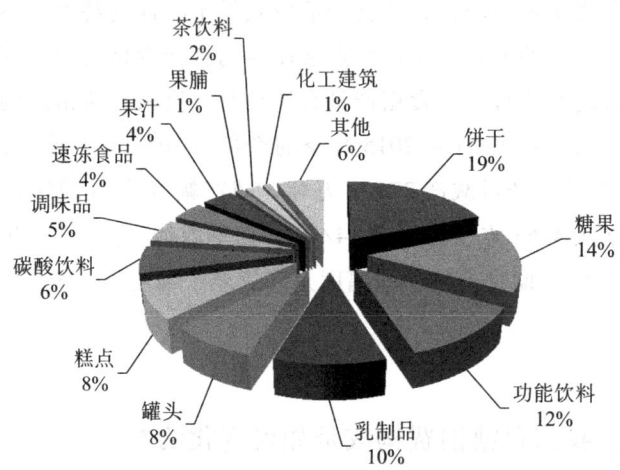

图 5-3　2016 年工业用糖量比例图

资料来源：华信期货白糖研究中心。

案例 5-1

碳酸饮料调整配方　用糖占比下降

碳酸饮料曾经是消费白砂糖大户，2010 年前，占比一度达到 8%~9%，主要碳酸饮料企业年采购量均超过 20 万吨。2011 年糖价一度上涨到接近 8000 元/吨，碳酸饮料企业开始调整配方，采用果葡糖浆代替白砂糖。最初替代比例为 25%，到 2015 年前后，替代比例已经达到 75%。即果葡糖浆在甜味剂中占比 75%，白砂糖占比 25%。近年来，碳酸饮料企业陆续推出无糖可乐等新产品。

配方的改变造成碳酸饮料用糖量占白砂糖总消费量的比例下降到 5%~6%。而功能饮料、植物蛋白饮料、果蔬汁饮料、调味品等子行业用糖比例开始提升。尤其是植物蛋白饮料由于切合了健康、营养等消费升级观念，连续保持 10% 左右的增速，在国内近亿吨的饮料产业中，产值占比约为产量占比的 2 倍。

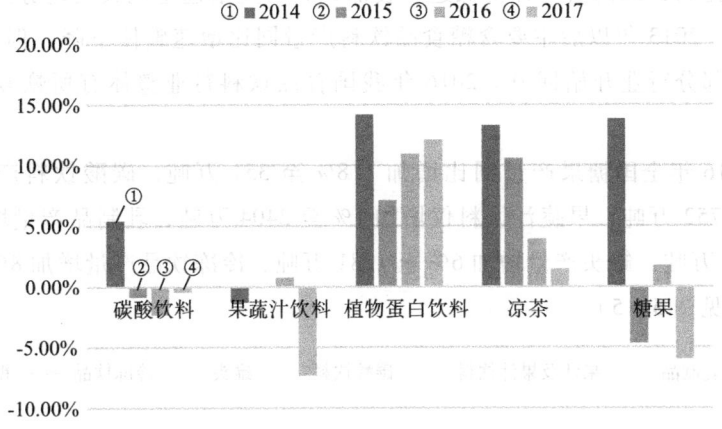

图 5-4 2014—2017 年含糖饮料、食品增长率对比

资料来源：国家统计局、饮料行业网站。

从案例 5-1 以及图 5-4 中我们可以看出，进入 2015 年后，不同饮料子行业的增速产生分化，碳酸饮料开始连续负增长，糖果行业增速变动较大，植物蛋白饮料和凉茶行业维持正增长。从配方看，凉茶一般仍全部采用白砂糖作为甜味剂，碳酸饮料，部分果蔬汁饮料和糖果，开始使用果葡糖浆、高倍甜味剂作为替代品。化工建筑类也是用糖提升较快的行业，尤其是聚醚行业，随着国内化工产能投放以及基数偏小，近年来化工行业用糖比例提升幅度超过一倍，接近 20 万吨。

五、我国食糖消费的前景如何？

（一）食品饮料行业增速放缓

对我国的食糖消费分析，民用消费需求弹性较小，而工业占比大，且易受经济环境和价格影响，对中国消费变动影响较大。从工业用糖的主要行业为食品制造业和软饮料制造业。随着我国人口自然增长率放缓，人们健康意识不断提高，国内宏观经济低迷，食品饮料行业增速呈现放缓趋势。根据数据表明，2013年以后主要含糖食品饮料产量同比增速整体下降，但2015年以后，部分行业开始回升。2016年我国食品饮料行业整体有所恢复，增速仍较低。

2016年全国糖果产量同比增加1.8%至351万吨，碳酸饮料产量减少2%至1752万吨，果蔬汁饮料仅增加1%至2404万吨，乳制品产量增加8%至2993万吨，罐头产量增加6%至1281万吨，冷冻饮品产量增加8%至331万吨（见图5-5）。

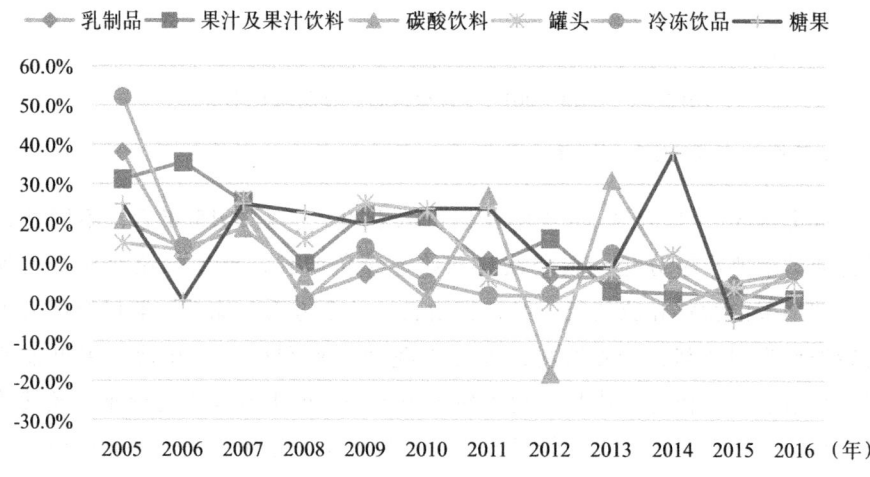

图5-5　全国部分含糖食品饮料产量同比增速

资料来源：国家统计局、Wind资讯、华信期货白糖研究中心。

（二）淀粉糖替代优势明显

由于国内玉米连年高产，政府努力削减庞大的玉米库存，从而令其价格承压，而原料玉米价格的低迷进一步导致玉米淀粉糖价格走低，提高了对白砂糖的竞争优势。因国内经济增速放缓，食品饮料加工企业盈利能力下降，目前白砂糖/果葡糖浆（F55）折干价差仍处于3500元/吨的高位，果葡糖浆替代优势非常明显，为控制成本，部分用糖企业在可操作范围内最大限度使用果葡糖浆替代白砂糖,挤压白砂糖消费空间。随着用糖企业配方调整,饮料行业替代比例有可能进一步提高(见图5-6)。

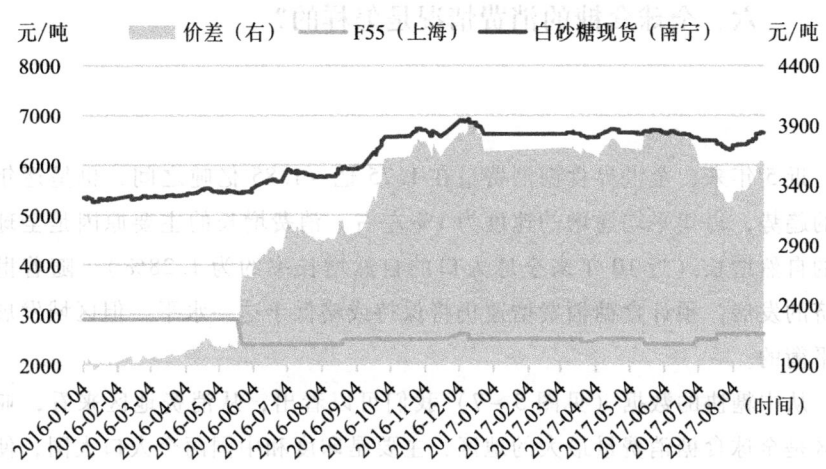

图5-6 白糖现货价格和果葡糖浆F55价格走势及折干价差
资料来源:淀粉工业协会、华信期货白糖研究中心。

除了控制成本因素以外,人们健康认知的不断提高也是促使食品和饮料行业调整配方、降低产品含糖量的一个因素,其中法国、美国、墨西哥等国家对含糖饮料征收不同形式的糖税,全球其他地区亦有不同程度的控制食品饮料含糖量的计划,以减少肥胖问题。随着消费者健康观念的转变,减糖成为饮料行业的发展趋势,碳酸饮料和果蔬汁饮料市场份额预计将受到凉茶、纤维饮料和近水饮料等新品类的挤压。

从中国大类甜味剂消费状况来看,目前和未来几年甜味剂消费仍以平稳增长为主。但中国经济增速放缓,人口结构改变,消费人群和习惯变化与健康意识增加,使食品工业增速放缓,食糖替代品对消费的挤占也在增加,令食糖消费增长乏力。

六、全球食糖的消费情况是怎样的?

近5年来,全世界食糖消费量在1.75亿~1.85亿吨之间,也呈逐年增长的趋势,每年平均递增的速度为1%左右。消费增长的主要原因是全球人口的自然增长(近10年来全球人口的自然增长率约为1.28%)。随着世界经济的发展,预计食糖消费增速仍将保持或略低于这一水平,但区域发展是不平衡的。

从中糖协的数据(见图5-7)我们可以看出,从消费地区来看,亚洲地区是全球食糖消费量最大的地区,主要是印度和中国两个人口大国,使亚洲食糖的消费量占到全球总消费量的50%左右。非洲地区近年来,食糖消费也略有增加,欧洲、美洲以及大洋洲等发达国家,近两年来食糖生产及消费水平略有下降或持平。

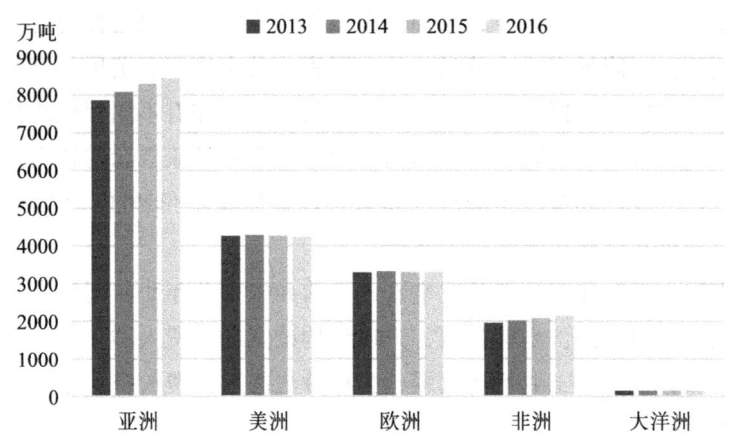

图5-7 2013—2016年世界各地区食糖消费量对比图

资料来源:中国糖业协会。

从图5-8国际糖业组织的数据看,在2008—2009年初全球经济危机的影响下,2008年和2009年世界食糖同比消费增速明显下降。随着2010年后全球经济走出低谷进入复苏状态,食糖在全球范围内的消费同比增速恢复至危机前水平。但 2013 年后,发达国家的食糖消费基本不变;而发展中国家,食糖消费量也在放缓,全球食糖消费以较低增速在发展。

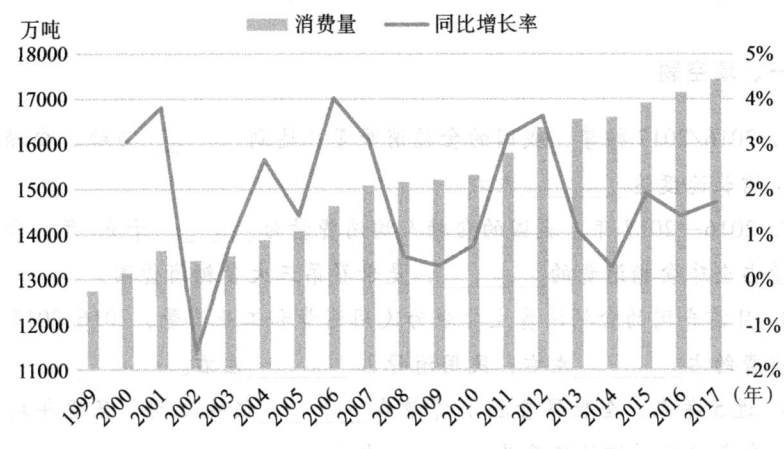

图 5-8　1999—2017 年世界食糖消费量

资料来源:国际糖业组织(ISO)。

另外需要注意的是,(在某些国家和地区)由于饮食习惯的差异,导致世界人均食糖消费量与人均收入的关联度较小。例如新加坡、古巴、马来西亚、墨西哥等国,当地的饮食与消费习惯就使得食糖消费已经成为当地居民的必要性支出,不会随着收入的改变而有较大的调整。这不同于我国食糖消费受经济水平以及个人收入影响的情况。但从全球范围来看,随着中国、印度等食糖消费大国的经济发展以及由此导致的食糖消费量的增长,将会拉动世界人均食糖消费,从而对食糖期货价格产生影响。

自测题

一、填空题

1. 2016/2017 榨季，我国的食糖消费量已达到_____万吨，食糖消费量年均增长速度达_____左右。

2. 2016—2017 年，我国的食糖人均消费量为_____千克/年，食糖总消费量占全球食糖消费的_____，是世界第三大食糖消费国。

3. 目前我国的食糖消费主要分为民用消费和工业消费，2016/2017 榨季工业消费约占_____左右，民用消费占_____左右。

4. 近 5 年来，全世界食糖消费量在_____亿吨之间，呈逐年增长的趋势，每年平均递增的速度为_____左右。

5. 从消费地区来看，_____地区是全球食糖消费量最大的地区，其次是欧洲、中南美洲。

二、判断题

1. 我国的食糖消费不具有季节性。（   ）

2. 从我国每年白糖的消费情况来看，有两个用糖高峰期：一个是元旦、春节的糖果消费旺季；另一个是每年 7 月至 9 月份的夏季冷饮的消费旺季和中秋节。（   ）

3. 我国的食糖消费与区域经济发展水平及居民的饮食习惯有关，而与居民收入水平根本无关。（   ）

4. 作为食糖消费替代品的淀粉糖和糖精等甜味剂的生产和销售量将会直接影响食糖的消费量和消费的发展空间。（   ）

5. 不考虑其他消费因素的影响，食糖消费的刚性特点会使得的食糖价格的弹性相对较小，当食糖产量有较大波动时，反映在价格上的波动就会成倍地放大。（   ）

三、单选题

1. 目前,我国人均年食糖消费量为( )千克左右,不及世界人均年消费量的二分之一,处于世界食糖消费低下水平的行列。
   A. 24   B. 15
   C. 11   D. 31

2. 从 2006—2017 年食糖与淀粉糖的价格替代关系来看,当食糖价格高于( )元/吨,淀粉糖的替代量就相对增加。
   A. 4200   B. 3600
   C. 4000   D. 3800

3. 食糖的消费增长主要是含糖食品的增加,2017 年在乳制品、饮料、饼干和糖果的食糖消费量约占( )。
   A. 50%   B. 30%
   C. 67%   D. 70%

4. 亚洲地区作为全球食糖最大的消费地区,其食糖的消费量占到全球总消费量的( )以上。
   A. 30%   B. 50%
   C. 40%   D. 60%

5. 我国食糖消费量的年均增长速度为( )左右。
   A. 2%   B. 4%
   C. 6%   D. 8%

四、多选题

1. 食糖消费的替代品主要有( )。
   A. 糖精   B. 果糖
   C. 淀粉糖   D. 甜蜜素

2. 影响食糖消费的因素有( )。
   A. 人口数量   B. 白糖价格水平
   C. 经济增长水平   D. 居民消费习惯

3. 由于( )等因素影响使得我国食糖消费前景乐观。

A. 城市化 B. 人口增长

C. 经济环境改善 D. 饮食习惯西化

4. 2007—2017 年，（　　）一直是我国含糖食品产量中排名前列的食品。

A. 乳制品 B. 罐头

C. 饼干 D. 饮料

5. 我国食糖消费具有以下（　　）等特点。

A. 季节性 B. 刚性消费

C. 饮食习惯消费 D. 不受替代品影响

参考答案

一、填空题

1. 1500　5%　　2. 11，8%~9%　　3. 65%　35%

4. 1.75~1.85　2%　　5. 亚洲

二、判断题

1. 错　2. 对　3. 错　4. 对　5. 对

三、单选题

1. C　2. A　3. D　4. B　5. A

四、多选题

1. ACD　2. ACD　3. ABCD　4. AD　5. ABC

第六章

影响白糖期货价格变动的因素

> **本章要点**
>
> 本章主要详细分析影响白糖期货价格的主要因素。通过阅读本章内容，读者可以对影响白糖价格走势的各个主要因素有具体的认识，文中相关的案例也可以帮助投资者理解这些因素对白糖价格产生何种程度的影响。

 一、影响食糖价格的主要因素有哪些？

影响食糖价格波动的因素较多，既有国内生产供给和国际市场供求变化的影响，又有食糖消费、市场体系和宏观调控等方面的因素。下面我们主要从影响国际和国内食糖价格波动的因素来进行阐述。

(一) 影响国际食糖价格的重要因素

1. 主要食糖出口国及消费国的价格及政策变动情况

巴西、印度、泰国、澳大利亚、古巴等作为全球食糖主要生产国和出口国，这些国家的产量、出口量、价格及政策是影响国际食糖市场价格的重要因素；欧盟、俄罗斯、中国、印度尼西亚、巴基斯坦等国家和地区作为全球主要食糖消费国或进口国，这些国家和地区的食糖消费量、消费习惯、进口政策、本国产量等也是影响国际食糖市场价格的重要因素。

主要的食糖进口及出口国的政策变化，会对食糖的价格产生影响，每个国家根据自身的情况，也会采取不同的政策，如欧盟国家对食糖生产者的补贴；美国实行食糖的配额制度管理；巴西则通过调整甘蔗生产酒精和白糖的比例来控制食糖产量；古巴用控制种植面积的方法限制产糖量；印度、泰国政府则依据国内市场情况控制出口数量等方法来控制食糖价格。食糖主要出口国和进口国相关政策调整，会影响到全球食糖供求关系的变化，进而对国际糖价造成影响。

案例 6-1

欧盟政策变化导致国际糖价大幅下跌

2006 年，欧盟将地区配额内产量限制在 1330 万吨，随后进口量攀升，当年进口达到 330 万吨，较上年度的 150 万吨翻番。到 2017 年，欧盟食糖消费量达到 1750 万吨，供需缺口超过 400 万吨。2017 年 10 月份开始，欧盟废除生产配额制度，当季产量回升到 2100 万吨，较之前 2016/2017 榨季的 1700 万吨大幅增长了约 400 万吨。区域生产管制政策的变化，令欧盟从一个进口地区转变为净出口区域，预计将有 200 万吨以上的净出口。这不仅增加了国际糖贸易流，还令之前向欧盟出口的国家和地区，转向其他出口目的国，导致国际糖价在印度和泰国增产后，更加雪上加霜。

2. 自然灾害对食糖生产的影响

甘蔗、甜菜作为农产品，各国的食糖生产不可避免地将受到洪涝和干旱天气等自然灾害的影响，最近几年自然灾害对食糖生产的冲击尤为明显。如2007年澳大利亚甘蔗的黑穗病及严重干旱，使得纽约原糖价格指数从8.8美分/磅上涨至10.4美分/磅；2008年巴西中南部蔗区的洪水使得2008年底纽约原糖价格指数直接上涨至14美分/磅；2016年印度、泰国干旱，纽约原糖价格从榨季初的12美分上涨到24美分。这些自然灾害都造成了当地食糖产量大幅减产，进而影响了国际食糖价格。

3. 其他因素对国际食糖价格的影响

由于利用甘蔗能够生产酒精，这使得甘蔗具有能源属性。食糖生产大国巴西，会根据市场需求来调节甘蔗用于生产酒精和食糖的比例。例如在2008年7月，国际原油价格上涨到150美元/桶，而国际糖价却仅为14美分/磅左右，原油价格的大幅上涨带动了酒精价格的上涨。基于甘蔗用于生产酒精比用于生产食糖利润更加丰厚，巴西调减了用于生产食糖的甘蔗比例却调增了用于生产酒精的比例，导致国际食糖市场供给减少，进而带动了国际糖价的上涨。因此，甘蔗的能源属性使得石油等能源产品的价格涨跌也将影响到国际糖价。

此外，由于食糖在国际市场上是以美元计价的商品，因此，食糖价格的走势还受美元币值的涨跌及全球经济增长快慢的影响。通常情况下，美元币值下跌意味着非美元区购买食糖的成本下降，购买力增强，对国际食糖市场的支撑力增强，反之，将抑制非美元区的消费需求。巴西雷亚尔在2014年至2015年期间，从2雷亚尔兑1美元，贬值到4雷亚尔兑1美元，国际糖价从18美分/磅跌至10美分/磅。

（二）影响国内食糖价格的重要因素

1. 供求关系的变化

食糖供求关系的变化是造成食糖价格波动最主要的因素。从供应方面来说，我国食糖消费主要依靠国内生产，国内食糖产量的增产或减产，都会引起市场供求关系的不稳定，导致市场价格的波动。从需求方面来说，国内的消费量的变化也是影响供求关系的重要因素。根据中国糖业协会的统计数据显示，近年来我国食糖消费量每年以 4% 的幅度递增，在这种情况下，刚性的需求对供应提出不断增长的需求形成压力，如果产量不能同步增长，就会促使糖料价格上升。2010 年以后，我国消费增速下降到 2% 左右，全球消费增速也在 2015 年后降至 2% 以下，需求对价格的拉动较 21 世纪头 10 年下降明显。

2. 糖料产量的波动

食糖产量的变化是造成食糖价格波动的重要原因之一。制糖原料是决定食糖供给量的基础，糖料种植是典型的农产品生产行业，影响糖料产量的因素主要有种植面积和气候状况。

在正常情况下，糖料播种面积增加会导致制糖原料的增产，从而导致食糖产量增加，糖价下跌；反之，糖价则上涨。多年来，糖料生产由于生产周期和产业链较长，对市场变化的反应相对滞后，致使糖料种植、食糖生产和市场往往脱节，特别是市场信息的不准确甚至失真，容易对糖料种植形成误导，加大了糖料种植面积的不稳定性，引起市场的连锁反应，糖料产量直接影响食糖的生产，成为影响食糖市场的根本原因。

气候对糖料产量也有直接影响。我们在第三章曾简单提到过：甘蔗在生长期具有喜高温、光照强、需水量大、吸肥多等特点；而甜菜喜凉爽气候，生长光照时间要长，昼夜温差要大。干旱、洪涝、大风、冰雹、低温霜冻、病虫害等天气对生长期中甘蔗具有灾害性的影响，甜菜受干旱和病虫害影响较大。例如在 1999 年底我国甘蔗主产区发生霜冻，使宿根蔗的发芽率降低，导致 1999/2000 制糖期白糖减产 200 多万吨。2017 年风调雨顺，单产创历史新高，刺激了糖价下行。

3. 生产和消费的季节性因素

在我国，食糖是季产年销的商品，北方甜菜糖生产期主要集中在每年的 10 月份至次年的 1 月份，南方甘蔗糖的生产期主要集中在每年的 12 月份至次年 3 月份，这段时间，市场上会有大量的新糖上市，供应量充足；而在食糖消费中，食糖消费的季节性，相应表现为食糖的销售、消费旺季（例如春节、中秋节以及夏季冷饮的消费旺季等）和淡季（例如每年的五六月份）。消费旺季，糖价会因为需求旺盛而上升；消费淡季，糖价会因为需求疲软而下跌。由于生产与消费的季节性影响，糖价也会受到相应地影响而变化。我们会在第三节中作更详细的讲解。

4. 国家宏观调控政策及其他政策因素

国家调控部门对食糖市场的宏观调控是影响国内食糖价格变化的主要因素之一。目前我国对食糖市场的主要调控手段是食糖储备政策及进口配额政策。当食糖供应在某个榨季出现短缺时,国家就会动用食糖储备投放市场;当供应出现过剩时,国家则对食糖实行收储。储备糖政策很好地解决了市场供求平衡问题,对我国食糖市场的平稳运行起到了决定性的作用。一般情况下,国家对食糖进行收储对糖价是重要的利好因素,收储后市场供应量减少使得糖价上涨;而放储则是重要的利空因素,放储后市场供应量增多,对糖价会形成压力甚至使糖价下跌。

国家的另一个调控政策是进口配额政策。在世界主要产糖国中,我国和澳大利亚是唯一没有对国内糖业实行高关税保护的国家。在我国,进口配额内的食糖关税仅为15%,配额外关税为50%,低于国际平均的98%的水平。由于较低的关税水平,当国际糖价大幅低于国内糖价时,就可能引发大量进口糖涌入国内。例如2013年,原糖价格在17美分/磅左右,国内糖价5500元/吨左右,配额内、外进口成本约4200元/吨和5300元/吨,导致当年进口量达到450万吨,国家多次进行收储,总量达到180万吨,但仍无法阻止糖价下行。2015年开始自动进行许可管理,2016年启动贸易损害调查,糖价也从2014年底的4000元/吨一直上涨到2016年底的7000元/吨以上。

5. 替代品的影响因素

食糖作为甜味剂,同时也有糖精、淀粉糖等多种替代品,这些替代品也被广泛地用于食品加工等行业中,糖精、淀粉糖等替代品虽然不能完全取代食糖,但也占据了一定的市场份额,并和食糖保持着一定的比价关系。在食糖价格较高时,它们所占据的市场份额将会有所增加。例如2010—2011年,由于食糖现货价格较高,导致淀粉糖替代作用增强、需求上升。2010—2011年淀粉糖消费量连续突破1000万吨和1200万吨大关,折合成食糖消费量约为700万吨以上,而2010/2011榨季食糖消费量约为1400万吨,考虑二者的重叠可替代领域,淀粉糖挤占了食糖约三分之一的市场份额,对食糖的消费及价格带来长远影响。

6. 国际市场的影响因素

我国是食糖净进口国，同时加入 WTO 后我国实行了低关税的食糖进口政策，到 2009 年，我国配额内食糖进口关税仅为 15%，配额外食糖进口关税也仅为 50%，较低的关税使进口食糖进入国内市场的门槛更低，也让我国食糖市场与国际市场的关联性有所增强，国际糖价的变化将直接影响到我国的食糖进口量，进而影响到总供应量；其次，我国政府也会将进口糖的价格作为制定我国食糖市场宏观调控目标的参考依据，在一定程度上也会加强国际市场对我国食糖市场的影响。

二、白糖的供求关系如何影响白糖期货价格？

供求关系是指在商品经济条件下，商品供应和需求之间相互联系、相互制约的关系，也是生产和消费之间的关系在市场上的反映。

白糖供求关系对白糖期货的影响会直接反映在白糖期货价格的走势之上。当现货市场上白糖供大于求时，白糖现货价格就会下跌，白糖期货合约价格随之下跌；反之，当市场上白糖供不应求时，白糖现货价格就会上涨，白糖期货的走势也随之上涨，期货合约价格上升。

（一）供应方面

我国食糖生产具有较强的周期性，这就导致了食糖产量的不平衡。

从图 6-1 中我们可以看出，虽然我国食糖产量呈周期性变化，就是我们在第三章中提到过的 "三年增产三年减产" 的规律，但在总趋势上，食糖产量呈持续增长态势，这意味着在往后的生产发展中，我国食糖产量还会不断地创出新高，供应量会不断增加。

（二）需求方面

我国是世界第四大食糖消费国。中国糖业协会的数据显示，近 5 年来我

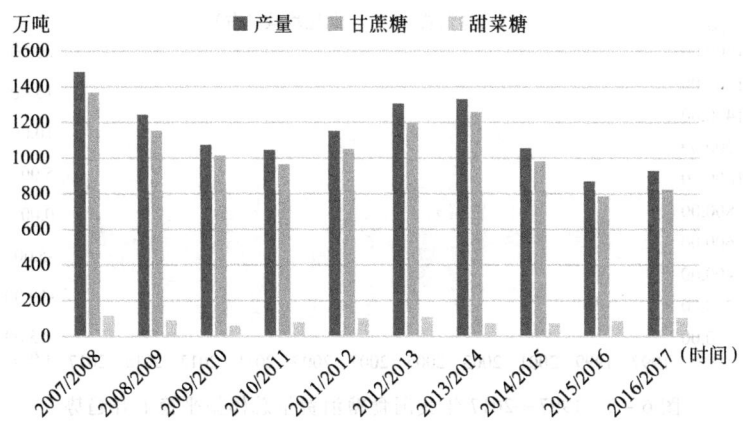

图 6－1　2007/2008 榨季—2016/2017 榨季全国食糖产量变化情况

资料来源：中国糖业协会。

国食糖年消费量达到了 1300 万吨以上，年人均食糖消费量（包括各种加工食品用糖）达到 10 千克左右，食糖消费进入新一轮增长期。随着人民生活水平的迅速提高，我国的食糖消费市场还有着极大的拓展空间。我国食品工业、饮料业、饮食业等用糖行业的快速发展，推动了我国食糖工业消费的稳步上升。

从图 6－2 可以看出，我国食糖近几年来消费量总体呈平稳上升趋势，平均增幅维持在 4% 以上，而产量总体呈现的是一个波浪式增长。当食糖增产，供应量能够满足需求时，食糖现货价格乃至期货价格就会下跌，反之则上涨。

从图 6－3 可以清晰地看出：2008/2009 榨季以来食糖的消费量要大于产量，而 2007/2008 榨季产量则要大于消费量。对比同期的郑州白糖期货指数可以看出，近年来，郑州白糖期货指数都运行在较高的位置，而 2007 年和 2008 年则运行在相对低位。从 2014 年到 2017 年，国内食糖产量受天气和糖料种植周期影响而减产，同时国内消费量平稳增长，令郑州白糖期货创下 2011 年以来新高。所以，当白糖市场供大于求，白糖期货价格也会上涨，反之则下跌。

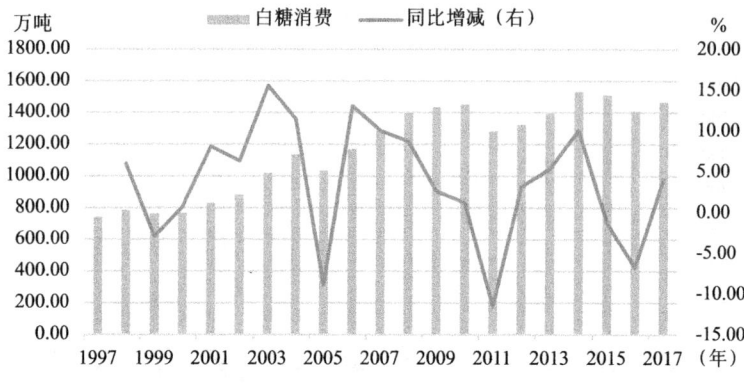

图 6-2 1997—2017 年我国食糖消费量总体呈平稳上升趋势

资料来源：中国糖业协会。

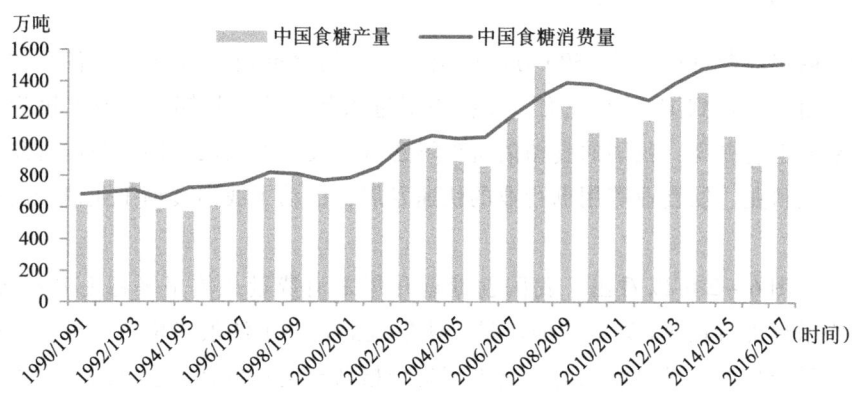

图 6-3 1990/1991—2016/2017 榨季我国食糖产量与消费量对比

资料来源：中国糖业协会。

三、白糖生产的周期性和销售的季节性因素如何影响白糖价格？

我国白糖生产具有较强的周期性，作为与现货市场相关联的期货市场，生产的周期性也会体现到其价格走势中。回顾郑州商品交易所白糖期货合约上市以来的行情走势，我们会发现其走势呈现出明显的季节性上涨特征，指数连续三年在当年第四季度至次年第一季度这一时期内出现了上涨行情。白糖期货合约价格的这种季节性上涨特征主要是由于白糖的销售、消费以及灾害性天气影响等季节性特征所决定的。总结起来，我国白糖的生产、销售具有周期性的特点主要有以下几方面：

（一）糖料生产的周期性

在第三章中曾提到过：从我国食糖的生产历史可以看出，食糖的生产大致以5至6年为一个生产周期，基本上是3年连续增产，接下来的3年连续减产。导致食糖生产产生这种周期性的主要原因在于：一是糖料种植具有自然的周期性生长规律，例如甘蔗种植一次，甘蔗的宿根可以生长3年，通俗地说就是种一年收三年；二是自然灾害会影响糖料生产的周期，如甘蔗在某年受到灾害影响后，其宿根的生长也会受到影响；三是糖料大幅度减产或增产，导致食糖价格的大幅涨跌，从而会影响第二年糖料的播种面积；四是食糖价格波动的周期性与食糖的生产的周期性相互影响。

（二）白糖销售的季节性

在第五章中曾提到，我国每年有两个食糖消费高峰期：一是元旦至春节的节日消费期；二是每年5—8月份和中秋节的夏季消费期。两个用糖高峰期的前一个月，食品行业的大量生产用糖，导致白糖消费进入高峰期，这个时期白糖价格往往较高。而两个消费期过后的一段时间，白糖消费量降低，价格往往会出现回落。从图6-4中我们也可以看出，每年的1—2月份以及5—8月份是一年之中销量较大的月份。

在白糖生产周期性和销售季节性的影响下，郑州商品交易所白糖期货价格的阶段性波动在整个年度分为以下三个阶段：

第一，集中生产期，时间为11月至次年的4—5月。这一时期是白糖榨季中最重要的一个阶段，此时白糖价格的波动也最为剧烈。此时影响白糖价格走势的主要因素之一是产量，而影响产量的因素主要是糖料的种植面积和天气。因此，产量的预期以及天气的变化会在这一时期对白糖价格走势产生

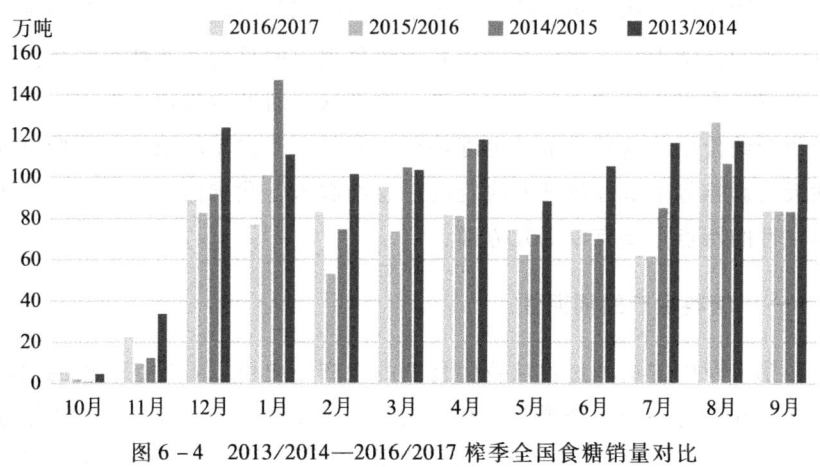

图 6-4 2013/2014—2016/2017 榨季全国食糖销量对比

资料来源：中国糖业协会。

明显地影响。

第二，纯销售期（即用糖高峰期），时间为 5 月中旬至 8 月。这一时期对白糖价格走势影响较大的因素是销售进度。因为这一时期，当期榨季的白糖生产已经结束，产量也已明确，所以销量在这一阶段成为影响白糖价格的主要因素，销量的好坏直接决定了当期榨季的供求关系。

第三，新旧榨季交替阶段，时间为 9—11 月。这一时期白糖价格的波动主要由于新糖和陈糖之间的衔接，以及新糖和陈糖之间的价差引起，价格波动也较复杂。一般情况下白糖价格会随着生产企业生产进度的推进会出现回落，但新榨季产量的预期将会起主导作用。

四、自然灾害对白糖期货价格有什么影响？

白糖是用甘蔗、甜菜等糖料进行加工生产后得到的，而糖料作为农作物，与其他农作物一样不可避免地受到天气变化等因素的影响。因此，发生极度干旱、洪涝、冰雪、霜冻等极端自然灾害天气，往往都会成为糖价剧烈震荡的主要诱因。

首先，对糖料生长尤其是甘蔗影响最大的是低温霜冻、冰冻灾害。甘蔗是热带和亚热带作物，不耐低温，在日均气温10℃以下就会停止生长，最低气温在0℃以下就会受害，-3℃以下对产量和质量都有严重的影响。低温霜冻会对蔗糖生产造成极其严重的损失，既影响当期甘蔗产量和甘蔗糖分，给制糖生产造成严重困难；同时，影响种苗的数量和质量，造成种苗严重不足；冻死蔗兜，影响次年的宿根蔗。

案例 6-2

严重霜冻灾害造成广西食糖大幅减产，糖价飙升

受1997—1998年国内糖价下跌的影响，1999我国糖料种植面积同比减少510万亩，下降为2466万亩，其中甘蔗面积同比减少148万亩，为1954万亩，再加上1999/2000榨季广西遭受严重的霜冻灾害的影响，当年甘蔗减产约287万吨。受此因素的影响，1999/2000榨季国内食糖产量同比减少了195.70万吨，仅为686.90万吨，下降了22.2%，但国内食糖消费仍有2.5%的增长，消费量达到了820万吨，同比增加20万吨，增幅为2.5%。食糖产量的大幅减少导致了1999/2000榨季当期缺口为133.10万吨。食糖供应紧张，供远小于求，导致国内白糖价格大幅上涨并高位运行。1999/2000榨季，国内食糖均价达到了3367.50元/吨，同比上涨了950元/吨，涨幅达39.3%。2000/2001榨季，由于霜冻使宿根蔗发芽率降低，致使该榨季食糖继续减产，产量仅为620万吨，而当期全国的食糖消费量为860万吨，供需缺口继续加大，导致国内食糖均价继续上涨至3875元/吨的高位。

案例 6-3

冰冻灾害诱发减产预期，白糖期、现货价格大幅上涨

由于2007/2008年榨季初期的增产预期，自榨季开榨以来国内糖价不断下跌。2008年初,全国普遍受冰冻雨雪天气的影响,广西也不例外,白糖期、现货价格开始逐步大幅回升。究其原因有二:一方面,由于1月末2月初罕见的雨雪冰冻灾害,导致交通运输困难,使销区食糖供应紧张;另一方面,由于冰冻灾害使广西甘蔗大面积受灾,使市场做出减产预期。虽然随后甘蔗受灾的情况得到了恢复,白糖价格也随着白糖增产逐渐回落,但冰冻灾害对于宿根蔗的影响也逐渐显现出来。2008/2009年榨季,由于冰冻灾害导致甘蔗糖分的大幅降低,广西食糖产量出现大幅减产,白糖价格重回升途。

其次是风害、洪涝、干旱灾害的影响。风害是指蔗区受到热带气旋危害造成的损失,主要发生在广西、广东、海南等几个沿海地区的蔗区,其中以海南地区受影响最大。热带气旋灾害会造成甘蔗折断或倒伏影响,使甘蔗的产量和糖分含量减少。一般情况下,甘蔗因风害造成减产10%～30%之间,糖分损失达25%左右。风力越大,持续时间越长,风害越严重。据相关研究分析表明,风害倒伏越早,蔗糖糖分损失越多,而且倒伏的时期不同,损失糖分的含量也会不同,按糖分降低大小的排序依次为当年10月到次年1月。

洪涝灾害对甘蔗来说,因淹没的程度不同,分为蔗田积水和洪涝淹没两种。蔗田积水会造成土壤缺氧,根系生长不良,土壤有机酸增高等影响,使蔗茎生长不良而减产。洪水淹没的危害,则随蔗株龄及淹没的时间长短不同而不同,一般来说对幼龄蔗苗影响较大,而大苗洪水没顶没有超过15天一般危害也不大,超过1个月以上才会受害严重。

我国南方作为甘蔗的主产区,降雨虽然较为丰富,但因为季节分配不均,加上甘蔗种植地区的地形以丘陵旱坡地为主,因此,一般情况下受洪涝灾害影响相对较小。干旱的高发季节主要是集中在秋冬和春季,不同时期的干旱对甘蔗影响也不同,但随着蔗区水利设施的完善,干旱对甘蔗的影响相对较小。

案例6-4

印度干旱刺激原糖价格上涨

2015/2016榨季,印度受干旱影响,糖厂提前结束当季生产,官方两次下调当季的产量预估,主产区邦马邦从2014/2015榨季的1060万吨,下降到840万吨,降幅超过20%。而且由于2016年初的干旱,继续造成马邦、卡纳塔克邦等地的甘蔗生长受影响,2016/2017榨季产量,进一步下降到420万吨。印度2016/2017榨季的总产量,从2015/2016榨季的2510万吨,下降到2050万吨,当季供求缺口达到500万吨,并启动进口措施。国际糖价也从2015年三季度的10~11美分/磅,上涨到2016年的10月份的23美分/磅左右。

从以上案例我们可以看出,自然灾害是通过影响糖料种植生长进而对白糖价格产生影响,影响的效果、持续时间则视糖料受灾情况而定。风害、洪涝和干旱等自然灾害影响的时间相对较短,也可以通过灾后恢复生产弥补一定的受灾损失,一般只对当前榨季白糖价格有影响;而冰冻、霜冻等自然灾害的影响则较大,它们不仅影响到当期的糖料生产,而且由于甘蔗一种三收的种植特性和冰冻、霜冻灾害对甘蔗宿根致命的伤害性,对以后的几个榨季也会产生深远的影响。因此,严重的霜冻和冰冻灾害一旦发生,不仅会使当期白糖价格产生剧烈波动,也会影响到随后的几个榨季。

 五、食糖的生产成本就是白糖期货价格的"底部"吗?

在判断一个商品价格的涨跌幅度时,商品的生产成本常常被人们认为是商品价格下跌的"底部",但很多事实都表明,生产成本并不能成为商品价格下跌的"底部",否则也不会有那么多的生产企业会出现破产。

白糖的生产成本是否能成为白糖期货价格的底部?在回答这一问题之前,我们先来看看我国制糖企业的白糖生产成本的构成:一是糖料作物的收购成本;二是白糖的加工成本,包括燃料动力的费用、人工费用以及各种制造费用;三是白糖生产后的各种费用,包括财务费用、销售费用等。这三项开支是制糖企业的基本生产成本。

因此,要生产出1吨白糖,生产成本=甘蔗收购价×吨糖耗蔗量+生产辅助材料成本＋工人工资＋燃料费用＋甘蔗运费＋甘蔗种植扶持费，最后还要加上16%的增值税。

白糖的生产成本与其销售价格在正常情况下成正比关系，价格会随着成本的增加而提高，反之则降低，二者紧密相关。可以看出，生产成本是决定商品销售价格的重要因素，而商品的销售价格又决定了经营者的经营收入，为了能够补偿经营开支，商品销售价格的最低界限，只能是商品的生产成本，如果商品低于成本销售，生产中已消耗的部分就不能全部从商品的销售价格中得到补偿，长此以往，企业就会出现亏损而无法维持正常经营，甚至出现破产。

既然白糖的生产成本已经是决定白糖销售价格的重要因素，那为什么还会出现销售价格会低于生产成本的情况？这又要从白糖的商品价值说起。

价值是价格的基础，价格是价值的表现形式。虽然生产成本是决定白糖销售价格的重要因素，但最终白糖的销售价格还要围绕白糖的商品价值波动，而影响白糖价格波动的主要原因正是供求关系。当供求平衡时，价格就能真实地反映出价值水平；当供小于求时，价格就会大于价值；而当供大于求时，价格就会小于价值。这样，我们就不难理解，为什么生产成本不能成为白糖期货价格的"底部"了。

案例 6-5

增产叠加走私冲击，白糖期货、现货价格跌破生产成本

2017/2018 榨季，由于我国食糖连续第二年增产，白糖现货价格从榨季开始后持续下跌。2018 年 4 月 28 日在广西南宁糖会确定了该榨季产量为 1020 万吨后，北方甜菜产区也预估了下榨季种植面积扩大，甜菜产量增加 20 万吨的数据。5 月上旬日，广西南宁现货报价跌至 5600 元/吨，部分厂仓报价低至 5500 元/吨，昆明报价降至 5300 元/吨，普遍跌破了广西成本 5700 元/吨，以及云南 5400 元/吨的成本。1805 合约最低跌至 5200 元/吨左右，跌破了甜菜制糖成本。无论是现货和期货，在甘蔗糖成本和甜菜糖成本的支撑方面，都不是市场的底部价格。

而发生这种情况的根本原因，还是由于国际糖跌至 11 美分/磅左右，进口成本（90%关税）已经低于沿海现货报价。另外，走私糖在西南边境和东南沿海，都对当地市场形成冲击，国产糖销售不旺，库存累积明显，在增产背景下，集团压力较大。

从本案例可以看出：制糖成本并不是市场底部，市场价格更多受供求关系决定，供给端受到合法进口和非法走私等短期因素冲击后，市场价格往往会低于制糖成本。这种局面不解决，价格还可能长期低于成本。

 六、白糖替代品的价格变化会对白糖期货造成影响吗？

白糖的替代品总称为甜味剂，泛指赋予食品甜味的食品添加剂。甜味剂主要分为两大类，一类是国家限制或禁止使用的人工甜味剂如糖精、甜蜜素、阿斯巴甜、安赛蜜等；另一类是天然甜味剂如淀粉糖、木糖、木糖醇等。

（一）人工甜味剂

在人工甜味剂中，糖精的使用最为广泛，其甜度为蔗糖的 240～500 倍。糖精主要用于食品工业，可用于牙膏、香烟及化妆品中。中国大陆允许使用糖精，但有用量限制。

人工甜味剂属于食品添加剂而并非食品，其甜度都很高，例如 2 千克糖精的甜度相当于 1 吨的白糖，按目前市场价格比计算，即 80～90 元的糖精，可以替代 5000 元左右的白糖。一些企业为了追逐利润，在生产饮料和加工食品过程中广泛使用。20 世纪 90 年代，糖精在我国曾被大量使用，挤占了食糖市场，到了 1999 年的下半年，全国糖业市场上糖精的份额已高达 55%～60%。目前我国对糖精实行限产限销的政策，严格控制糖精产量（18000 吨/年），并且大部分用于出口（15000 吨/年），所以人工甜味剂目前对白糖价格影响不大。

(二) 天然甜味剂

相对于人工甜味剂,天然甜味剂则属于绿色产品,大多从粮食、薯类、植物中提取,也是国家提倡使用的白糖替代产品。其中淀粉糖等产品以其口感好、甜味温柔、易加工等良好特性在多个领域成为白糖的主要替代品。

目前,对白糖市场份额影响较大的是低价淀粉糖。国内的淀粉糖主要是以玉米为原料的深加工产品,进入21世纪以来,国内淀粉糖行业取得了巨大发展,特别是在关键技术和关键设备上实现国产化,其生产成本大幅降低。

国内淀粉糖价格一般受玉米价格影响,2015年之前起伏不大,和白糖价格相比一般便宜1500~2000元/吨之间。2015年之后,取消玉米收储,玉米和玉米淀粉价格大幅下降,淀粉糖价格与白糖相比,便宜3000元/吨左右。另外,由于生产淀粉糖的原料市场供应充足相对稳定,淀粉糖生产成本也比较固定。同时生产总量能够十分便利地依照市场需求进行调节。除非政策扰动,其销售价格一般运行平稳。因此,淀粉糖既可以满足食品工业生产的需要,又能平抑白糖价格稳定白糖市场。

据统计,2000年我国淀粉糖产量为100多万吨,2005年淀粉糖产量增至430万吨,至2009年国内淀粉糖总产量超过800万吨,2011年超过1200万吨,2017年超过1300万吨。挤占白糖消费市场份额300万吨左右。从淀粉糖消费情况来看,其消费量趋于增长,消费增长率也具有一定的稳定性。2001年至2009年国内淀粉糖价格一直在2100~2700元/吨区间波动,当白糖价格高于3500~4000元/吨的时候,淀粉糖会具有很强的竞争力。当白糖价格大幅上涨的时候,终端用户为了维持生存和市场竞争力,采取最重要的措施就是在生产中主动减少白糖的使用量,并大量地使用以淀粉糖为主的各类替代品。在2006年初至2008年初这段时间,白糖价格运行在3500元/吨以上,许多企业纷纷尝试使用淀粉糖部分替代白糖,而已经在产品中使用淀粉糖的企业则加大了配方调整和工艺改进力度,使得淀粉糖生产企业得到快速地发展。2010年以后,糖价运行在5000元以上,2011年价格峰值接近8000元,2012年和2016年均在6000元以上。同期淀粉糖则维持在3000元以下,甚至一度接近2000元,导致淀粉糖产量长期处于1300万吨的水平,可替代领域基本替换完毕。

综上所述，我国淀粉糖的关键技术和关键设备的国产化，大幅降低了生产成本，使得淀粉糖成为白糖的主要竞争对手。同时，由于高糖价会加快市场消费转移，白糖替代品市场仍具有很大的发展空间。目前淀粉糖的市场地位主要还是作为白糖的补充及替代产品，它的产量和消费量受到低糖价的显著影响。可以推测，今后淀粉糖等白糖替代品的价格、产销量会在很大程度上影响白糖现货、白糖期货两个市场的价格。

七、期末白糖现货结转库存和白糖期货库存如何影响白糖期货？

期末白糖结转库存，意思就是指将当前榨季销售结余库存转入下一榨季进行销售。一般情况下，库存结转后，销售将计入新榨季的销售量统计中。

供求关系是影响白糖价格波动的根本原因。对白糖这种商品而言，白糖的市场供应量＝本榨季的产量＋结转库存量＋进出口量；当前榨季白糖结转库存的多少，直接对下一个榨季市场的食糖供应产生影响。

在我国白糖市场，当期期末结转库存进入新榨季之后，就转为新榨季的白糖库存。白糖的库存量占市场供需规模的比例是衡量白糖现货价格走势的一个指标，如果白糖库存量占市场供应规模的比例较高，说明市场上流通的现货比例较低，库存成为沉淀的库存量，由此对白糖价格未来走势构成局部压制作用。但由于市场现货流通量较少，对白糖当前现货价格走势构成支撑作用；反之如果白糖库存量所占比例较低，则说明市场上流通的白糖现货较多，但由于市场流通量大，会对白糖当前现货价格走势产生局部性的利空作用和影响，而对未来白糖现货价格走势则较为有利。

值得注意的是：白糖结转库存的多少，并不能直接影响到白糖现货价格的走势，最终价格还是要由白糖的供求关系来决定。如果出现供大于求的情况，即使结转库存量很低，食糖价格仍然会很疲软；如果出现供小于求的情况，即使结转库存很高，但仍然难以满足消费需求，食糖价格就会非常坚挺。

从图6-5近几年的库存与平均价格走势中我们也可以得到同样的观点，2012/2013榨季结转库存较2011/2012榨季要少得多，但由于2011/2012榨季、2012/2013榨季连续增产超百万吨，达到1152万吨和1306万吨，年度进口也达到400万吨，致使食糖市场呈现出供大于求的局面，糖价开始从2011年高点下滑，加上预期2013/2014榨季继续增产，库存在2012/2013榨季短暂回落后，2013/2014榨季继续大幅结转，糖价也完成触底。从2014/2015榨季开始，结转库存连续低于100万吨，糖价开始逐步攀升。情形与2008/2009榨季类似，当时也是连续三个榨季结转量在50万吨以下，糖价冲高至7000元/吨以上。

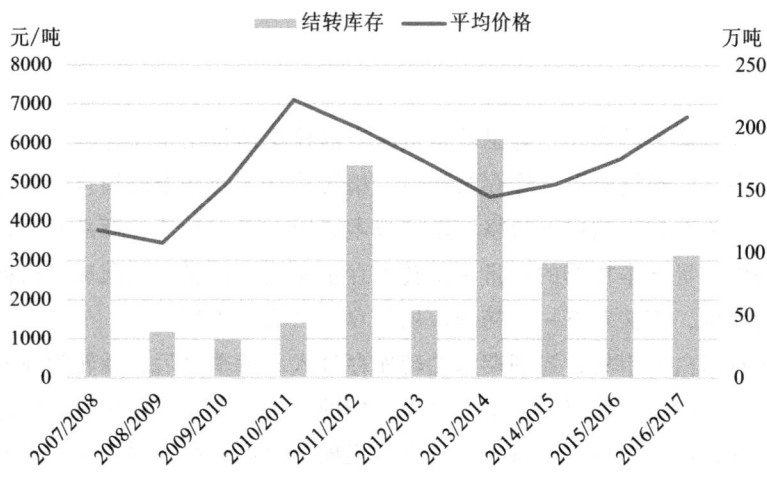

图6-5　2007/2008—2016/2017榨季期末库存与食糖平均价格对比

资料来源：中国糖业协会。

白糖期货库存，本质上也是食糖现货的库存，它来源于白糖生产企业及贸易企业向郑州商品交易所注册的标准仓单。白糖期货库存量是反映白糖期货价格、仓单注册成本、现货价格之间关系的重要指标。如果白糖期货近期（交割月）合约期价低于食糖现货价格，就会吸引多头资金积极承接交割而流出期货市场，变成现货进入现货市场，现货供应量增多，进而使得现货价格承压，而期货价格压力逐渐减轻；如果白糖期货价格高于仓单注册成本，则食糖现货将流入白糖期货市场，并注册成标准仓单，现货市场流通量减少，白糖期货价格压力渐趋沉重。

综上所述，虽然相对于食糖供需关系而言，白糖期货库存量及其增减变化仅为一微观影响因素，但由于白糖期货库存量增减直接影响现货市场供求，因此，白糖期货库存量增减仍将对白糖现货价格、期货价格的走势产生一定影响。

八、国家的糖业扶持政策对白糖期货的影响有多大？

国家对制糖行业进行扶持根本目的是为了加强行业的管理，规范行业秩序，促进行业的健康发展。

现在，国家对制糖行业的扶持主要体现在以下四个方面：

第一，国家鼓励以大型制糖企业为骨干，以资产为纽带组建大型企业集团。允许多种所有制形式的企业共同发展、平等竞争，鼓励和吸引外资以租赁、承包、参股乃至兼并等形式参与糖业生产，大力发展制糖基础工业。

第二，在宏观调控方面，国家对糖料面积、价格体系、配额制度、贸易控制、储存机制等施行宏观管理，通过配额生产、控制进口、贷款贴息及补贴等来进行有效干预，控制总量，稳定价格。进一步加强产品质量标准体系建设，建立和健全完善食糖安全、卫生监测体系。完善食糖国家和地方两级储备制度，建立宏观调控的收储机制，增加工业临时储备规模。

第三，在推进产业化经营方面，将糖料生产视为"第一车间"，调动农民发展糖料生产的积极性，形成以规范化企业为龙头，以现代化企业管理和高技术含量为特征、规模化高产高糖品种为原料基地的产业化经营模式。建立和完善糖料收购价格、食糖销售价的联动机制，制定糖料最低收购保护价，使制糖企业和糖农结成利益共享、风险共担的联合体。

第四，建立健全国家糖业保护资金和风险资金，增加农业基本建设和技术改造贷款，扩大支持生产的贴息贷款范围，为生产者提供产品补贴，加强基础设施建设，提高行业产业化、市场化水平，建立与商业保险相结合的糖业保险体系。

国家政策对于食糖价格的直接影响，最主要的还是体现在宏观调控方面。最常用的调控手段包括：一是产区政府实行甘蔗收购价与食糖销售价挂钩；二是建立中央和地方两级食糖储备；三是食糖进口由国家发改委统筹安排。通过调控，企业制糖的原料成本得到一定控制，食糖的市场流通量可以通过储备机制根据市场需求来进行调节，同时还限制了进口食糖进入国内挤占国产食糖销售市场。这些政策都对保障国内糖价健康运行有着积极的影响作用。

其中，糖料收购价格的制定，是国家扶持与调控政策的重要手段。制定糖料收购价可以起到以下作用：一是提高糖料对其他农产品的竞争力；二是稳定糖料生产，促进农民种植积极性。

糖料收购价的调整对于糖价会有很直接的影响，主要体现在以下两个方面：

（一）调整糖料收购价的短期影响

首先，从短期来说，糖料收购价的调整等于直接调整食糖的生产成本。根据广西糖业协会统计的数据，广西每生产 1 吨白糖要消耗 8 吨的甘蔗，由于原料成本占食糖生产成本比例最大，因此调整甘蔗的收购价格对制糖成本影响很大。

我们可以从图 6-6 中看到，2010/2011 榨季以来，广西甘蔗收购价格抬升到 400 元/吨以上，多数榨季保持在接近 500 元/吨。广西作为我国甘蔗的主产区，其收购价格提高必将会引起其他甘蔗产区甘蔗收购价格的提高，广东、云南、海南产区也将跟随着广西产区提高甘蔗收购价格，这就等于直接提高了全国的甘蔗糖的生产成本，从而对糖价形成直接影响。

（二）调整糖料收购价的长期影响

从长期来讲，调整糖料收购价会影响到产区糖料的种植面积。

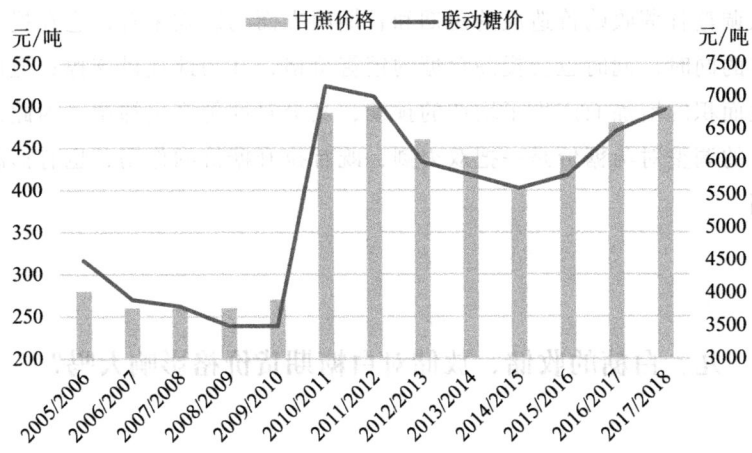

图 6-6　2005/2006—2017/2018 榨季广西甘蔗收购价格走势

资料来源：广西糖业协会、广西糖办。

从表 6-1 中我们可以看出，从 2005/2006 榨季至 2008/2009 榨季，甘蔗种植面积持续增长，但到了 2009/2010 榨季甘蔗种植面积则出现了较大幅度下降，主要原因是甘蔗种植收益的下降。2009/2010 榨季收购价格的提高，对该榨季甘蔗种植面积不会产生任何影响，但对 2010/2011 榨季的甘蔗种植面积的影响不可低估。2008/2009 榨季初期食糖价格低迷，影响了甘蔗的收购价格。同时，农资价格的大幅度上涨，使大部分蔗农处于亏损与微利的边缘，直接影响了蔗农的种植热情。至 2008/2009 榨季中后期，食糖价格大幅上涨，广西政府同时调高了 2009/2010 榨季的甘蔗收购价格，再加上种植成本的下降，将大大提高蔗农 2010/2011 榨季种植甘蔗的热情。

表 6-1　2014/2015—2017/2018 榨季甘蔗主产区甘蔗种植面积表　单位：万亩

	2014/2015 榨季	2015/2016 榨季	2016/2017 榨季	2017/2018 榨季
广西	1350	1200	1120	1140
云南	536	505	462	480
广东	200	176	180	198
海南	75	47	49	46
其他	24	15	26	30
甘蔗总计	2185	1943	1837	1894

资料来源：中国糖业协会、广西糖业协会。

从调整甘蔗收购价造成的短期和长期两方面的影响来看，它在提高了生产成本的同时，同时也会提高食糖的销售价格，并为此提供支撑；但由于甘蔗种植面积的增加而产生了增产的预期，又会对糖价产生抑制。因此，甘蔗收购价的调整对与糖价是一把双刃剑，既有拉升糖价的作用，也有抑制糖价的作用。

 九、白糖的收储、放储对白糖期货价格影响大吗？

收储、放储机制，是指国家或集体在物价下跌时收购大宗商品并储存起来，在物价上涨时抛出，用以调控市场，是政府平衡和稳定市场价格的一种手段和市场机制。

通常说的白糖收储是指国家收储。白糖收储作为一种战略物资的储备，一般会选择市场供大于求导致白糖现货价格低迷，并已严重影响企业和农民利益时进行。在操作上采用最低收购价的方式；而在市场供不应求导致白糖现货价格大幅上涨时，国家则会根据市场情况对储备糖进行放储，是采用竞价拍卖的方式来进行。一般来说，收储减少了市场供应量，有利于价格上涨和稳定；放储则增加了市场供应量，对价格上涨有抑制作用。我国最近一次的食糖大规模收储发生在 2013 年，我们以此案例来分析收储对当时糖市造成的影响。

案例 6-6

2012/2013 榨季三次收储仍然无法遏制糖价下跌

2011/2012 榨季，广西甘蔗收购价达到 500 元/吨，刺激农户扩种。但糖价从 2012 年二季度的 6800 元开始下滑，到榨季末的 9 月份，糖价已经跌至 5200 元，2012 年 10 月份新榨季开始后，南宁糖价维持在 5300 元/吨左右，同年11月初的南宁全国糖会上，中糖协宣布收储。

12月27日，首批80万吨收储，迅速成交，收购价6100元/吨，期货价格5500元左右（见图6-7）。2013年1月22日，第二次收储启动，数量70万吨，收购价6100元/吨不变。同样迅速成交。当日期货收盘价5470元/吨左右。5月24日，第二批收储30万吨启动，价格维持6100元/吨，迅速成交。当时南宁现货价格约5400元/吨左右。三次收储暂时延缓了跌势，但并未改变市场趋势，到2013年10月份，期货价格已经跌至5000元左右，2014年10月份，南宁现货价格跌至4000元/吨。

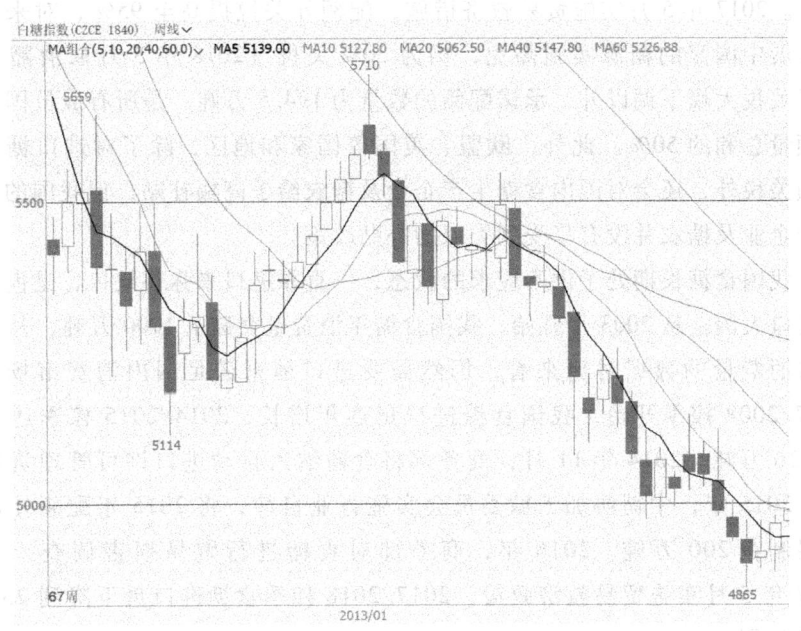

图6-7　2012/2013榨季白糖期货下跌

资料来源：文华财经、华信期货。

从案例可以看出，2012/2013榨季的国家收储是国家通过暂时吸纳市场上过剩的白糖供应量来调控当前的白糖供需，防止糖价过低导致蔗农收入减少，同时保护食糖生产企业的利益，其根本目的在于长远平衡市场供给、维护糖价的平稳运行、保证白糖产业的健康持续发展，而非一时救市，这反映了中央和各级地方政府对糖价的方针。同时，放储也是一样的道理。而从图

6-7 上我们也可以看出，即使进行了三次收储，但也仍然没有改变郑州白糖期货指数的下跌趋势，由此可见，收储和放储只能在短期内对白糖期货价格走势产生影响，而真正能决定白糖期货长期走势的还是供求关系的变化。

我国在加入世贸组织的过程中，在农产品特别是食糖的市场准入方面做出了巨大的让步和承诺，主要是配额内关税税率水平一次到位，且处于所有产糖成员国中最低之列。在世贸组织的 135 个成员国中，平均食糖进口关税为 97%。其中，发达国家为 122%，发展中国家为 55%，欠发达国家为 167%。我国承诺配额内关税从 20% 降为 15%，配额外关税从 75% 降为 50%。2017 年 5 月实施贸易救济措施，配额外关税提高至 95%，对来自部分发展中国家的糖源实施豁免，仍为 50% 关税（2018 年 5 月取消豁免）。除了关税大幅下调以外，承诺配额的数量为 194.5 万吨，是所有成员国承诺配额量总和的 50%。此外，欧盟、美国等国家和地区，除了对进口糖征收高额关税外，还会对国内食糖生产企业及糖农给予高额补贴，但我国的食糖生产企业及糖农并没有享受到类似的补贴政策。

我国食糖长期处于供不应求的状态，一直靠进口来弥补缺口，是世界食糖进口大国。从 2003 年开始，我国食糖年消费量突破了 1000 万吨，从产糖量与消费量的数据对比来看，仍然需要进口糖来满足国内消费市场。从 2007/2008 榨季开始，我国食糖进口量逐年增长，2014/2015 榨季达到高峰 426 万吨。2014 年 11 月，商务部将食糖纳入自动进口许可管理货物目录；2015 年，中糖协加工糖委员会实施行业自律，将 2015 年配额外进口量限制在 200 万吨。2016 年，商务部对食糖进行贸易损害调查，并在 2017 年 5 月实施贸易救济政策。2017/2018 榨季食糖进口量下降到 230 万吨（见图 6-8）。

我国对符合配额管理政策的进口糖进入国内流通没有政策限制，可以完全按照市场化原则进行流通。受豁免国配额外进口糖的关税税率为 50%，属自由贸易，企业完全按照市场化原则进口和销售。我国尽管从 2004 年开始，每年都发放 194.5 万吨的食糖进口配额，但除古巴糖外，国营配额没有被完全使用。民营 50 万吨配额和配额外的自律进口，使用充分。由于国内价格高于国际价格，利润较为可观。国际糖价 2018 年处于低位，刺激了国内进口，甚至从 2016 年起，走私糖有明显的增加。

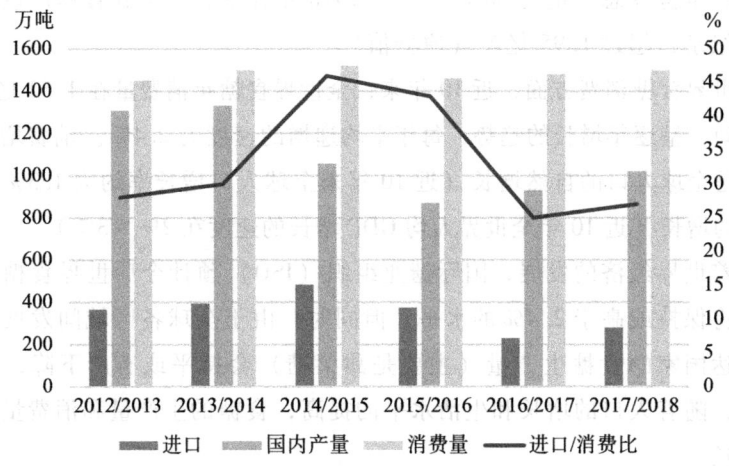

图6-8 2012/2013—2017/2018榨季进口量与国内产销量对比及进口占消费比例

资料来源：中国糖业协会、中国海关总署。

十一、全球市场的供求变化对我国白糖期货影响大吗？

在国际期货市场上，食糖是成熟的也是较活跃的交易品种，世界上很多国家开展了食糖期货、期权交易，最主要的食糖期货市场是：原糖期货市场——纽约期货交易所；白糖期货市场——伦敦国际金融期货期权交易所，其成交量不仅名列本国食糖期货市场第一，而且高居世界食糖期货市场前列，更为重要的是其形成的期货价格已被世界糖业界称作"国际糖价"，成为国际贸易结算的依据。

在世界食糖生产方面，近10年来，全世界食糖年产量在1.41亿～1.9亿吨之间波动，产糖的国家有130多个，但食糖生产相对集中，年产量在100万吨以上的国家有28个。产量前10名的国家分别是：巴西、印度、中国、美国、泰国、澳大利亚、墨西哥、法国、德国和南非。前10个国家食糖产量占全世界总产量的 60%。2017/2018 年榨季，全世界食糖产量创下历史最高纪录，超过 1.95 亿吨（原糖值）。

在世界食糖消费方面，近 10 年来，全世界食糖年消费量在 1.52 亿~1.82 亿吨之间，呈逐年增长的趋势，每年平均递增的速度为 2.4%。消费增长的主要原因是全球人口的自然增长（近 10 年来全球人口增长率约为 1.3%）和人均收入的增长（近 10 年全世界人均 GDP 增长的速度在 2%~3%）。

随着世界经济的发展，国际糖业组织（ISO）预计今后世界食糖消费增长速度将保持或高于 2.4% 的水平。但同时，由于全球各区域间发展的不平衡，发达国家的食糖生产量（主要是甜菜糖）会持平或有所下降，而发展中国家，随着人口的增长和生活水平的提高，食糖的生产量和消费量均有较快地增长。

案例 6-7

国际食糖市场关系发生突变导致食糖价格大幅上涨

进入 2009 年 7 月，巴西连绵不断的降雨和印度持续的干旱引起了国际糖价的疯涨。本来两个孤立地区的局部天气状况不足为奇，但恰恰因为巴西和印度是全球的食糖生产和消费大国，对国际糖业的影响举足轻重，不到一周的时间，国际糖价大幅蹿升。

为此，专家下调了糖类作物产量预期。据国际糖业组织 ISO 预测，2008/2009 榨季，印度食糖产量较 2007/2008 榨季下降 44.5%，仅为 1470 万吨。作为全球最大食糖消费国，年消费量约为 2300 万吨的印度，在 2009 年不得不大量进口食糖而跃居成为世界食糖年进口量最大的国家。事实上，印度这些年一直随着糖产量的波动不停地在出口国和进口国角色之间变换，而印度的这种转变也成为决定全球糖价的一个关键因素。支撑当时国际糖市理论的依据除了印度、巴西等产糖大国纷纷减产等主因外，还有全球其他主要产糖国因农资等成本的上升而造成的食糖产量相继减产，其中中国减产15.1%、泰国减产 7.9%、北美减产 6.3%、欧盟减产 4.7%。基于此，2008/2009 榨季全球食糖供应缺口将达 390 万吨左右，而到 2009/2010 榨季，全球食糖供求缺口将可能达到 500 万吨左右。

世界食糖市场价格波动剧烈，主要是由世界食糖市场供求关系决定的。在食糖国际贸易中，普遍采取双边协议的形式，稳定贸易关系，形成了食糖商品率高但自由贸易量小的局面，因此，当供求关系突然失衡时，会造成糖价在短期内暴涨暴跌，严重冲击食糖的生产和贸易。2009 年，全球食糖现货市场供求关系由"供大于求"转变为"供小于求"，也反映在了期货市场上。由于全球产量吃紧，使大量投资者看好糖市，国际期货市场糖价随即开始大幅上涨。2009 年 8 月 7 日，在投机商大规模推动下，纽约期货交易所 11 号原糖 0910 合约冲破技术阻力位，暴涨 101 点，收于 20.81 美分/磅。与此同时，伦敦市场的糖价也升至近三年来最高点，白糖价格超过每吨 450 美元，比 2008 年 12 月中旬上涨了 52%。到了 2009 年 9 月 1 日，纽约 11 号原糖指数已经从年初的 12.33 美分/磅区间上涨到 24.43 美分/磅，并在盘中创下自 1981 年 2 月以来的 24.97 美分/磅的高位。

让我们再来看看同期国内糖价的情况。由于 2007/2008 榨季的大幅增产，受供求关系的影响，2008 年 10 月 6 日，全国食糖现货价格已跌至 2675 元/吨。2008/2009 榨季制糖期即将开始，当时来自几个主产省区的消息表明，全国食糖将又是一个增产年。面对严峻的生产形势，国家及时出台了宏观调控措施，但由于市场饱受食糖"增产"的影响，市场压力巨大，全国食糖现货价格仍继续走低。2007/2008 榨季，甘蔗白砂糖平均销售价格仅为 3015 元/吨，远低于制糖企业平均生产成本价格。到了 2009 年 1 月 9 日，国家虽收储 50 万吨，但当天现货价格仍跌至 2700 元/吨，市场一片迷茫。进入 2 月份，榨期过半，主产区广西实际产量出现重大变化，受自然灾害及多重因素影响，广西区政府对预计产量进行了调整，产量将减少 180 万吨，减幅高达 19%，食糖现货价格开始回升。4 月 23 日，在云南昆明召开了食糖产销形势分析会，与会代表在会上分析了全国食品工业运行现状以及全国食糖产销形势。至此，全国食糖产销形势终于峰回路转，现货价格由春节前的 2700 元/吨回升到 3300 元/吨并继续走好。到 8 月末，全国食糖累计销糖率 91.76%，累计平均销售价格 3449 元/吨。

在郑州商品交易所白糖期货市场上，郑州白糖期货指数由于受整个市场疲软的影响，在 2008 年 10 月创下了 2774 点的历史新低。而后，随着新榨季产销情况的逐渐明朗以及市场信心的恢复,价格逐渐回升,并在 2009 年 9 月创下了 3 年来的新高——4957 点。

通过国际市场和国内市场的同期对比,我们可以发现两个市场的走势在这段时间内是较为吻合的,原因是国际市场和国内市场同时受到减产的影响,导致供求关系发生了变化,进而使得食糖价格大幅上涨。

从图 6-9 中我们可以看出,自郑州白糖期货上市以来,郑州白糖期货指数与纽约 11 号原糖指数的总体走势是趋向一致的,但在很多时候也会走出相对独立的走势,出现这种情况的原因是由于我国食糖市场相对封闭,虽然我国是食糖进口大国,但随着近年来食糖产能的提高,进口量逐年下降;同时又由于国内食糖的生产标准与生产质量与国际食糖的标准有一定差距,生产成本普遍高于国际平均水平,造成我国生产的食糖无法进行大量出口。所以,国际食糖供求关系引发的国际食糖价格变动,对国内糖市的现货及期货价格走势会起到指导及参考作用,在总趋势上两者走势基本一致,但也经常会根据各自不同的市场情况走出独立的走势。

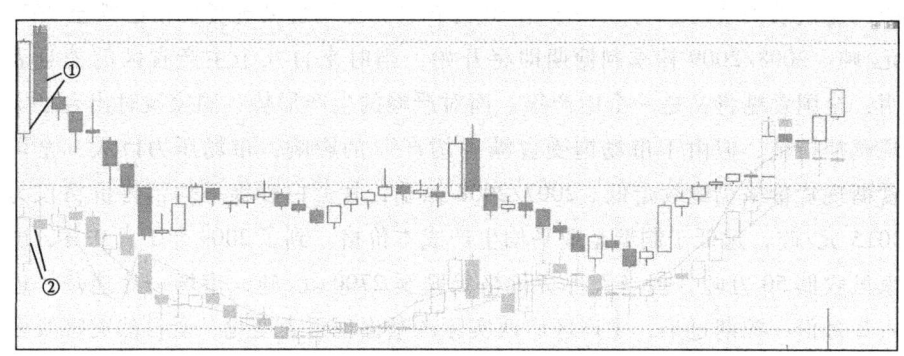

图 6-9　2006 年 1 月—2009 年 12 月郑州白糖期货指数与
纽约 11 号原糖指数走势对比

(①蜡烛图为郑州白糖指数,②蜡烛图为纽约 11 号原糖指数)

资料来源:文华财经、珠江期货有限公司。

自测题

一、填空题

1. 影响食糖价格波动的因素较多，但供求关系的变化是造成价格波动的主要原因。从这个出发点考虑，市场的_____和_____将是影响食糖价格走势的主要因素。

2. 在我国，食糖是季产年销的大宗商品，其具有很强的_____和_____。

3. 风害、干旱、洪涝、冰冻、霜冻等极端自然灾害天气的发生，往往会对糖价的波动造成短期或长期的影响，其中严重的_____和_____灾害一旦发生，不仅会影响当期白糖价格的波动，而且会影响随后的几个榨季。

4. 白糖_____占市场供需规模的比例是衡量白糖现货价格走势的一个指标。

5. _____的调整对与白糖价格的影响更像是一把双刃剑，既有拉升糖价的作用，也有抑制糖价的作用。

6. 白糖的_____机制是政府平衡和稳定白糖市场价格的一种手段和市场机制。

二、判断题

1. 食糖价格波动的周期性与食糖的生产的周期性相互影响。（   ）
2. 生产成本作为白糖期货价格的底部，不会被跌破。（   ）
3. 白糖期货价格的"底部"，是由白糖市场的供求关系来决定而非生产成本。（   ）
4. 高糖价会导致市场消费转移加快，白糖替代品市场将具有很大的发展空间。一方面替代品的产量将会挤占白糖的市场空间，另一方面替代品的价格也会影响白糖未来的价格走势。（   ）

5. 白糖结转库存的多少，能直接影响到白糖现货价格的走势，不需要由供求关系来决定。（   ）

6. 国家调控政策对白糖价格走势产生直接影响，与此同时，这些政策对保障国内糖价健康运行起着积极的支持作用。（   ）

7. 国家收储、放储机制是国家推出的"一时救市"政策，不能对白糖价格走势产生影响。（   ）

三、单选题

1. 2010/2011 榨季以来，广西甘蔗收购价格抬升到（   ）元/吨以上。
   A. 500   B. 300
   C. 400   D. 600

2. 对我国白糖价格产生较大影响的自然灾害不包括（   ）。
   A. 火山   B. 洪涝
   C. 冰雪   D. 霜冻

3. 我国最近一次的白糖大规模收储发生在（   ）年。
   A. 2008   B. 2010
   C. 2012   D. 2014

4. 从2004年开始，我国每年发放的食糖进口配额为（   ）万吨。
   A. 194.50   B. 254.50
   C. 154.50   D. 234.50

5. 2017年5月我国实施贸易救济措施，配额外关税再首年提高至（   ），后三年每年下降（   ）。
   A. 95% 5%   B. 90% 10%
   C. 90% 5%   D. 95% 10%

6. 目前我国对食糖市场的主要调控手段是食糖储备政策及（   ）政策。
   A. 进口配额   B. 糖料收购价
   C. 税收优惠   D. 进出口补贴

7. 国家对制糖行业进行扶持根本目的是为了（   ），规范行业秩序，促进行业的健康发展。

  A. 提高糖农收入   B. 保护企业利益

  C. 加强行业的管理   D. 增加税收

参考答案

一、填空题

1. 供应 需求 2. 生产周期性 销售季节性 3. 霜冻 冰冻

4. 期末结转库存量 5. 糖料收购价 6. 收储、放储

二、判断题

1. 对 2. 错 3. 对 4. 对 5. 错 6. 对 7. 错

三、单选题

1. A 2. A 3. C 4. A 5. A 6. A 7. D

第七章

白糖生产企业如何利用白糖期货

> **本章要点**
>
> 本章主要介绍了白糖生产企业如何利用白糖期货来规避价格波动风险、锁定生产经营利润、指导企业生产经营以及拓宽融资渠道等,同时也提到了企业在参与白糖期货时需要注意的问题,并通过大量案例进行辅助地具体讲解,让读者对生产企业如何运用期货市场有更直观地了解。

 一、白糖期货能够为糖料种植农户带来什么帮助?

糖农在我国的食糖产业链中地位较为特殊,他们是生产原料的提供者,处于产业链的最上游,他们种植糖料出售给白糖生产企业;同时,白糖生产企业也会对其蔗区内的蔗农提供种子、肥料、修路等多种扶持措施。因此,糖农可看作是生产企业的一部分，两者相辅相成。虽然糖农只是以种植、出售糖料获得收益，但也受白糖价格的影响。由于获得白糖价格信息的滞后，糖农在糖料种植上经常出现盲目性，糖价高时跟风种植，等到收获时糖价已经下跌又造成亏损；糖价低时减少种植，收获时糖价上涨造成收益减少。例如，2014/2015 榨季，广西甘蔗种植面积达 1350 万亩，甘蔗平均入厂价格达 403.8 元/吨，每亩净收益 -28.06 元/吨，而到了 2015/2016 榨季，广西甘蔗种植面积达 1200 万亩，同比下降 11.11%，但是甘蔗平均入厂价格达 452.00 元/吨，同比增长 11.94%。

2006 年我国的白糖期货上市后，跟以往相比，广大糖农有了更快捷、更畅通地获取白糖销售价格及远期价格的信息渠道。特别是一些拥有较大规模的专业种植户或农场，开始尝试通过期货市场的价格信号来判断糖料收购价格的制定，并以此来调整自己的糖料种植；而在广东等一些已经放开糖料收购价格的地区，糖农们可以通过期货市场的价格发现功能，来给自己种植的糖料自主定价，而不需被动地接受糖厂制定的收购价格。因此，白糖期货上市后，能够给糖农带来更明确的种植信息指引和更灵活的销售渠道。

根据制糖生产的成本核算，糖料成本是我国食糖生产成本的主要构成部分，占食糖生产成本的 70% 以上，糖料价格的变化直接影响到食糖的价格，反过来，食糖的价格也会影响糖料的收购价格，这种价格的变化为糖农利用期货指导糖料种植以及制定甘蔗销售价格创造了条件。

（一）期货市场对糖料种植期的影响

首先，在糖料播种的时期，糖农可以根据期货市场远期月份的合约价格及走势的情况，来对下一个榨季糖料收购价格的制定作出判断，提前合理安排种植面积，调整种植结构。以甘蔗为例，甘蔗主要种植栽培可分为春植蔗、冬植蔗、秋植蔗和宿根蔗。春植蔗一般在 2—4 月种植，11 月至翌年春季收获，秋冬植蔗是指在 9 月至翌年 1 月（立秋至立春）这段时期种植，种植期为 12—14 个月。在播种之前，蔗农就可以根据白糖期货对应甘蔗收获期的远期合约的价格及其走势，再结合政府的政策导向来判断下一个榨季甘蔗收购价格的变动，对甘蔗收购价格变动有一个大致的方向后，就可以以此为根据来合理安排甘蔗的种植面积。对于已经放开糖料收购价格的地区，糖农还可以与收购企业签订预售订单，确保自己在未来收获期所能获得的收入。

（二）期货市场对糖料收获期的影响

在糖料的收获期，由于广西等甘蔗主产区实行甘蔗联动价政策，如果糖价不断升高，糖农也会得到相应的价格补贴。因此，及时掌握并分析白糖期货的价格走势信息，也可以让糖农了解到市场的动态，改变糖农在与制糖企业的博弈中不对等的局面。而在糖料价格放开的地区，糖农也可以根据市场行情来提前或推迟糖料的收割及销售，以获得更好的收益。

以广西为例，2006年白糖期货上市后，由于减产糖价一路走高，同时也提升了农民种蔗的积极性。2015/2016榨季，广西种植面积同比下降11.11%，白糖市场供不应求，但是郑州白糖期货从2015年9月30日的5629元/吨上涨到2016年9月30日的6716元/吨，上涨1087元/吨，涨幅19.31%，广西蔗农收入约200亿元；而到了2016/2017年，广西种植面积约为1120万亩，同比下降6.6%，受到全球开始进入增产周期，国际糖价拖累郑糖价格，从6716元/吨下跌到了6117元/吨，下跌599元/吨，跌幅8.92%，但郑州商品交易所白糖期货2017年总成交达12214万手，成交金额达79142亿元，期货市场的活跃离不开食糖生产企业的大力套期保值，规避了白糖价格下降的风险。糖厂保证了利润，广西蔗农种蔗收益也有所增长。2016/2017榨季，广西蔗农收入约215亿元，同比增长7.5%，出现了价格下跌但收入增长的好局面。事实证明，蔗农在种植、销售甘蔗是完全可以利用白糖期货这一风向标的。利用期货规避价格风险，广西蔗农种蔗收入大幅增加，郑州商品交易所的白糖期货起到了至关重要的作用。

白糖期货价格为广大蔗农规避价格波动风险、获得稳定的收入、理性看待白糖价格上涨和下跌并合理地安排糖料种植面积发挥了积极的作用，有力地支持了国家的"三农"政策。白糖期货价格信号反映未来的供求关系，提前形成下个榨季的预期价格，很好地帮助了地方政府在新榨季前制定合理的糖料收购价格，同时也对糖农具有预期指导作用，使糖农在榨季价格大幅上涨或下跌时对下个榨季的糖料价格有一个理性的认识，合理安排糖料种植面积，避免耕种面积多时糖料价格跌、耕种面积少时糖料价格涨的恶性循环。

虽然白糖期货能够为糖农带来种种好处，但由于期货市场也是高度专业化的市场，要进入这个市场也必须具备一定的条件。受经济条件、文化基础等各方面因素的影响，实际上糖农真正参与期货市场的比例相当低，只有极少数的糖料种植专业户或有一定规模的种植农场有条件、有意识地参与期货市场。随着我国期货市场的不断发展与期货投资者教育的不断深入，势必会有更多的糖农参与到期货市场中来。

案例7-1

白糖"保险+期货"农民增收，蔗区稳定①

2018年11月6日，在郑州商品交易所支持下，白糖"保险+期货"县域全覆盖试点项目签约仪式在广西罗城仫佬族自治县（以下简称罗城县）举行。该项目由中国人民财产保险北京分公司承保。项目于国家级贫困县广西罗城开展，运行周期为3个月，承保6万吨白糖，折合甘蔗种植面积13万亩，保障罗城县蔗农约8000户，保障金额2.9亿元。

为了切实降低蔗农种植甘蔗风险、保障蔗农收入，立项前人保财险联合期货公司专程前往罗城县进行了实地调研，对当地甘蔗的种植情况和蔗农风险管理需求进行全面了解，并对蔗农进行"保险+期货"项目的相关宣讲。人保财险全面介绍了"保险+期货"项目模式、优势等，并对当地政府和蔗农提出的问题进行了详细解答。当地蔗农对本次项目表现出了极大的热情。当地政府亦对该项目高度认可，愿意参与到项目中并给予了资金上的支持。当地政府还表示希望未来能持续扩大项目的规模，将项目扩大覆盖到河池市的所有贫困户，提高蔗农种植甘蔗积极性，扩大甘蔗种植面积。

针对调研情况，人保财险设计了数套方案以满足当地蔗农的避险需求。最终试点方案以郑州商品交易所白糖期货合约1905的价格为保险标的，并考虑到当时白糖价格较低，为提高蔗农保险权益，人保财险创新性地设计了

---

① 案例来源：郑州商品交易所网站，2018年11月7日。

增强型亚式期权新条款,即以收盘价与成本价相比,以较小价格为计算价。根据保险条款,保险期间当白糖价格上涨时,保障价格也会随之上涨。由于保障价格可以随着糖价的上涨而上浮,无论行情如何,农民都可以获得一定程度的赔付,切实地保障了农民的收入。

案例 7-2

期货价格攀升,农民掀起种蔗热潮①

2006 年初期白糖期货和现货价格不断攀升,带动了甘蔗价格的上涨,北海市城郊蔗农掀起种植甘蔗的热潮。在马栏、龙潭一带农村见到,田野上出现了往年少有的绿油油的一片青纱帐。由于 2005 年甘蔗有了好收成,蔗价也卖出了个好价钱,吸引了更多的农民抢种,2006 年甘蔗的种植面积比 2005 年有了很大的突破。

2006 年以来,由于国内白糖价格不断攀升,现货价格最高价达 5500 元/吨,比 2005 年同期升了 2800 元/吨。国内白糖价格上涨,带动了甘蔗价格的不断攀升,也带动了蔗农种植甘蔗增产增收的热情。在马栏农场,农民张某承包了 8 亩农田,亩产基本收成在 6 吨以上,2005 年仅种植甘蔗就收入将近 4 万元。在整个马栏农场,靠种植甘蔗收入五六万元的农户不在少数。随着糖价节节上涨,他们的口袋也迅速鼓了起来。不少蔗农乐观地说:"白糖价格上涨后,也带动了甘蔗收购价格的上涨。现在白糖期货上市后,获取白糖价格信息更加快捷方便,有关糖厂也都有了收购订单,价格风险大大降低,我们农民才敢放手种蔗。"

据了解,白糖期货上市后,许多蔗农家里都订了报纸,装上了电话和购置了电脑,并以此来获取市场信息,"现在糖价涨跌都快,我们也要盯着市场。因为高糖价意味着高风险,还是要看着市场走路。"蔗农们说,"光会种地的农民还不算好农民,只有卖得好才是真的好。"

---

① 案例来源:广西农业信息网。

第七章 白糖生产企业如何利用白糖期货 139

 二、生产企业如何利用白糖期货来规避白糖价格波动风险？

套期保值是期货市场的基本功能之一。在套期保值的操作中，期货市场是转移现货价格波动风险的场所，因为同一种商品，它的现货价格走势和期货价格走势是大致相同的，并且随着期货合约交割日期的临近，两个市场的价格会趋于一致。这样，生产者可以在期货价格较高时卖出收获时到期的期货合约，到收获期时，如果现货价格下跌，那么原来在期货合约上卖出的盈利就可以抵消在现货市场上低价销售的损失，以达到锁定生产经营利润、规避现货价格波动风险的目的。

对于白糖生产企业来讲，作为白糖这种商品的生产者和供应者，利用期货进行套期保值的目的，是为了规避白糖现货价格下跌带来的风险，也为了稳定其出售商品的合理经济利润。生产企业一般是采用卖出套期保值的交易方式来减小价格风险，即在期货市场以卖方的身份卖出与现货数量相等的期货合约作为保值手段。

白糖期货上市之前，食糖生产企业缺乏转移或规避市场风险的渠道，行情不好时往往会出现严重亏损的局面。在 2003 年之前，由于市场价格波动等各种因素的影响，使得整个制糖行业亏损严重，广西食糖生产企业累计亏损达 57 亿元以上，不仅影响了企业自身的生产经营，还严重挫伤了蔗农的种植积极性。白糖期货上市后，企业通过利用期货市场规避现货市场风险，稳定了自身的生产经营，同时还积极回馈糖农，保障糖农的收益，创造了良好的经济和社会效益。

目前，各类糖企在白糖期货市场的运作日益深入，套期保值理念和操作手法日趋成熟。套期保值已经成为许多食糖生产企业经营中必不可少的一个环节，不少企业还专门成立了负责套期保值交易的部门为企业服务，食糖生产企业利用期货市场的比例呈上升趋势。

案例 7-3

白糖期货护航糖企逆势发展

套期保值和价格发现是期货市场的两大基本功能。目前郑州商品交易所白糖期货价格能够较好地反映国内外白糖市场的供求状况及糖价的总体运行趋势。在国内市场中，白糖企业对期现货的运用日趋成熟，在一定程度上有助于其逆势发展，成功经验有望推广至其他行业。

广东金岭糖业集团有限公司就深谙期现结合之道的企业。集团董事长林水栖表示，在运用白糖期货方面，有两点值得深入思考。首先，下单的目的是保值。套期保值的首要目标就是保值，所有套保计划安排均应以保值为目的。在实现保值的过程中，关键是要把握好下单方向（是卖期保值还是买期保值）、合约月份和数量。

其次，下单之前要深入分析市场大势。仅仅依靠套保计划安排，不能确保取得理想的保值效果。由于期货市场具有投机性和博弈性特点，投机资金的推动或者偶发事件等会导致期货价格大幅度波动。套期保值企业在下单时还必须充分利用各种技术分析方法和策略，把握好保值的价格和时机，同时控制好市场风险。

例如，在2015年4—7月的一次卖出套期保值操中，金岭糖业以保护现货销售为宗旨，不仅成功销售2万吨食糖现货，而且还获得利润922.75万元。

广东广垦糖业集团有限公司也表示，传统的国有企业同样应该积极利用期货工具辅助生产经营过程中。首先，充分利用好期货市场，规避价格风险。公司的盘面操作要服务于企业的生产经营实际，不管在盘面上卖出还是买入，都是基于公司在不同时间段对资金流量的需要和满足下游客户需求的实际，而不是进行投机性交易。

例如，库存管理是广垦糖业价值管理的核心，在基本稳定的销售进度计划之外，市场还存在销售价格和销售数量不匹配的情况，榨季初销售价格偏低，市场销量偏高，2015年五六月份市场价格可观，但销量清淡，公司巨大的库存面临贬值风险，同时盘面不同合约之间的价差、公司进口糖成本和盘面之间的价差,都为企业进行动态库存管理提供了空间。作为生产企业,公司对现货销售冷暖和期现价差、月间价差都比较敏感,本身有利用不同价差进行库存管控的动力和优势。在制定目标后,积极参与交割,不轻易进行盘面平仓。保持了参与期货市场的目的执行有效性。

案例 7-4

套期保值规避价格下跌风险,力保蔗农收益

2014 年末,受欧洲债务危机和国内糖市低迷影响,我国糖业受到前所未有的冲击,南宁市场白糖现货价格在 4300 元/吨左右。开榨期间,大部分糖厂因缺乏资金不能及时兑现甘蔗款,而且不断压低甘蔗收购价格。由于不能确定糖价是否会继续下跌,广西某糖业集团对当时近期期货价格进行了核算。结果是白糖期货价格较低,白糖期货 SR1505 合约价格为 4750 元/吨左右,这样进行套期保值操作占用资金不会影响到企业正常的生产秩序,套期保值可行性较高。随即,集团在期货市场进行卖出套期保值操作,规避现货价格可能会继续下跌的风险;同时按照核算出的甘蔗收购成本价格 420 元/吨(当时市场价格为 400 元/吨)与蔗农签订"订单价格",敞开收购甘蔗。仅此一项,就多支付蔗农甘蔗款 250 多万元,保证了农民的收益,同时也保证了蔗源的稳定。1 月上旬,糖价开始逐步回升,到了 3 月下旬,南宁地区的白糖现货价格已经上涨到 5100 元/吨,而 SR1505 合约的价格为 5000 元左右,白糖现货每吨近 800 元的盈利不仅抵消掉了期货上每吨 250 元的亏损,每吨还有 550 元的盈余。同时,因为该公司保障了蔗农的收益,在蔗农中享有较高的声誉,为以后公司的长远发展打下了坚实的基础。食糖生产企业在灵活利用期货市场套期保值的基础上,还可结合现货经营,创新出多样化的经营方式。例如,利用期货价格指导生产销售、低价买进、利用期货市场进行融资等,不仅为企业规避了价格风险,提高了现货经营效率,而且还为企业创造出了新的利润增长点。

> **小贴士**
>
> ### 套期保值的概念
>
> 套期保值是指把期货市场当作转移现货价格风险的场所，利用期货合约作为将来在现货市场上买卖商品的临时替代物，在现货市场和期货市场对同一种类的商品同时进行数量相等但交易方向相反的买卖活动，即在买进或卖出现货的同时，在期货市场上卖出或买进同等数量的期货合约，经过一段时间，当价格变动使现货买卖上出现的盈亏时，可由期货交易上的亏盈得到抵消或弥补，以使现货市场价格风险降低到最低限度。
>
> 套期保值又分为买入套期保值（又称多头套期保值）和卖出套期保值（又称空头套期保值）。买入套期保值是指在期货市场上买入期货合约，用期货市场来规避现货价格上涨的风险；而卖出套期保值正好相反，是指在期货市场上卖出期货合约，用期货市场来规避现货价格下跌的风险。简单来说，就是担心现货价格上涨（下跌），就在期货市场上卖出（买入）合约标的物数量与现货数量相等的期货合约。

三、生产企业如何利用白糖期货来指导生产和制定销售策略？

价格发现功能是期货市场的基本功能之一。食糖生产企业可以利用白糖期货的价格发现功能来寻找现货市场中的机遇，制定合理的销售策略和销售价格，以规避市场风险或获取更高的利润。白糖期货有以下两个重要的指导作用，可供食糖生产企业参考。

(一) 白糖期货的价格形成机制

从白糖期货的价格形成机制看,白糖期货市场通过期货交易而形成的白糖期货价格是在一个集约化程度高的市场上形成的价格,不是个别交易的结果,具有一定的指导性和权威性,与食糖现货价格相辅相成,能够比较真实地反映出市场的价格水平、供求状况及发展方向,是现在市场对未来市场价格的一个预期。因为期货价格是根据现货价格再加上仓储、运输、管理以及各种利息费用,场内的交易双方根据这些费用的计算,再根据自己的行业经验及专业知识来预测期货价格的走势,这就使得期货价格具有一定的指导作用,在一定程度上对于现货价格是一个重要参考,同时也为食糖生产企业的生产提供了一定的指导依据。

(二) 白糖期货的价格发现周期

我国的白糖期货是一次挂出 6 个白糖期货合约品种,时间跨度达 16 个月,投资者在当前就可以了解到 16 个月后白糖期货合约的价格(2001 年以后合约改为 6 个合约,12 个月跨度)。而从价格发现的功能上来说,也表示投资者从中可以了解到 1 年后食糖价格大概的价位水平,这对食糖生产企业来说具有很好的价格参考及决策价值。

案例 7-5

期货价格下跌预期未来价格走势方向

2016 年第三季度,受国际糖价强劲上涨和国内甘蔗产量连续 2 年下降,白糖供给预计减少的影响,国内白糖现货价格大幅上涨,由榨季初的 6600 元/吨上涨到 2016 年 11 月底的 7000 元/吨,接近历史高点。白糖期货价格迅速对当前国内白糖紧张的供求形势做出反应,主力合约月份从 6200 元/吨一线快速上升,最高涨至 7300 元/吨,现货价格也维持在 6800 元/吨附近。白糖价格的大幅上涨也使得甘蔗糖料异常抢手。因为蔗农惜售甘蔗,不少糖厂因为收不到甘蔗而开工不足,又造成了产量下降,如此循环,加剧了市场紧张的供求关系。

2016年12月，广西食糖生产企业开始进入生产高峰，自11月29日郑州白糖期货创出7314元/吨的高点后，随着国内食糖供应量的逐步增加和国家宏观调控政策的逐步明朗，期货价格开始逐步回落，仅3周时间就从7300元/吨回落到6700元/吨，广西白糖现货价格也逐渐回落到6650元/吨左右。而与期现价格大幅回落形成鲜明对比的是甘蔗收购价格仍在不断攀升，不少中小糖厂不惜高价跨区抢购。后郑州白糖期货合约SR1705虽有小幅反弹，但至3月初又继续下降，国际糖价也冲高快速回落，从趋势来判断，后期白糖价格仍然有继续下跌的可能（见图7-1）。

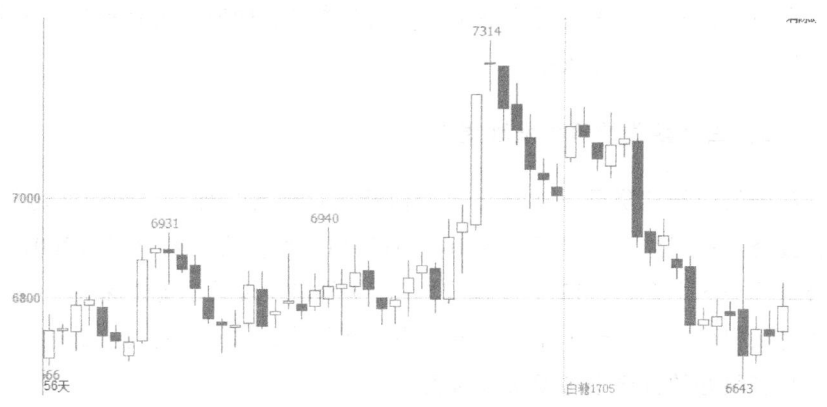

图7-1 2016年末、2017年初郑州白糖期货指数价格走势图

资料来源：文华财经、华信期货有限公司。

2月中旬过后，随着国际糖价快速下跌，糖厂生产力度的加大以及国家对市场进行调节，市场供应量有了充足的增长。随之而来的是糖价的大幅下跌。从2017年2月到2017年7月，仅用了半年时间，郑州白糖期货价格就从7000元/吨的高位下跌至5992元/吨的低点，下跌幅度达1000元/吨，现货价格也跟随期货价格一路下跌。

在这次下跌中，有不少大中型制糖企业集团，利用白糖期货的价格发现功能，根据期货价格传递出的市场信息与价格走势，没有盲目地与部分中小糖厂高价抢购甘蔗，控制了生产成本，在很大程度上降低了经营的风险。同时，这次下跌行情也促成了广西制糖业的一次产业整合，不少严重亏损甚至破产的中小糖厂纷纷被大型糖业集团兼并或收购，这也正是运用期货发现价格功能指导生产经营的又一例证。

由于期货市场代表着众多参与者的交易意向，使得期货价格的形成具有代表性和权威性，并能真实地反映出市场的供求状况及价格的变动趋势。生产企业通过利用白糖期货的价格发现功能，预期未来价格的运行趋势，就能以此为依据来制定合理的销售策略。据统计数据显示，郑州白糖期货指数与现货价格的对比，两者的相关系数达到0.98左右，相似性较高，而且期货价格变动往往领先于现货价格。随着交易规模的日益扩大，以及国内对白糖现货市场宏观调控力度的加大，白糖期货逐渐走出自身独立的行情，基本反映了国内供求关系，价格发现功能得到发挥。

案例7-6

灵活利用期货价格发现功能，掌握白糖市场主动权

广西Y集团有限公司成立于2000年，是广西本土成长起来的一家主要从事食糖生产的民营股份制制糖企业，也是广西壮族自治区的大型制糖企业。白糖期货的推出，助推了企业的高速发展。而该企业利用白糖期货的显著特点，就是"期货+订单+品牌"——通过期货市场进行套期保值，稳定销售利润，扩大经营规模；通过甘蔗订单，敞开甘蔗收购，保证蔗农收益，稳定生产原料；通过品牌建设，提出可持续发展战略，实现产业升级。期现结合使得该集团生产和市场规模不断扩大，农业产业化不断完善和成熟。

1. 充分利用期货价格发现功能指导生产，参与套期保值，规避原料采购风险。由于2016年底至2017年初，白糖价格大幅上涨，加上当时国际糖价逐步创新高和国内甘蔗种植面积连续2年下降，很多制糖企业都认为白糖价格会继续上涨，当时市场上还喊出了白糖现货价格要达到8000元/吨甚至10000元/吨的口号。高涨的糖价使得采购甘蔗糖料异常困难，虽然广西地区政府制定了甘蔗收购价格及联动价格，并划定了蔗区，严令禁止糖厂跨蔗区收购甘蔗，但在高糖价的诱惑下，还是有很多中小糖厂铤

而走险,跨蔗区抢购甘蔗。Y集团处于两县交界处地带的蔗区,虽然与当地蔗农签了订单,但在甘蔗价格居高不下的时候,仍很难对蔗农形成约束,违约的事时常发生。Y集团面对这一状况,陷入两难:没有足够生产原料,糖厂的生产能力将会出现闲置,而闲置的后果就是每天几十万元的损失;而如果和恶意抢购甘蔗的中小糖厂高价竞购甘蔗,即使原料满足生产需要,但生产成本也会大幅增加,后期白糖现货价格下跌,高昂的成本必定会导致大幅亏损,得不偿失。经过研究,Y集团决定先延缓部分糖厂开榨时间,避免出现开榨后原料供不应求的情况,同时抓紧甘蔗收购,并提前与蔗农进行二次结算,保证蔗农收入,稳定蔗源,为稳定生产提供了保障。同时,为了避免后市白糖现货价格下跌,Y集团决定在郑州白糖期货市场上进行卖出套期保值。因此,Y集团根据生产进度,从2016年11月中旬和2017年5月陆续在郑州白糖期货SR1705、SR1709等合约上进行卖出保值,平均价位在6800元/吨附近。在当时的情况下,郑州白糖期货各合约价格还在不断上涨,主力合约在2016年11月29日创出了7314元/吨的新高,这与Y集团套保的平均价位相比,每吨高出了近500元。Y集团的期货套期保值账户上出现一定幅度的亏损。但Y集团通过分析期货价格的走势后认为:当时郑州白糖期货远月合约价格低于近月合约价格,近强远弱的格局反映出远期价格走势并不看好;虽然当时郑州白糖期货价格大幅上涨至7100元/吨附近,但现货价格仅为6600元/吨左右,期现之间的巨大基差也反映出期货价格的"高处不胜寒";同时,由于白糖期现货价格的上涨,使得国家也准备出台相关调控政策对食糖市场进行调控;再加上广西已进入榨季生产高峰期,市场供应量逐渐充足。种种迹象都表明,白糖价格继续上涨的动力和空间都有限,虽然按当时的价格进行套期保值后有一定的亏损,但却保障了后期的趋势。

2. 认识到期货价格发现功能的引导性,抓住时机完成现货销售。从2016年12月下旬,白糖期货、现货价格开始逐步下跌,很多中小制糖企业没有利用期货市场参与套期保值的意识,同时由于生产成本较高,在现货方面已经产生了一定的账面亏损,如果此时按市价进行销售,账面亏损就会变成实际亏损,而且也没有利用期货的价格发现功能来分析趋势,认为目前白糖价格下跌只是暂时调整,之后还会继续上涨。在这样的思路影响下，不少中小制糖企业纷纷惜售白糖现货。而 Y 集团通过对白糖期货价格的分析发现，白糖期货价格呈现"近强远弱"的格局，认为后期走势并不乐观，通过期货价格发现功能的引导，制定了现货要"顺价销售"的销售策略。从 2 月中旬开始，Y 集团一边积极销售现货，一边在期货市场上逐步平掉 SR1705 合约。从 2017 年 2 月中旬到 3 月底这段时间里，广西南宁的现货从 6700 元/吨下跌到 6500 元/吨左右，而 SR605 期货合约的价格已从 2 月中旬的 6950 元/吨下跌到 3 月底的 6450 元/吨，下跌幅度达 500 元/吨左右，而 Y 集团的 SR1705 合约的平均建仓价位在 6800 元/吨附近，有近 350 元/吨的盈利。利用期货工具，Y 集团不仅规避了此次价格下跌的风险，保证了企业的正常生产与销售，更通过套期保值赢得了丰厚的利润，掌握了白糖销售市场的主动权。

小贴士

基差的概念

基差是指某一特定商品在某一特定时间和地点的现货价格与该商品在期货市场的期货价格之差，即：基差 = 现货价格 − 期货价格。参照物不同，基差结果不同。由于期货价格和现货价格都是波动的，在期货合同的有效期内，基差也是波动的。基差的不确定性被称为基差风险。

基差和套期保值两者的关系是相辅相成的，利用期货合约套期保值的目标便是使基差波动趋于零，期末基差与期初基差之间正的偏差使投资不仅可以保值还可以盈利；而负的偏差则为亏损，说明没有完全实现套期保值的目标。

基差的变化有多种形式，不同的企业类型也有不同的套期保值方法，我们会在以后的案例内容中穿插讲解，务求能让读者对基差及套期保值的内容有更为直观地了解。

四、为什么有的生产企业会不卖白糖反买白糖？

白糖期货的上市，不仅给白糖生产企业提供了规避价格风险的工具，也让企业的一些传统经营模式及观念在一定程度上得到了拓展。

在我们的一般认知中，生产企业主要扮演的是一个卖方的角色，他们收购原料后，把原料进行再加工生产出成品的商品，进而再销售这些商品获得利润。生产企业本质上是商品的卖方。当期货市场这个交易平台出现后，生产企业的身份定位就开始有了微妙的变化。在期货价格及市场行情的变化之下，有些生产企业不仅没有在期货市场上进行卖出，而却成为期货市场上的买方，这一身份的转变意味着什么呢？它是否违背了生产企业作为卖方参与期货市场套期保值的原理？要了解这一情况，我们还得从基差（基差＝现货价格－期货价格）的变化说起。

小贴士

基差在市场中的三种表现情况

基差分为负数、正数及零三种市场情况。在正常的商品供求情况下，考虑到商品持有成本及价格风险的原因，基差一般为负数，即期货价格应大于该商品的现货价格，称为正向市场；当市场商品供应出现短缺、供不应求的现象时，现货价格高于期货价格，这时就会出现基差为负的情况，称为反向市场；按照期货价格反映现货价格的特性，当期货合约越接近交割期，基差会越来越接近于零甚至等于零，这是基差的第三种情况。

当基差为正的时候，就是白糖现货价格已经高于白糖期货价格、市场已经处于反向市场，在这样的情况下，生产企业如果仍在期货市场上进行卖出套期保值，不仅不能达到规避风险的目的，还有可能会出现亏损的情况，导致套期保值操作失败。而在这样的情况下，从期货市场上买入交割白糖或许会比市面上销售的白糖价格更便宜，这也就是我们为什么看到，有些白糖生产企业不仅没有在期货市场上卖出，而往往成为期货市场中的买方，通过期货市场拿到价格更低白糖，等到日后糖价上涨时再另行出售，或降低自己的现货销售成本。这时，已不能将这些生产企业的身份单纯得界定为生产者，而应该将其看作是以一个中间贸易商的身份在参与市场。

案例 7-7

期货价格大幅低于现货价格，买入期货化解风险

2016/2017 榨季，全国食糖产量在经历连续两年下降以后小幅回升至 928.82 万吨，加之国内实行贸易保障政策食糖进口量处于近年低位。至 2017 年 9 月底，2016/2017 榨季结转库存仅达 57 万吨。同时，我国甘蔗糖主产区广西大部分地区推迟压榨，生产延迟。市场供给处于相对紧缺状况。但国内消费量仍为 1470 万吨水平，此时南宁现货价格为 6600 元/吨。郑糖期货主力合约受到国内外对 2017/2018 榨季增产预期影响，保持弱势，价格为 6150 元/吨。现货和期货的基差为 450 元/吨左右，现货大幅升水期货。

Y 集团经过成本核算和估计，2017/2018 榨季生产成本估计为 6000 元/吨，与期货盘面价格接近。Y 集团经过长期的跟踪研究分析认为：在年末食糖供不应求的基本面下，压榨的推迟和低库存令公司在 2017 年末和 2018 年初压榨初期销售陷入被动；其次，企业本身的制糖成本为 6000 元/吨，而从期货采购的白糖价格仅为 6000~6100 元/吨，和自身制糖成本相当，如从盘面上进行采购后再进行销售，可以化解榨季初期价格高企但企业"无糖可卖"，但榨季高峰糖价下跌的风险。最后，现货价格较高，基差较大有利于进行买入套保。基于以上三个原因，Y 集团决定在 SR1801 合约进行买入操作。

2017年10月上旬，Y集团买入300手SR1801合约，持仓价格为6100元/吨。进入12月后，盘面价格上涨到6500元/吨左右，期货盈利400元/吨。同时现货价格回落到6300元/吨水平。Y集团也已经开榨，而且甘蔗收成较好，现货市场销售平淡。Y集团研究决定，对盘面获利平仓，并加紧销售新糖。Y集团在12月末对SR1801合约在6500元/吨左右水平进行平仓，期货盈利120万元，弥补了现货下跌带来的损失。

案例7-8

签订销售合同，期货市场低价买入现货市场高价卖出

广西柳州某制糖企业在2017年12月末与客户签订1000吨的远期白糖销售合同，约定在2018年5月份交货，当时白糖期货SR805合约价格约为5850元/吨左右，双方根据期货价格商定现货销售价格为6000元/吨并签订销售合同。2017/2018榨季广西政府制定的甘蔗收购价仍为500元/吨，按500元/吨的甘蔗收购价进行制糖生产，该企业制糖成本在5900元/吨左右，以6000元/吨的价格销售会有100元/吨的利润。而此时，郑州白糖期货SR801的价格为5850元/吨，低于本企业制糖成本。该企业经过核算后，认为存在买入期货、交割后进行销售的条件，随即在期货市场上进行买入操作，同时降低甘蔗收购的力度并适当调整生产计划，以满足维持生产和资金的平衡。

该企业选择在广西柳州桂糖有限责任公司库进行交割，该仓库是郑州商品交易所在广西的白糖指定交割库，在此交割符合交割标准的标准等级白糖没有升贴水费用；货物装运选择汽车装运，装车费与卸车费计6元/吨。

每吨的交割费用＝交易手续费＋交割手续费＋出库费用＋仓储费，即 $0.8+3+12+0.40=16.2$（元）。

具体的交割买卖双方费用见表7-1。

表 7-1　　　　　　　　交割买卖双方费用表

	买方	卖方	备注
交易手续费	0.8 元/吨	0.8 元/吨	期货公司标准
交割手续费	3 元/吨	3 元/吨	期货公司标准
交割预报定金		30 元/吨	12 月 1 日至次年 4 月 30 日广东、广西、云南的交割仓库入库通知书有效期 15 天，其他时间和其他地方交割库为 40 天
仓单注册检验费	450 元/样品（吨）	450 元/样品（吨）	入库全项目理化指标检验收费 450 元/样品（吨）
仓储费	0.40~0.45 元/吨·天	0.40~0.45 元/吨·天	5 月 1 日至 9 月 30 日为 0.45 元/吨·天，其他时间收取标准为 0.40 元/吨·天
出/入库费（注）	出库费：汽车出库广西区仓库 12 元/吨（扒垛、搬运、装车等），其他地区 15 元/吨（扒垛、搬运、装车等）。火车出库 35 元/吨（扒垛、库内运输、装火车等）	15~20 元/吨（汽车入库包含卸车、搬运、码垛）；30~60 元/吨（火车入库，包含火车汽车对装、短途运输、码垛等费用）；40~55 元/吨（轮船入库，船运含吊装、短驳、卸车、码垛，不含港杂费等）	货物运达交割仓库指定货位前的一切费用有卖方客户承担，从指定货位到装上车、船（汽车、火车、轮船）板的费用由买方客户承担
包装物	采用集装箱出库的加收 3 元/吨的装箱费	集装箱掏箱费加收 0~14 元/吨	

资料来源：郑州商品交易所。

注：白糖期货运达交割仓库制定货位的所有费用由卖方客户承担，货物装到汽车、火车和轮船的车板价、船板价的费用由买方客户承担。出入库费用在货物出入库时分别由买卖双方各自承担。白糖入库检验费用由交割仓库承担。

交割 1 吨白糖期货头寸所占用的资金利息 = 白糖期货价格 × 0.6225% × 3 × 0.2 = 白糖期货价格 × 0.00374（元）。其中，0.06225% 是农业发展银行的短期贷款利率的月息，3 是持仓的时间，从 11 月到 1 月共计 3 个月，0.2 则是保证金比例，因为郑州商品交易所白糖期货在一般月份的保证金比例为 8%，交割月为 30%，0.2 的数字是折中后得到的。

每吨白糖的交割总成本 = 每吨的交割费用 + 每吨白糖资金占用利息 = 16.2 + 0.00374 × 白糖期货价格（元）。

在广西柳州桂糖有限责任公司进行交割，2018 年 4 月末柳州地区到库价为 5700 元/吨左右，白糖期货 SR805 买入价格为 5850 元/吨，每吨白糖的交割总成本 = 16.2 + 0.00374 × 5850 = 38.079（元/吨）（在广西柳州桂糖有限责任公司库进行交割，符合交割标准的白糖无须升贴水费用）。交割利润 = 白糖现货价格 − 白糖期货价格 − 白糖每吨交割总成本 = 5750 − 5850 − 38.079 = −138.079（元/吨），即表示，如果该企业在目前价位交割，不仅没有盈利，每吨反而会亏损 138.079 元。

但该企业经过分析研究后认为，虽然以目前价位进行交割会发生亏损，但通过交割买到的白糖仍然大幅低于企业生产成本，交割后的白糖用于履行销售合同，每吨白糖约有 150 元的利润，较出售自己生产的白糖利润多出 50 元，完全可以弥补交割上的损失还略有盈余；虽然目前现货市场上白糖现货价格更为低廉，但多数为陈糖，质量不能保证，而新榨季才刚刚开始，市面上新糖数量少且价格高，从现货市场进行采购的条件并不成熟。因此，从期货市场上进行交割采购的方案是可行的。

五、生产企业如何利用白糖期货改善库存和资金压力？

一直以来，库存压力都是困扰食糖生产企业的问题。每年的 1—4 月，都是新糖大量上市的季节，而春节过后的 3、4 月也是销售淡季，产量远远大于销量。对于生产企业来说，大量的库存就意味着企业的流动资金被大量占用，一方面企业要面临资金的短缺，难以很好地开展经营活动；另一方面又要承受产品的价格波动所带来的减值而引发的亏损风险。这样的外部条件，就使得食糖生产企业在3、4月这段时间面临较大的经营风险。

既要改善企业的库存压力，又要缓解企业的资金压力。地方政府每到榨季生产高峰期都会推出一个短期工业储备的政策，但由于贷款资金及额度有限，并不能惠及大部分生产企业，对很多规模稍小的企业来说作用有限，而这部分企业恰恰是最需要资金来保证自己的生产。但是，郑州白糖期货的推出，对生产企业所面临的库存和资金问题都提供了很好的解决方案。

（一）生产企业可以利用期货市场改善库存压力

期货市场的基本功能，就是帮助企业规避价格波动风险。当白糖销售处于淡季的时候，食糖生产企业正好又处于生产高峰期，产量大于销量，此时为了规避库存价格可能会出现下跌的风险，首先，白糖生产企业就可以在期货市场上进行卖出套期保值操作；其次，白糖生产企业还可以通过期货市场，把库存注册成为满足期货交割规则的标准仓单，并将其库存白糖运输到郑州商品交易所制定的交割仓库，只需缴纳少量的手续费和仓储费，而注册的标准仓单可以用于交割或向交易所申请标准仓单质押保证金业务，这对改善企业库存压力和期货仓单占用资金压力有一定的帮助。

案例7-9

库存注册标准仓单，质押保证金用以规避风险

广西柳州某食糖生产企业是一家生产规模较小的企业，受自身规模影响，企业的资金并不充裕，同时向银行进行融资的难度也很大，严重制约了企业的发展。2017年2月初，白糖期、现货价格达到了高峰后开始逐步回落。该企业由于大量资金已经在榨季初期用于支付甘蔗收购款及生产开销，糖价逐步回落的行情让该企业已经生产出来的白糖面临较大的价格波动风险，利用期货市场虽然可以进行套期保值操作，但该企业却苦于已经没有多余的资金交纳保证金，陷入两难的境地。

向期货公司咨询之后，期货公司建议该企业可以向郑州商品交易所申请标准仓单质押保证金的业务，这样既免去了向银行融资的麻烦，又可以利用标准仓单质押的保证金在期货市场上进行套期保值操作。因为期货公司具有郑州商品交易所的会员资格，该企业通过成为期货公司的客户，并以该期货公司的名义向郑州商品交易所结算部申请办理标准仓单质押保证金业务。经过充分准备后，该企业在2017年2月底向郑州商品交易所指定交割仓库广西柳州国家粮食储备库提出了150手交割预报，并于3月3日成功注册仓单。通过利用这150手的标准仓单进行质押保证金，该企业大约获得了800万元的资金，给企业在期货市场上进行套期保值操作提供了必要条件，于是顺利规避了2017年3—7月糖价大幅下跌的风险。

（二）生产企业可以利用期货仓单进行融资

由于白糖期货上市以后，不少商业银行都开通了以白糖期货仓单质押来获取贷款的业务，这项业务不仅是商业银行新的利润增长点，同时也给食糖生产企业提供了新的融资渠道。对于食糖生产企业来讲，在销售淡季中就可以把库存注册成标准仓单后向银行申请仓单质押贷款，这样不仅解决了库存的资金占用问题，同时也解决了生产中的资金需求问题，增加企业资金的流动性，可谓一举两得。

虽然目前已经有多家银行开展了标准期货仓单质押贷款业务，但由于政策性原因，目前期货标准仓单质押贷款业务的开展还有一定局限性，业务本身还没有成熟。其主要原因：一是《期货交易管理条例》规定："任何单位或个人不得使用信贷资金、财政资金进行期货交易。金融机构不得为期货交易融资或提供担保。"所以，商业银行在开展这项业务时很慎重，对贷款用途把关较严。二是由于业务开展时间短，银行对期货市场的运作机制了解不足，所以顾虑较多。三是国内三家商品期货交易所都有标准仓单质押保证金业务，投资者若将仓单质押后用于期货交易，就没有必要到银行进行质押贷款，而且在交易所办理质押手续比较简便。

因此，用期货仓单抵押来申请贷款进行融资，更适合食糖生产企业用来缓解库存占用大量资金的问题，既有效改善了生产企业的库存压力，同时又缓解了生产时的资金需要压力，增强了企业的流动性。

案例 7-10

现货风险管理子公司仓单融资业务

N集团是广西大型食糖生产企业。2017年初，SR1705一度达到7000元/吨，集团一方面利用现有新糖注册仓单，在盘面进行卖出套保，另一方面，面对开榨期，蔗款兑付压力较大、临时收储政策又暂时取消的困难，N集团决定利用标准仓单质押业务，向期货公司的现货风险管理子公司进行融资。

N集团当时拥有1万吨仓单，货值超7000万元，按80%融资比例，向H期货公司的风险管理子公司－H物产公司，进行了1万吨、5600万元的仓单质押融资，年利率6%。N集团用这笔资金，兑付了蔗农甘蔗款，确保农户在春节前足额拿到甘蔗款。H物产为规避风险，约定如果期货价格下跌超过10%，N集团应补充抵押物。

三个月后，期货价格下跌至6500元/吨，N集团赎回仓单，将5600万元融资资金和84万元利息，通过购买H物产仓单的贸易形式，返给H物产。赎回的仓单，与N集团套保头寸相匹配。通过该业务，H物产获得了84万元利息收入。N集团减轻了蔗款兑付压力，并保证了套保头寸的仓单安全，一举数得。

小贴士

什么是仓单？如何向交易所申请标准仓单质押保证金业务？

仓单可分为注册仓单和非（未）注册仓单。当商品持有人把符合交割标准的货物交到交易所的交割仓库，交割仓库检验合格后，给商品持有人开具标准仓单，商品持有人可以拿着标准仓单到交易所的交割部办理注册手续，只有经过注册的仓单才可以进行交割，其总数也就是交易所公布的库存数量；而还没有在交易所的交割部办理注册手续的仓单，非（未）注册仓单不能进行交割。已经注册的仓单在未进行交割前也可以办理注销手续。

目前，国内三家商品期货交易所普遍开展了标准仓单质押保证金业务，规定持有标准仓单的会员或交易所认可的第三方可办理仓单质押，以办理日前一交易日该标准仓单对应品种最近交割月份期货合约的结算价为基准价计算其价值，质押金额不超过其市值的80%。该业务以头寸形式释放相应的交易保证金，且只能用于期货交易，相应的手续费、交割货款、债权和债务需要用货币资金结清；交易所按同期半年期货款利率收取质押手续费，风险的承担者只有交易所，对生产企业来讲较为有利。

六、生产企业参与白糖期货需要注意哪些问题？

在期货市场上进行套期保值虽然对食糖生产企业来说有着诸多的好处，但在实际操作中，也有不少需要注意的问题，如果操作不恰当的话，那么套期保值不仅不能起到规避风险、锁定利润的作用，还有可能会给投资者造成不必要的损失。

为了更好地实现套期保值的目的，白糖生产企业在进行套期保值交易时，需要注意以下问题。

（一）坚持"品种相同、数量相等、方向相反"的原则

"品种相同"，就是在期货市场上进行交易的品种，要与企业在现货市场上需要套期保值的品种相同，如果是食糖生产企业，却在期货市场上进行玉米期货的套期保值操作，这样显然是行不通的；"数量相等"，就是在期货市场进行套期保值操作的期货合约数量必须和现货市场上将要交易的商品在相关数量上一致，例如某企业有2000吨白糖现货需要保值，却在期货市场上卖出300手白糖期货合约，这样就有可能造成盈利无法弥补亏损的情

况，因此企业要根据自己的生产及销售规模来设计合理的套期保值头寸，并且选择的合约月份要尽量与实际相接近。"方向相反"，就是指在两个市场上交易方向相反，如果在现货市场上要买入商品，那么在期货市场上则要进行卖出套期保值操作；反之亦然。

（二）应选择白糖价格具有一定风险的时段进行套期保值

如果市场价格在某一段时间波动较为稳定，或在价格未来发展趋势比较确定的情况下，那就不需进行套期保值；企业套期保值应该选择专业的期货经纪公司进行参与，同时要比较机会成本与套期保值可能会产生的盈亏，并最终确定是否要进行套期保值；当决定要参与套期保值后，还要根据商品走势及市场情况，计算出基差预期变动额，以此来制定进入和离开期货市场的时机策略，并设立专门的部门或者人员进行风险控制和操作监督。

（三）套期保值并不意味着要实物交割

在期货市场进行套期保值操作，不涉及实物交割环节；将商品注册成仓单后也还可以选择注销仓单来避免交割。企业是否需要进行实物交割，还需要根据当时整个市场情况来决定，并要考虑到交割的成本以及可能产生的各种相关费用。

（四）白糖标准仓单的有效时间

白糖标准仓单的有效时间为 1 年。每年的 11 月合约交割结束后，用上一榨季生产的白糖所注册的仓单要全部注销。需要进行交割的食糖生产企业要格外注意。

（五）操作依据以套期保值为根本目的

企业进行套期保值的根本目的是规避现货价格波动风险，锁定生产经营利润，因此，不能随意地将套期保值头寸转为投机头寸，除了要支付手续费用方面的额外开支外，还有可能因为投机头寸的持仓方向与价格走势方向相反而造成亏损。

案例 7-11

套期保值变投机，盈利变亏损

2016年11月底12月初，郑州白糖期货在冲高到7314元/吨的高点，现货价格也突破7000元/吨。而后随全国主产区的陆续开榨，供给增加，糖价开始回落。广西河池某制糖企业认为糖价经过近半年来的走强之后，价格偏离了价值，2017年将逐步回调。同时企业也面临生产和销售的风险。当期是进行套期保值的最好时机，便在12月下旬对白糖SR1705合约进行了卖出套保，开仓均价为6800元/吨，此时现货价格近6850元/吨。

1月初，市场对贸易保障措施调查充满了利多的预期。白糖期、现货价格在经历前期的快速回落后，逐步上涨。期货价格上涨至6800元/吨，柳州现货价格上涨至6850元/吨。该企业研究认为，进口糖对我国糖价冲击已经持续近几年，政府对进口糖的管控势在必行。同时结合本企业的生产情况，预计2016/2017榨季仍然是一个甘蔗减产的年份。于是该企业决定，对SR1709进行买入投机头寸，同时择机对卖出套保进行平仓，这样期货、现货都可以保证盈利，比套期保值获利更高。

1月末，白糖期货已经反弹至6950元/吨水平，柳州现货价格也接近6900元/吨。该企业一方面建立SR1709合约投机多头，开仓价格为6850元/吨，另一方面着手将原有套期保值头寸逐步平仓。该企业已经在现货市场及期货头寸上小有盈利。该企业继续看好后市，认为白糖期货和现货价格仍然有大幅上涨的空间，继续持有期货上的投机头寸，同时在现货市场上也较为惜售，以期后期能有更好收益。

进入3月，由于受到国际糖价下跌、国内抛储和工业库存达到峰值影响，白糖期、现货价格开始大幅下跌，该企业的白糖期货头寸及现货都受到了不小损失。到3月底，广西白糖现货价格下跌至6750元/吨左右的水平，期货价格也跌破了6500元/吨的整数关口。其后贸易保障措施公布前，市场有小幅反弹，但并没有达到企业开仓的水平。贸易保障措施落地后，期货价格大幅下跌至最低6000元/吨水平。该企业因为没有抓住现货价格上涨的有利时机销售现货，还将卖出套期保值头寸转为高价位的多头投机头寸，致使期货和现货都损失惨重。

七、生产企业参与期货如何进行风险控制？

对于生产企业来讲，参与期货市场最重要的目的是为生产出来的白糖进行套期保值，达到规避价格波动风险以及锁定销售白糖的利润。虽然参与套期保值的企业已经把价格风险转移到了投机者身上，但如果企业在参与套期保值时不注重风险控制，仍然会出现套保失败的风险。因此食糖生产企业在参与套期保值时，应注意以下四点，确保套期保值操作的成功。

（一）识别与量化企业面临的风险

从整个食糖产业的产业链来说，食糖生产企业属于产业链中的上游企业，而且不少糖料主产区实行由政府制定糖料收购价格，因此糖料收购价格与成本相对稳定，主要是受产品价格波动的风险。食糖生产企业，主要是靠销售其产品来获得利润，生产成本一定的情况下，销售价格越高，利润越高；反之，则利润越少。因此，生产企业主要是面临产品价格下跌的风险，需要套期保值规避价格下跌的风险以及锁定销售利润，正常情况下，生产企业主要是进行卖出套期保值的操作。

（二）制定套期保值操作策略

识别出企业面临的风险类型后，就要根据风险点的具体所在有针对性地制定套期保值的操作策略。在实际的操作过程中，企业要考虑的因素很多，比如应该在什么时间进行套期保值，怎样调整套期保值的头寸，用哪一个合约来进行套期保值，套期保值与生产经营的资金占用比例等，都需要企业根据自身的生产及销售情况来进行调整，制定并优化套期保值的操作策略。考虑的情况越细致，制定的策略越周密，在实际操作中出现问题时可能遭受的损失也就越小。

（三）套期保值的实际操作

在风险已识别、策略已制定、方案已优化的情况下，企业就应该按照制定的套期保值操作策略，在合适的开仓时机入市进行卖出套期保值操作。同时，在持仓过程中，进行动态地操作和管理，什么时候应该平仓，什么时候应该移仓等，这些操作都应该根据制定好的操作策略以及根据行情的发展情况来进行操作与管理，这些操作的专业性很强，需要套保企业有专业的人员参与。

（四）严格遵守交易策略及纪律

进行套期保值，需要严格遵守已经制定的交易策略及交易纪律，做好套保资金管理与盘中风险管理，这也是风险控制的核心。特别是现货和期货的基差的管理，因为基差一旦向不利于现货的方向变动，持仓的头寸就需要及时进行调整。另外，套期保值的头寸不能超过所需要保值的商品数量，以及不能随意将保值头寸变为投机头寸，这些都是套期保值成功与否的关键。

最后，还要特别强调对套期保值认识的误区。首先，套期保值能使企业规避价格波动风险以及锁定经营利润，但也可能出现亏损。出现亏损的原因主要是由于现货与期货的基差变动造成的。其次，并不是任何时候、任何价位都适合进行套期保值操作，例如当现货价格已经远远低于成本价格，或者期现价差接近于零甚至出现较大的负值等情况，由于现货价格不可能长期低于成本运行以及基差是向趋向于零的方向运动，这时再去进行卖出套期保值，就有较大概率出现亏损甚至套保失败。为了避免这种情况，就需要套保企业严格遵守交易策略及纪律，选择合适的套保价位及时机，把亏损控制在一定范围内。只要套期保值操作确保了现货市场的平安，这一次套保就是成功的。

自测题

一、填空题

1. 现在白糖产区的生产企业多数是采用_____的模式经营，这种订单农业虽然促进糖业产业化经营，但也加大了糖业集团所要承担的风险。

2. 生产企业利用期货进行套期保值的目的，是为了_____和_____。

3. 白糖期货价格是在一个集约化程度高的市场上形成的价格，具有一定的_____和_____，能真实地反映出市场的供求状况及价格的变动趋势。

4. 白糖期货的推出，为生产企业所面临的_____和_____问题提供了很好的解决方案。

5. 生产企业在进行套期保值交易时，要坚持_____的原则。

二、判断题

1. 糖料成本是我国食糖生产成本的主要构成部分，占到食糖生产成本的70%～80%，糖料价格的变化直接影响到食糖的价格。（   ）

2. 白糖期货上市之前，食糖生产企业缺乏转移或规避市场风险的渠道，行情不好时往往会出现严重亏损的局面。（   ）

3. 当基差为正，即现货价格高于期货价格时，生产企业如果在期货市场上进行卖出套期保值，可以达到规避风险的目的，套期保值操作成功。（   ）

4. 标准仓单的质押为生产企业提供了新的重要融资渠道。（   ）

5. 如果市场价格在某一段时间波动较为稳定，或在价格未来发展趋势比较确定的情况下，仍需要进行套期保值。（   ）

三、单选题

1. 通常情况下，生产企业可以在期货市场上通过（   ），以规避现货价格下跌的风险。

  A. 期现套利   B. 买入套期保值

  C. 卖出套期保值   D. 跨市场套利

2. 白糖期货的上市，为生产企业提供了（ ）的重要工具。

  A. 发现价格、规避风险、套期保值、指导生产

  B. 发现价格、规避风险、基差套期、指导生产

  C. 操纵价格、规避风险、套期保值、指导生产

  D. 发现价格、规避风险、套期保值、决定生产

3. 套期保值（ ）进行实物交割。

  A. 一定要   B. 不能

  C. 只能   D. 不一定要

4. 根据规定，以办理日前一交易日该标准仓单对应品种最近交割月份期货合约的结算价为基准价计算其价值，质押金额不超过其市值的（ ）。

  A. 70%   B. 80%

  C. 60%   D. 90%

5. 白糖标准仓单的有效时间为1年。每年的（ ）月合约交割结束后，用上一榨季生产的白糖所注册的仓单要全部注销。

  A. 11   B. 9

  C. 10   D. 8

四、多选题

1. 糖农可以通过期货市场的价格信号来（ ）。

  A. 判断糖料收购价格   B. 调整种植面积

  C. 套期保值   D. 投机

2. 对于白糖生产企业来讲，利用期货进行套期保值的目的是为了（ ）。

  A. 规避白糖现货价格下跌风险

  B. 获取大量的套期保值收益

  C. 稳定出售商品的合理的经济利润

D. 增加销售量

3. 食糖生产企业可以利用白糖期货的价格发现功能来（　　）。

　　A. 寻找市场机遇　　　　　　　　B. 制定销售策略

　　C. 规避市场风险　　　　　　　　D. 获取更高利润

4. 食糖生产企业还可以利用白糖期货（　　）。

　　A. 改善库存压力　　　　　　　　B. 进行洗钱

　　C. 逃避税收　　　　　　　　　　D. 进行仓单融资

5. 食糖生产企业在参与套期保值时，应注意以下（　　）等要点，确保套期保值操作的成功。

　　A. 识别与量化企业面临的风险

　　B. 制定套期保值操作策略

　　C. 套期保值的实际操作

　　D. 严格遵守交易策略及纪律

参考答案

一、填空题

1. 企业+基地+农户　　2. 规避风险　锁定利润　　3. 指导性　权威性
4. 库存　资金　　5. 品种相同　数量相等　方向相反

二、判断题

1. 对　　2. 对　　3. 对　　4. 对　　5. 对

三、单选题

1. C　　2. A　　3. D　　4. B　　5. A

四、多选题

1. AB　　2. AC　　3. ABCD　　4. AD　　5. ABCD

第八章

流通企业如何利用白糖期货

本章要点

本章主要介绍白糖流通企业如何利用白糖期货市场的基本功能为其生产经营服务。本章根据流通企业在经营中遇到的不同问题分类进行讲解,通过大量案例进行辅助说明,让读者对流通企业如何运用期货市场有更直观和深刻的认识。

 一、流通企业如何利用白糖期货的价格发现和套期保值功能?

价格发现功能是期货市场的基本功能之一。没有价格发现功能,套期保值、回避价格风险的功能就无法实现。在前面的章节中我们曾简单提到过,价格发现功能是指在期货市场上通过公开、公正、高效、竞争的期货交易运行机制形成具有真实性、预测性、连续性和权威性价格的过程，从而使期货价格可以反映参与者对市场价格未来的预期。正如同诺贝尔经济学奖获得者莫顿·米勒说过："期货市场的魅力在于让你能真正了解价格。"

流通企业在糖业产业链中是一个重要的环节，起着市场纽带与糖业蓄水池的作用。国内食糖生产企业一般集中在广西、云南、新疆等产区，而国内的主要白糖消费地区却多集中在华东、华南等经济较为发达的省份，这就要依靠流通企业把糖销售到全国各地，在销售的过程中，同时也把集中在产区的白糖库存分散到了销区。在流通领域中，当食糖库存充裕的时候，将对糖价的稳定起到帮助作用，分担制糖企业因为糖价变动而出现的压力，起到了蓄水池的作用。

流通企业可以从以下几个方面来利用期货市场的各种功能，以期减轻自身运营的风险。

（一）白糖期货的价格形成机制

白糖期货价格是买卖双方在期货市场上通过公开竞价的方式形成的，反映的是买卖双方对未来价格的预期。在白糖期货价格形成机制的利用上，流通企业和生产企业可以通过对白糖期货远期合约价格与当前现货价格水平的对比，来预测现货价格的发展趋势。但由于企业性质不同，在实际操作上，流通企业和生产企业又有所区别：生产企业是商品的提供者，而流通企业在市场中起到的是纽带连接的作用，从生产企业手中采购白糖再销售给市场终端，在此过程中既担任买方角色也担任卖方角色。因此，通过对白糖期货"价格发现"功能的利用，流通企业不仅要关注销售的时机，也要关注采购的时机。

（二）白糖期货的价格发现周期

我国的白糖期货是一次挂出 6 个白糖期货合约品种进行交易，时间跨度达 12 个月，这意味着流通企业在当前就可以了解到 12 个月后白糖期货合约的价格。但在关注价格方面，流通企业不仅要关注远期合约价格发展的趋势，也要关注近期合约与远期合约的价差关系。当远期合约价格高于近期合约价格，说明市场状况为正向市场，流通企业就可以考虑在当前采购现货，到后期现货价格上涨时再卖出;而如果出现远期合约价格低于近期合约价格,说明当前现货市场强势,可以考虑在现货市场卖出现货,而等到后期现货价格下跌时再进行采购。

在食糖生产企业将白糖销售给流通企业之后,就已经将所出售的白糖的主要利润和价格风险转移给了流通企业。白糖是一个价格波动频繁且波动范围较大的商品,制糖企业尚且需要期货这个平台对白糖进行套期保值,规避价格波动风险,对于企业综合实力、抗风险能力比食糖生产企业要小得多的流通企业来说,利用好期货的套期保值功能,规避价格波动风险就显得更为重要。

(三)根据不同的经营目的,采用不同方式的套期保值

在第七章中我们了解到,食糖生产企业作为现货市场的卖方,进行套期保值的目的是为了防止现货价格下跌带来的风险。而对于流通企业来说,他们既要向生产企业采购白糖,又要向终端企业销售白糖,在市场中扮演着买方和卖方的双重角色,因此他们既要预防采购时面临的现货价格上涨的风险,又要预防销售时面临的现货价格下跌的风险。因此,流通企业在期货市场进行套期保值,还要根据自己是购入还是卖出白糖现货来决定进行套期保值操作的方向。

当流通企业准备向食糖生产企业购买一批白糖,为了防止在签订购买合同之前价格上涨导致购买成本上升,流通企业在期货市场上应该进行买入套期保值操作;当与生产企业签订购买合同之后,购买价格已经确定,所购买的白糖价格波动风险也已经转移到了流通企业身上,为了防止在销售之前白糖价格出现下跌的风险,流通企业则需要在期货市场上进行卖出套期保值操作。

从以上情况来看,流通企业在现货市场中所要面对的市场风险较食糖生产企业要更大,因此,如何利用好期货市场的价格发现功能和套期保值功能,对流通企业来讲尤为重要,我们会在下节中详细说明。

二、流通企业如何具体应用白糖期货来制定采购和销售策略？

流通企业可以利用期货市场的价格形成机制、期货市场的价格发现功能以及套期保值操作，来帮助制定采购和销售策略。

以往，流通企业通常根据终端企业的购买意向、历史销售数据及产区和销区的库存量来预判白糖现货价格的走势，并以此来制定企业的采购及销售策略的。但白糖期货推出后，流通企业就可以利用期货市场价格的预期性与权威性，更直观地预判市场发展方向，灵活地制定采购与销售策略。

（一）白糖期货远期合约价格高于近期合约，现货价格上涨的情况

在这种情况下，市场状况属于正向市场，说明市场各方对后期的价格走势看好。如果现货市场价格处于持续稳定上升的状态，对于流通企业来，可以考虑在当期现货价格较低时进行现货采购，到后期价格上涨后再进行销售。在未与生产企业签订购买合同之前，因为期货价格与现货价格都是处于上升的趋势之中，因此，生产企业的销售价格也有可能会随时上调，流通企业就需要在未签订购买合同之前，在期货市场上对即将要购买的白糖进行买入套期保值。

而签订了购买合同之后，采购成本已经确定，流通企业可以将在期货市场上的买入套期保值进行平仓，并在现货价格上涨趋势还未结束时，将已购买到的现货尽快卖出以获得利润。

案例 8-1

通过期货市场功能发现商机，买入套期保值规避价格上涨风险

白糖市场经过 2012 年 4 月到 2014 年 9 月不断反复震荡下跌后，2014 年

9月底白糖价格开始逐步企稳回升。上海某食糖流通企业分析白糖期货合约价格走势发现，当时郑州白糖交割月合约SR1501的价格在4300元/吨左右，而远期合约SR1505和SR1409的价格分别在4450元/吨和4600元/吨左右，广西的现货价格也在4030元/吨左右。该流通企业经过研究后认为，现货价格经过2012年来长时间大幅下跌之后，目前下跌空间已经不大，是进行低价采购的绝好机会。该流通企业在2014年9月以4200元/吨左右的价格陆续买入500吨现货用于春节前销售。同时，该流通企业计划给5月份的远期销售做储备，为了规避到时现货价格可能会出现上涨的风险，该企业在SR1505合约上以4500元/吨左右的价格进行买入套期保值操作，保值头寸为200手。2015年1月，受国际糖价大幅上涨以及2014/2015榨季减产预期的影响，国内白糖现货价格大幅上涨。至4月中旬，白糖SR905合约的期货价格和广西白糖现货价格都已涨至5400元/吨附近，该贸易商在4月底进入交割月前以5450元/吨左右的平均价位将买入套期保值头寸平仓，每吨白糖期货获利近950元。

（二）白糖期货远期合约价格高于近期合约，现货价格下跌的情况

如果当时现货市场价格是处于下跌的状态，但从期货市场价格反映的情况来看，市场仍然处于正向市场的状况，对后期的价格走势较为乐观。这时，流通企业则可以在现货市场上正常采购，选择一个合适的价格买入现货，等到后期现货价格上涨，再将采购的现货卖出获得利润。

但由于现货价格处于跌势之中，流通企业虽然能根据期货市场价格来判断远期趋势，但对于现货价格下跌何时能够结束，却无法做出准确判断。如果在签订购买合同之后，现货价格继续下跌，那么流通企业就陷入浮亏的状态。因此，在签订购买合同、确定购买成本之后，流通企业可以在期货市场进行卖出套期保值，规避现货价格继续下跌的风险，等确认现货跌势结束后，将卖出套期保值头寸进行平仓并进行现货销售；如跌势一直持续，就可以在低价销售现货的同时，将卖出套期保值的头寸进行平仓，以期货利润弥补现货亏损。

案例 8-2

通过期货市场为现货套期保值，以期货盈利弥补现货亏损

2015年6月上旬，白糖市场在经过了2015年初的一波反弹之后重新回到了2012年底的高点，同时价格又开始逐步回落。湖北武汉某流通企业通过研究期货合约价格走势后，认为价格在前期的上涨虽然符合基本面预期，但是6月和7月将迎来消费淡季，价格会迎来一定幅度的回调。而白糖期货合约SR1509和SR1601价格分别为5550元/吨和5800元/吨，后期行情仍然看好。但为了给9月份的远期销售做准备，该企业近期就需要在现货市场进行白糖采购，由于无法判断现阶段的白糖现货价格会回调到什么价位，该企业在2015年6月以均价5460元/吨的价格在产区采购了600吨现货，同时在SR1601合约上以5780元/吨的价格进行了卖出套期保值操作，以避免现货价格继续下跌给企业销售带来的不利影响。

在6月中旬至8月初这段销售时间内，白糖现货价格一直在回调，已由6月初的5500元/吨左右下跌到5050元/吨，现货价格的下调给该企业造成了近27万元的损失；同时，该企业在销售现货的同时，也逐步将期货市场上的卖出套期保值头寸逐步平仓。到8月初，SR1601合约的价格也已经下跌至5000元/吨左右，将卖出套期保值的头寸全部平仓后，约给该企业带来了46.8万元的利润，该企业成功地利用期货市场为其现货销售规避了风险。这次下跌一直持续到8月中旬，之后才逐步回升，并在10月中旬创下了2015年下半年的高点。

（三）白糖期货远期合约价格低于近期合约，现货价格上涨的情况

在这种情况下，期货市场状况处于反向市场，说明当前现货市场较为强势，而对远期价格走势却并不看好。流通企业则应该抓住现货价格上涨的时机，将库存尽快销售以获得利润。

而在采购方面，流通企业应尽量避免在这样的情况下进行现货采购，因为市场对白糖后期价格并不看好，也许在采购途中行情就已发生逆转；或

者，流通企业也可以利用期货市场，在已经签订了购买合同的情况下，同时在期货市场进行卖出套期保值以规避价格下跌的风险。当购买到现货之后，现货价格持续上涨，那么就可以视情况将卖出套期保值的头寸进行平仓，并以较高的价格在现货市场上销售现货以获得利润；如果现货价格出现下跌，所持有的卖出套期保值头寸也将会帮助流通企业锁定现货价格下跌的风险。

（四）白糖期货远期合约价格低于近期合约，现货价格下跌的情况

在这种情况下，由于期货市场正处于反向市场，说明现货市场虽然暂时处于强势，但可能已经进入到了整体下跌趋势之中，现货价格的跌幅有可能大于期货价格的跌幅；或者表明虽然目前现货价格出现下跌，但短期内跌幅可能有限。一般在这样的情况下，流通企业都会停止采购现货进行观望，并且将企业的库存进行快速销售或进行卖出套期保值以规避风险，直到发展趋势明朗之后再根据市场情况进行采购或销售。

三、流通企业在资金不足时也可以利用期货市场锁定采购成本、保证销售利润吗？

流通企业处于整个食糖产业链的中间环节，连接食糖生产企业和终端企业。流通企业从食糖生产企业手中购买白糖，再出售给终端企业，以赚取中间的价差来获得收益。

流通企业从白糖采购到销售，中间会有一段时间差。如果流通企业完成了白糖现货的采购，但还没有将其销售，白糖现货价格出现下跌，等于变相增加了企业的采购成本，表明这次采购出现了浮亏。当采购出现浮亏以后，如果将手中的白糖现货卖出，浮亏就变成了实际亏损；如果继续持有现货，那么现货就变成了企业手中的库存，不仅占用了企业的大量资金，同时还要解决储存、保质期等问题，巨大的开支变相增加了企业的销售成本，对流通企业来说，这是非常被动的局面。因此，如何锁定企业在采购中的成本以及

解决在销售中库存面临的价格风险问题，就成为流通企业是否能正常生产经营所要解决的问题。

白糖期货上市后，给流通企业提供了解决这些问题的渠道。期货的套期保值功能可以帮助流通企业规避在采购和销售中面临的价格风险；期货交易的保证金制度又给资金不足的企业参与套期保值操作创造了条件。

案例 8-3

买入套期保值锁定采购成本

2017 年 7 月下旬，浙江某食糖流通企业认为此时白糖市场已经开始触底回升，后市有上涨的可能。按照该企业制订的 2017 年的销售计划，到 10 月份将结束 2016/2017 榨季销售，为了防止在新榨季开榨初期出现市场供应青黄不接的状况，所以该企业计划进入 11 月份后购入 2000 吨白糖以满足 2018 年春节前后新糖大量上市前的销售。然而，当时该企业流动资金较为紧缺，而广西白糖现货价格在 6320 元/吨左右，一次性买入 2000 吨白糖现货需要 1280 多万元的资金，该企业一时无法拿出这么大笔资金买入现货进行囤积。

通过圈内人士介绍，该企业领导了解到在郑州白糖期货市场可以对白糖期货远期合约进行交易，并且根据保证金制度，仅需缴纳 8%~10% 的保证金就可以交易一手白糖期货合约，资金占用小，有利于企业资金的流动性。于是该企业考虑在白糖期货市场上进行买入套期保值。

2017 年 8 月上旬，广西白糖现货价格已上涨到 6410 元/吨左右，该企业决定在郑州商品交易所进行白糖期货买入套期保值，即以 6150 元/吨的价格买入 200 手白糖 SR1801 合约，加上预防持仓出现亏损的保证金部分，总共投入了 150 万元的资金。

到 10 月下旬，广西白糖现货价格为 6450 元/吨左右，而白糖 SR1801 合约价格已上涨至 6350 元/吨左右，该企业已经在买入套期保值的头寸上有了近 40 万元的盈利，再加上 2017 年的销售资金已基本回笼，现在从产区进行采购，资金压力不大。2007 年 10 月 25 日，该企业按照原计划以 6450 元/吨的价格从广西采购了 2000 吨白糖现货，同时以 6350 元/吨的价格将白糖期货市场上的 200 手买入套期保值头寸平仓。

该企业在 2007 年 10 月底以 6450 元/吨的价格购买了 2000 吨白糖，比在 2007 年 7 月购买多支付了 8 万元。但由于其在期货市场上进行了买入套期保值操盈利了 40 万元，不仅抵消了该企业在现货市场采购白糖多支付的 8 万元，还有 32 万元的套期保值盈利。

案例 8-4

卖出套期保值操作为库存保值

2008 年 1 月底 2 月初，由于冰冻灾害的影响，导致糖价大幅上涨，而春节过后，正好又处于销区流通企业的备货期，糖价的大幅上涨让销区流通企业措手不及。糖价上涨，销区的企业就面临采购成本过高的风险，但如果不采购，又无法维持企业正常的经营。

湖北某流通企业在 2008 年春节后的采购中，平均采购成本为 3800 元/吨左右，较春节前的价格上涨了约 200 元/吨。同时，为了防止现货价格进一步上涨导致采购成本增加，该企业加大了采购的力度。由于春节过后是消费淡季，市场成交较为清淡，大量采购占用了大量资金，而且出现了白糖期货价格大幅上涨，白糖现货价格滞涨的现象，让该企业产生了警觉，认为白糖期货价格出现了过度炒作，后期可能有大幅回落的可能，如果出现这种情况，那么自己的库存就面临较大的价格风险。但同时企业又面临着另一个难题，虽然知道目前价格存在下调风险，但由于当前市场需求量不高，即使企业想顺价销售甚至降价销售，结果也不理想。基于此，该企业想利用白糖期货来对自己的库存进行套期保值操作，但由于现货采购上花费了大量的资金，企业财力暂时无法支持。

2 月底，白糖现货价格果然开始出现回调，由于该企业白糖库存较多，库存风险逐渐加大。在这种情况下，该企业对库存的白糖现货一边适当降价积极销售，回笼部分资金，一边利用这部分资金进入期货市场，对自己的部分库存进行卖出套期保值，以规避价格下跌的风险。

从 3 月初开始，该流通企业先后在白糖期货 SR805、SR809 合约上进行卖出套期保值。而白糖现货和期货已出现较为明显的调整趋势，导致该流通企业在现货销售上出现了亏损，但由于其在期货市场上建立的卖出套期保值头寸盈利，从而减轻了企业的亏损状况。随着2007/2008榨季食糖产量的逐渐明朗，白糖价格开始加速下跌，该企业也在不断调整白糖现货价格顺价销售，一方面为了尽量快速减少库存回收，另一方面又利用回收到的资金不断调整其库存与期货卖出套期保值比例，以保证套期保值的头寸能尽可能有效地发挥到保值的作用。

在2008年白糖价格大幅下跌，白糖销售极其疲软的市场状况下，该流通企业利用白糖期货成功地转移了白糖库存的风险，避免了企业在白糖价格下跌中的大部分风险，保证了企业的正常经营。

案例 8-5

合理利用保证金制度为采购现货保值

2016年3月，白糖期货经过一轮下跌走势之后，价格开始企稳并逐步上涨。到3月底，郑州白糖期货指数已由3月初5300元/吨的价格上涨到5600元/吨。当时，广西柳州某食糖流通企业与销区几位经销商签订了购销合同，约定在7月向几位经销商供应白糖现货4500吨。该流通企业当时已持有800吨左右的白糖现货库存，根据合同，还需要采购3700吨左右的白糖现货。

随着白糖现货价格的逐步上涨，该企业的合同利润也在逐步减少，如果涨势持续，还有可能出现亏损。3月下旬，广西现货价格上涨至5400元/吨，国际原糖价格也大幅上涨，整个国际和国内市场的大宗商品逐渐走强，同时国内也在盛传2016/2017榨季食糖大幅减产的消息。该企业根据这些情况，判断白糖现货价格将有可能进一步走高。由于受资金限制，按照当时广西市场的价格企业一次性采购3700吨的白糖现货，需要近1998万元的资金，而在期货市场进行套期保值操作，仅需保证金200万元左右。因此，该企业决定在期货市场进行套期保值，以锁定采购成本。考虑到价格上涨过程中，库存白糖不存在价格风险，针对此次的交易，该企业决定实行部分套保,只对需要采购的3700吨白糖进行买入套期保值。

在3月24日和3月26日,广西现货价格为5400元/吨左右,该企业在期货市场分别以5500元/吨和5600元/吨的价位建立了200手和170手的SR1609合约买入套期保值,均价为5546元/吨。到4月下旬,该企业即将要交付第一批1000吨白糖现货。于是该企业向食糖生产企业以5500元/吨的价格购入700吨白糖,同时以5670元/吨的价格将70手白糖合约平仓,现货采购上,较建立套期保值头寸时每吨多支出100元采购成本,期货上每吨有124元的盈利。4月1日,该企业以5550元/吨的价格向销区某经销商出售了1000吨食糖现货,第一笔交易完成,期货平仓盈利约8万元。

完成第一笔交易后,该企业有500吨现货库存,采购成本为5200元/吨。6月下旬,根据合同约定,该企业将向销区某经销商出售2000吨白糖现货,还需要在现货市场购入1500吨现货。6月24日,该企业以5670元/吨的价位采购了1500吨白糖现货,库存现货的平均成本为5552.5元/吨。6月29日,该企业以5720元/吨的价格完成第二笔交易,同时以5860元/吨的价位将150手套期保值头寸平仓,现货盈利33.5万元,期货平仓盈利约47.1万元。

7月上旬,该企业向食糖生产企业以5890元/吨的价格购入1000吨白糖现货;7月8日,以5900元/吨的价格与买方签订了购销合同,随即在期货市场上以5850元/吨的价格将100手白糖合约全部平仓。本次交易中,该企业在现货上盈利了1万元,期货平仓盈利约30.4万元。

在此案例中,该流通企业合理利用期货市场的保证金制度,以少量的资金为现货的购销进行套期保值,锁定了采购的成本,并灵活根据库存量来调整套保数量,保证了套保的效果,并在现货市场和期货市场都获得了较好的收益。

 四、流通企业如何利用期货市场来为已经签订的购销合同规避风险?

在流通环节,流通企业无论是向食糖生产企业采购白糖或是向终端企业销售白糖，一般情况下都需要签订购销合同。在与食糖生产企业签订购销合同之后，流通企业的经营风险主要来自于现货价格的下跌；在与终端企业签订购销合同之后，流通企业的经营风险主要来自于由于价格波动造成的违约现象。

（一）规避与食糖生产企业签订购销合同后现货价格下跌的风险

在本章前段已经提到，与食糖生产企业签订购销合同进行采购后，购买的成本就已经确定，白糖的价格波动风险也同时转移到了流通企业。签订购销合同后，白糖现货价格上涨，就意味着流通企业以较低的价格购入的白糖现货可以以较高的价格出售，因此，对于流通企业来说，签订购销合同后白糖现货价格上涨是没有风险的，因为采购的价格已经确定；而白糖现货价格出现下跌，则意味着流通企业的采购成本增加，流通企业用高价购买到的现货用于销售，就会出现亏损。因此，流通企业要规避签订购销合同后现货价格下跌的风险。

案例 8-6

利用套期保值为购销合同规避风险

四川成都某食糖流通企业以经营白糖现货为主。2008年春节后，因为冰冻灾害影响，白糖价格大幅上涨。该企业受到市场看涨影响，同时对市场预期过于乐观，在2月18—20日之间以3800~3820元/吨的价格从云南昆明的食糖生产企业购买了2000吨的白糖现货，准备囤积待涨后再进行销售，加上运费等其他开销，吨糖采购成本为3920元/吨。但市场变化出乎该企业预料，刚签订购销合同两天后，昆明市场白糖现货报价开始下跌，到2月25日，仅过了一个周末的时间，成都白糖现货价格已下跌至3760~3770元/吨，其采购的白糖还没有运到四川就已经出现了每吨约160元的浮亏，总亏损预计约32万元。为此，该企业找到期货公司进行咨询，期货公司建议其通过期货市场进行卖出套期保值操作，对购买的2000吨白糖现货进行套期保值，回避价格继续下跌的风险。

3月5日，成都白糖现货市场报价3800~3820元/吨，该企业手中有2000吨白糖现货，采购成本为3920元/吨，同时以4530元/吨的价格建200手白糖期货SR809合约卖出套期保值头寸。到4月底，该流通企业已销售白糖现货420吨，平均销售价格为3700元/吨。销售的420吨白糖相对于采购成本的亏损为92400元。4月28日，白糖期货SR809合约结算价格为3480元/吨，该流通企业在4月29日将对应现货销售量的42手白糖期货SR809持仓以3749元/吨的价位平仓，由于期货下跌幅度远远大于现货下跌幅度，该企业在期货上的卖出套期保值头寸获得了丰厚的利润回报，平仓后该企业获得了近33万元的利润。

到6月底，该企业销售了1500吨的白糖现货，平均销售价格仅为3380元/吨，销售的实际亏损达到了96万元；6月27日，该企业以3257元/吨的价格将150手白糖期货SR809合约的卖出套期保值头寸进行平仓，每吨获利1273元，平仓总盈利达到了190万元。

截至该流通企业此次卖出套期保值操作基本结束时，现货实际的销售亏损总额约为105万元，而其在卖出套期保值头寸上的盈利高达220万元。如果该企业不进行套期保值操作，在2008年的此次下跌行情中就要亏损105万元。但由于其利用了期货市场进行套期保值，规避了签订高价购销合同后现货价格大幅下跌的风险，并由于期货价格的跌幅远远大于现货，使得企业的卖出套期保值头寸获得了丰厚的盈利，最终使得该企业不仅没有因为现货价格的大幅下跌而出现亏损，还获利115万元。

（二）规避与终端企业签订购销合同后的违约风险

对流通企业而言，与终端企业签订购销合同的同时，现货价格的波动风险就转移到了买方身上。但签订了购销合同，并不意味着万事大吉。因为在合同的签订到执行的过程中，如果现货价格出现大的变化，就很容易造成买方不愿意买或卖方不愿意卖的情况。特别是在糖价大幅下跌的时候，即使签订了购销合同，但买方因价格大幅下跌而违约的话，对于流通企业来说既浪费了销售的时机又减少了销售利润，会处于非常被动的局面。因此，流通企业在与买方签订购销合同之后，仍然要注意给现货进行保值，锁定销售利润。

案例 8-7

买方违约，企业错失销售良机，利用套期保值挽回部分损失

上海某食糖流通企业是一家以从事白糖及烟酒销售为一体的中型流通企业。2017年10月中旬以来，糖市出现"翘尾"行情，上海当地白糖现货价格快速上涨，从10月21日到10月25日，仅5天的时间白糖就从6700元/吨上涨到6800元/吨。该企业抓住糖价上涨的有利时机积极销售，在11月上旬与某食品加工企业签订了购销合同，约定2018年1月初以6850元/吨的价格向其出售500吨的白糖。

12月12—14日，期货价格快速下跌200多点，21日现货价格开始出现下跌，单日跌幅达50元/吨，到了12月25日，上海现货价格已经下跌至6750元/吨，看到现货价格大幅下跌，该企业觉得虽然有合同约束，但仍然存在销售风险，如果到时买方解除合约，不仅会对现货造成损失，同时也错过了销售时机。出于规避风险的考虑，12月25日，该企业在郑州白糖期货SR1805合约上以6000元/吨的价格卖出50手。到1月初，由于现货价格大幅下跌，食品加工企业以当初购买价格太贵、与市场价格不符为由单方面违约，这时，上海市场的白糖现货价格已跌至6700元/吨，与当初签订的购销合同价格相比，该流通企业已经减少了每吨150元的利润。虽然其在期货市场上进行了卖出套期保值以锁定销售利润，但由于当时整个市场正处于反向市场，期货价格低于现货价格，且跌幅也远远小于现货市场，结果是1月15日，该企业将其卖出套期保值头寸以5850元/吨的价格进行平仓，获利近7.5万元。虽然在期货市场上的少许盈利挽回了部分因违约造成的损失，但与错失现货销售时机的损失相比，显然是杯水车薪。

案例 8-8

通过期货交易减少违约风险造成的损失

2008年初的冰冻灾害使得广西甘蔗严重受灾，由此造成白糖现货价格

大幅上涨。2008年春节过后,广西白糖现货价格开始上涨,由于当时市场普遍认为此次冰冻灾害会导致广西食糖产量锐减,由此引起市场抢购热潮。广西柳州某小型食糖流通企业以3620元/吨的价格从生产企业买入300吨白糖现货用于销售,并以3900元/吨的价格与销区一小型流通企业签订了200吨的现货购销合同,并收取了2万元订金,合同约定2月底付完余款后发货。

2月下旬,广西白糖现货价格开始回落,至2月26日,广西现货价格已回落至3720元/吨,买方还未拿到现货就已出现了36000元的浮亏,由于担心后市继续下跌,买方取消合同并赔偿订金,但订金也只能部分弥补该企业在现货上的销售浮亏,手中300吨白糖库存无法再以前期的高价进行销售,由于无法确定跌势持续时间,该企业认为当务之急是为手中的300吨白糖现货进行套保,以避免价格继续下跌而出现亏损。

2月28日,该企业在期货市场白糖SR805合约以4200元/吨的价格建仓20手卖出套期保值头寸,而此时广西现货价格已经下跌至3680元/吨。至3月底,现货价格进一步下跌至3500元/吨,而该企业也以3540元/吨的均价销售了200吨白糖现货,同时在期货市场以3860元/吨左右的均价平仓了20手卖出套保头寸。由于该企业在买方单方毁约后及时在期货市场对其库存进行保值,虽然现货销售损失了16000元,如果以前期签订的购销合同上3900元/吨的价格计算,该企业的损失则达到了8万元,但期货上的卖出套期保值头寸为其带来了近7万元的利润,再加上买方赔付的定金,刚好挽回了该企业因违约而出现的损失。

五、流通企业可以利用白糖期货的基差和基差交易来规避贸易风险吗?

在第七章中,我们对基差做了简单地讲解。对于套期保值操作,基差的变化是决定套期保值成功与否的关键,而在基差的基础上衍生出来的基差交易则把期货市场的套期保值交易与现货交易更紧密地结合在了一起，充分发挥了期货价格权威性、预测性的优势，保证了现货交易双方的双赢。

（一）利用基差进行套期保值

对于套期保值交易来说，基差是一个十分重要的概念，在做了套期保值交易后，交易者必须随时注意观察基差的变化情况。由于基差的变动相对稳定一些，这就为套期保值交易者观察现货价格和期货价格的变动趋势和幅度创造了极为方便的条件，只需专心观察基差的变化情况，便可知现货价格和期货价格的变化趋势对自己是否有利。只要结束套期保值交易时的基差等于开始套期保值交易时的基差，就可以取得理想的保值效果。

案例 8-9

利用基差变动为库存套期保值规避风险

2016年6月初，广西南宁某流通企业在当地食糖生产企业购入了500吨白糖现货，采购现货价格较高，而后期白糖价格有下跌的预期，下半年采购期还未启动，现货市场销售不畅。基于此，该企业想通过期货市场为手中库存进行套期保值，以规避价格变动风险。

在套期保值研究过程中，该企业发现了问题：因为要避免现货价格下跌给库存带来风险，一般情况下要在期货市场进行卖出套期保值操作，但目前广西现货价格在6650元/吨左右，因为郑糖主力合约价格为6678元/吨，基差为-18。这时如果要进行卖出套期保值操作，可能不仅达不到保值的目的。而通过研究现货价格与白糖期货SR905合约之间的基差时，该企业发现，现货价格与该期货合约价格的基差正常情况下在60元到100元之间波动，基于期货合约接近交割月，基差会趋向于零的收敛性原理，因此，只要在基差高于100元的时候在期货市场上进行该期货合约的卖出套期保值操作，就会获得比较好的保值效果。

2017年6月27日，该企业发现SR1709合约与现货价格的基差达到了165元/吨左右，认为是一个较好的套期保值的机会，即在期货市场建立50

手 SR1709 合约的卖出套期保值头寸。7月6日和7月18日，该企业在基差分别为 295 元/吨和 240 元/吨的时候销售了 300 吨和 200 吨的白糖现货，同时在期货市场上分别对卖出套期保值头寸进行平仓。通过此次利用基差来对库存进行套期保值操作，该企业在期货市场上的套期保值头寸获利 13.7 万元。

（二）利用基差交易是实现规避价格风险

在期货市场中，由于期货价格具有权威性、预期性和连续性，现货贸易利用期货市场中基差的概念，依据期货价格来给现货定价，形成了"基差交易"定价方式的雏形，基差交易正是在这样的基础上产生的。

理论上，基差交易是指以某月份的期货合约价格为计价基础，再以期货价格加上或减去双方协商同意的基差来确定双方买卖现货商品的价格的交易方式。在基差交易中，不管现货市场上的实际价格是多少，只要套期保值者与现货交易的对方协商得到的基差，正好等于开始做套期保值时的基差，就能实现完全套期保值，取得完全的保值效果。如果套期保值者能争取到一个更有利的基差，套期保值交易就能盈利。

基差交易的实质，是套期保值者通过基差交易，将套期保值者面临的基差风险通过协议基差的方式转移给现货交易中的对手，从而达到完全的或盈利的保值目的。

案例 8-10

基差交易助力购销双方实现双赢

每当白糖期货及现货市场价格出现下跌，就会使流通企业既面临着采购的风险，同时也面临着销售的难题：在与生产企业签订购销合同到运输的过程中，面临巨大的价格下跌风险，使得还没有拿到货物就已经出现浮亏；同时，由于价格的下跌也使得企业的销售难以开展。

广东某食糖流通企业利用基差交易与买方达成买卖协议，买方先将货款以高于当前市场现货价格的数额支付给该企业，当货物到达销区的买方手中后，双方以在合约中约定的时间内的任意一天的当日期货收盘价加上预定的基差价格后作为双方的成交价格。利用这种基差交易模式，很好地解决了交易双方在购销过程中面临的价格风险，维持了企业的正常销售，加速了企业的资金流动。

2017年初，糖市经过一轮大涨行情后开始逐步下跌，广西南宁地区的现货报价出现下跌。由于3月正值销售淡季，销区用户由于担心现货价格会继续下跌，因而不敢下订单，为了拓展销路打开销量，该食糖流通企业以基差交易的方式与销区客户进行交易。

3月中旬，该企业向湖北武汉一食品加工企业销售400吨白糖现货。双方约定，作为买方的食品加工企业先以当前6700元/吨的现货价格支付，待400吨白糖达到武汉后，买方可以在到货之日起的5个交易日内，选择任意一个交易日郑州白糖期货SR1705合约的当日收盘价再加上50元/吨的基差价格作为双方的成交价格，货款多退少补。为了防止到货日出现期、现货价格下跌的风险，该流通企业同时以6800元/吨的价格在白糖期货SR1705合约上对400吨白糖现货进行卖出套期保值，基差为100。4月初收到买方的货款之后，该企业开始安排发货。3月30日，400吨白糖达到武汉。3月31日，SR705合约收盘价格为6500元/吨，买方选择以该价位进行成交，加上基差价格，买方实际应付6550元/吨，基差为-50元/吨。同时，该企业以在3月31日以6500元/吨的价格将其40手白糖期货卖出套期保值头寸进行平仓，获利12万元。

在此次交易中，如按开始6700元/吨的价格签订购销合同，交易金额为268万元；采取基差交易后，该食糖流通企业虽然在现货销售每吨亏损150元，但由于其在期货市场上进行了卖出套期保值，每吨获利300元，总计12万元。货款得到退还后，武汉的食品加工企业此次的采购成本减少了6万元，而广东某食糖流通企业在退还货款后，仍然有6万元的盈利，正好是基差的变化幅度乘以销售白糖的数量［100 -（-50）］× 400 = 60000（元）。通过基差交易，交易双方都较好地回避了现货价格下跌的风险，取得了良好的经济效益，实现了双赢。

六、流通企业如何利用期货市场扩大经营规模，开拓销售思路？

白糖期货市场的出现，给食糖流通企业提供了一个新的发展平台。在期货市场的实践当中，国内部分企业成功利用期货市场发现价格、规避风险的功能，保证了企业的平稳运行，并使自身的经营规模得到了扩大，经济实力得以发展。

（一）流通企业利用期货市场扩大经营规模

流通企业的主要职责是采购、配送和销售，在整个白糖产业链中，是一条联系着制糖企业和食糖消费终端的纽带。因此，在期货市场中，流通企业要对自身有合理的定位，在利用期货市场方面，要明确期货市场是为现货销售服务的，要把期货市场和现货市场作为一个统一的整体来进行研究分析。

在参与期货套期保值交易的同时，应坚持套期保值的操作原则，明确套期保值的首要目的是规避现货价格波动风险，把风险控制放在第一位，把获取利润放在第二位。确保企业经营平稳运行才是企业的长久发展之道。

期货市场风云变幻莫测，作为一个高风险行业，企业从事期货交易，需要有科学的流程和完善的内控制度，谨慎操作，严格遵守交易计划，切忌贪图一时利润变保值为投机；同时，期货交易专业性强，对参与人员的操作水平和职业素质要求高，因此，企业还要重视期货专业人才的培养。

案例 8-11

路易达孚：百年老店的风险管理宝典①

路易达孚是一家跨国集团，是全球大宗商品贸易及农产品加工的领先者

---

① 案例来源：《期货日报》，2017 年 12 月 17 日。

之一，1973年与我国首次开展棉花贸易，2005年成为首家在我国进行农产品贸易的外贸公司。路易达孚在我国的业务领域包括咖啡、棉花、奶制品、饲料、化肥与农业用品、货运、谷物、果汁、金属、油料种子、大米和糖。该集团能够延续百年，发展至今，主要得益于成熟的风险管理流程。通过这一流程，路易达孚能够管理从田地到最终客户这一复杂供应链中蕴含的风险，包括物流风险、运营风险、国家风险、财务风险以及商品价格风险。在原糖与白糖经营方面，利用期货期权等衍生品工具管理商品价格风险是其中重要的一环。

路易达孚糖部在泰国、印度、中国、澳大利亚、巴西、美国及欧洲等地从事着原糖和白糖贸易。凭借在目标市场的广阔网络，其向非生产国和供应不足的国家提供白糖。在此过程中，原料价格、成品价格及国际糖价的变化都会给企业经营带来风险。

路易达孚（中国）贸易有限责任公司首席执行官周学军表示，2011年以来，白糖市场波动性加大，每年几乎都有20%的波动，而公司为满足下游客户集中采购要求，通常保有一定的库存，这就需要利用期货期权规避库存货值大幅下降的风险。举例来说，在进口贸易方面，国际糖价上涨或者内外价差收缩，都会令企业利润下滑，甚至出现亏损，这时同样需要期货工具，以此锁定进口利润。

为了将全面风险管理思想贯彻于所有业务活动中，公司建立了风险约束机制，以避免业务部门盲目追求利润导致重大经济损失。另外，设立清晰的风险问责制度，以公司资本金为基础，明确定义公司整体风险的上限，再将风险分摊到各个业务部门，并要求部门在各自规定的风险范围内开展业务。同时，各业务部门还设有专门的岗位，负责对该部门业务风险的检测、记录和报告。公司成立了独立的风险管理委员会和风险管理部门，每日审查和监控各类风险，确保风险在可控范围之内。一旦风险溢出，相关的业务部门就要配合风险管理部门，调整交易仓位。

（二）利用期货市场开拓销售思路

参与期货交易，还需要具备创新思维，紧跟时代发展步伐，在熟悉期货市场各项功能的前提下，灵活利用期货市场为现货经营服务，把期货市场变为企业业务创新的重要平台。企业通过利用期货市场,改变了过去单一的"采购—销售"模式,由过去的被动销售变成了现在的主动经营。

案例 8-12

用期货工具打造白糖全产业链"避风港"[①]

中粮糖业是中粮集团旗下的白糖经营专业化公司,也是我国规模化的白糖生产和贸易企业之一。为了打造白糖全产业链企业,中粮糖业涉足生产、销售全部环节。在生产和经营过程中,不可避免地会遇到价格风险、汇率风险、流动性风险等多种风险。自 2006 年郑商所白糖期货上市以来,国内市场在供需结构、政策调控、产业布局等方面都发生了变化。

"以前,白糖的进口量很小,基本能够自给自足,但 2009 年前后,随着居民生活水平的提高,白糖消费需求大幅增长,国内出现产不足需的情况,进而刺激原糖进口加工产业扩张,国内外市场联系更加密切。与此同时,国际、国内玉米深加工产业也得到飞速发展,淀粉糖产能快速释放,农产品之间以及农产品与能源品种之间的联动性进一步增强。对于国内飞速发展起来的 600 万吨淀粉糖产能,中粮集团是其中最大的玉米糖浆生产商。淀粉糖的替代效应表明,我们的产品除了白糖,也会勾连上酒精和原油。例如,在巴西,一部分甘蔗用来榨糖,另一部分就用来生产酒精。淀粉糖对原有白糖的消费形成了一定的替代,促使内外联动性增强。而这,也带来新的风险。"中粮糖业副总经理吴震说。

白糖产业政策涉及储备调节和去库存,进出口政策涉及配额管理、行业自律和贸易保障救济。产业的政策调控对企业经营提出新的挑战。此外,国内宏观经济增速换挡,大宗商品价格波动剧烈,上游糖厂、中游流通企业和下游用糖企业的经营受到冲击,企业信用风险频发。

随着集团产业布局的不断完善,经营规模稳步增长,套保工具日益丰富。中粮糖业在实践中积累了丰富的经验,创新了套保方式。在传统的买入

---

① 案例来源:《期货日报》,2017 年 12 月 17 日。

套保和卖出套保的基础上，中粮糖业根据不同的业务模式，形成了自产糖套保、原糖进口加工套保以及国内贸易糖套保等方式。由于市场价格水平不同，中粮糖业采取了全额套保、趋势性套保、逐笔套保和敞口滚动套保等多种方式。多样化的套保方式使中粮糖业在不同的市场环境下均能有效规避价格风险。

而在内贸方面，中粮糖业加大了对基差点价方式的应用。近两年，国内贸易商积极利用郑商所白糖期货参与基差交易和盘面点价，报价方式逐渐由传统的固定报价发展为"盘面点价+升贴水"。通过点价交易，终端消费企业、上游糖厂和中粮糖业有效结合起来，各方都获得了实惠。终端消费企业在点价期内选择于己有利的购买成本，提前锁定原料成本，同时也可满足其对糖源品质的要求；上游糖厂不只是提前销售产品，还可在点价期内选择较高的销售价格，优化公司的销售策略。中粮糖业利用其在行业中的优势地位，开展期现货结合业务，获得了低风险的升贴水收益。

 七、流通企业参与期货交易如何进行风险控制？

食糖流通企业与生产企业不同，它是双向敞口的企业。在产业链中，流通企业处于中游的位置，上游的价格会影响它，下游的价格也会影响它。因此，流通企业既要在采购时规避价格上涨的风险，又要在销售时规避价格下跌的风险。所以，在风险识别方面，流通企业要了解企业自身所面临的价格波动风险，并以此来制定相应的套期保值操作策略——对要采购的产品进行买入套期保值，对库存及要销售的产品进行卖出套期保值。

整体来说，流通企业在套期保值中控制风险的方法和生产企业一样，识别与量化企业面临的风险，制定相应的套期保值策略，并在实际操作中严格执行。不同的是，由于大部分流通企业的规模相对小，采购及销售周期会相应短一些，首先，套保合约及套保价格的选择会相对灵活；其次，流通企业要保证用于套期保值操作的资金不能占用过多资金，避免企业的资金压力及流动性不足的问题；最后，套期保值的头寸不能超过所需要保值的商品数量，以及不能随意将保值头寸变为投机头寸，这也是流通企业套期保值成功与否的关键。

自测题

一、填空题

1. 流通企业通过对白糖期货"价格发现"功能的利用，不仅要关注_____时机，也要关注_____时机。

2. 白糖是一个价格波动比较频繁且波动范围较大的商品，流通企业需要通过进行套期保值来_____。

3. 流通企业可以利用期货市场的_____、_____以及_____，来帮助制定采购和销售策略，以期减轻自身运营的风险。

4. 在顺价销售难以实现时，_____是流通企业寻求退路的重要途径。

5. 流通企业在签订完采购或销售合同之后，其所面临的经营风险主要来自于_____或_____。

二、判断题

1. 流通企业在糖业产业链中是一个重要的环节，起着市场纽带与调节产销关系的"蓄水池"的作用。（   ）

2. 当远期合约价格高于近期合约价格，说明市场状况为正向市场，流通企业就可以考虑在当前销售现货，到后期现货价格下跌时再买进。（   ）

3. 白糖期货市场价格的预期性、权威性与连续性对流通企业灵活地制定采购与销售策略起着指导作用。（   ）

4. 流通企业在资金不足的时候不可以利用期货市场锁定采购成本、保证销售利润的实现。（   ）

5. 流通企业因买方违约而错失销售良机，利用套期保值可以完全挽回损失。（   ）

三、单选题

1. 在白糖期货远期合约价格高于近期合约且现货价格上涨的情况下，流通企业可以通过（　　）规避价格上涨的风险。

　　A. 期现套利　　　　　　　　　B. 买入套期保值

　　C. 卖出套期保值　　　　　　　D. 跨市场套利

2. 在白糖期货远期合约价格高于近期合约且现货价格下跌的情况下，流通企业可以通过（　　）规避价格下跌的风险。

　　A. 期现套利　　　　　　　　　B. 买入套期保值

　　C. 卖出套期保值　　　　　　　D. 跨市场套利

3. 期货交易的（　　）制度给资金不足的流通企业参与套期保值操作创造了条件。

　　A. 保证金　　　　　　　　　　B. 涨跌停板

　　C. 当日无负债结算　　　　　　D. 持仓限额

4. 当现货市场价格的增长大于期货市场价格的增长时，基差随之（　　）。

　　A. 减少　　　　　　　　　　　B. 不变

　　C. 变化　　　　　　　　　　　D. 增加

5. （　　）把期货市场的套期保值交易与现货交易更紧密地结合在了一起，充分发挥了期货价格权威性、预测性的优势，保证了现货交易购销双方的双赢。

　　A. 期货交易　　　　　　　　　B. 套利交易

　　C. 基差交易　　　　　　　　　D. 投机交易

6. 流通企业对要采购的产品进行（　　），对库存及要销售的产品进行（　　）。

　　A. 买入套期保值　　卖出套期保值

　　B. 买入套期保值　　买入套期保值

　　C. 卖出套期保值　　买入套期保值

　　D. 卖出套期保值　　卖出套期保值

四、多选题

1. 流通企业在利用期货市场进行套期保值操作时，可以进行（　　）。
   A. 买入套期保值　　　　　　　　B. 卖出套期保值
   C. 只能买入保值　　　　　　　　D. 只能卖出保值

2. 流通企业可以利用期货市场的（　　）等功能来帮助制定采购和销售策略。
   A. 价格形成机制　　　　　　　　B. 价格发现功能
   C. 套期保值操作　　　　　　　　D. 投机

3. 流通企业可以利用白糖期货的基差交易来（　　）。
   A. 套期保值　　　　　　　　　　B. 投机
   C. 规避价格风险　　　　　　　　D. 进行仓单融资

4. 流通企业参与期货可以应该注意（　　）等问题。
   A. 套期保值资金占用
   B. 参与投机获取高额利润
   C. 套期保值头寸与保值的商品数量相等
   D. 不能将套保头寸变为投机头寸

参考答案

一、填空题

1. 采购　销售
2. 规避价格波动风险
3. 价格形成机制　价格发现功能　套期保值操作
4. 利用期货市场
5. 现货价格的下跌　价格波动造成的违约

二、判断题

1. 对　　2. 错　　3. 对　　4. 错　　5. 错

三、单选题

1. B　　2. C　　3. A　　4. D　　5. C　　6. A

四、多选题

1. AB　　2. ABC　　3. AD　　4. ACD

第九章

终端消费企业如何利用白糖期货

本章要点

本章主要介绍白糖终端消费企业如何利用白糖期货来规避现货价格上涨的风险。本章分析消费企业在生产经营中可能面临的风险,并通过案例来说明消费企业如何运用期货市场来进行规避。

 一、终端消费企业如何利用白糖期货指导生产经营?

白糖是终端消费企业的生产原料,白糖价格出现大幅波动时,会使得终端消费企业的生产经营面临巨大风险。运用白糖期货能给终端消费企业提供了很好的规避价格风险的途径。一般来说,白糖终端消费企业可以从以下几个方面来运用期货市场为其生产经营活动提供指导。

（一）利用期货市场为企业提供公开、权威的价格信息

由于白糖期货价格的形成具有公开、权威、连续等诸多特点，消费企业可以通过关注白糖期货的行情来了解白糖价格的走势，并在进行采购时以期货价格来作为指导，从而避免在现货购销中遇到定价不合理、不透明的现象。同时，消费企业还依据白糖期货远期合约的价格来作为现货远期购买合同的参考价格。

（二）利用期货市场的价格发现功能调节企业库存

利用白糖期货的价格发现功能，消费企业可以对白糖价格走势作出判断，并以此来调节自己的采购量、生产库存以及生产计划。当预计白糖现货价格会逐步下跌的时候，企业就可以暂时减少当前采购量，加大生产力度消耗库存，在白糖现货价格下跌后再进行大量采购；如果预计白糖价格将会逐步上涨，企业就可以在当前增加采购量并签订远期购销合同，降低采购成本。

（三）利用期货市场的套期保值功能锁定采购成本

期货市场可以缓解白糖价格波动给终端消费企业正常生产经营带来的不良影响。白糖终端消费企业大部分为食品生产、加工企业，食品具有刚性消费的特点，总体需求相对平稳，不会因为宏观经济的变化而出现大幅波动，其产品价格在一般情况下也会保持稳定，特别是一些产品消费量大、市场认知度高的品牌产品，如可乐、方便面、酱油等各类产品，出于品牌维护的需要，这些产品市场价格常年保持不变，一旦白糖的采购成本上升，企业只能自己承担增加的成本。而通过利用期货市场的套期保值功能，消费企业可以提前锁定其生产所需的白糖的采购成本，从而达到锁定其生产经营成本和利润的目的。

案例 9－1

买入套期保值期货盈利，摊低现货采购成本

食品行业是与居民日常生活息息相关的行业，其中以食糖为主要原材料

的饮料、糖果、糕点企业也面临着白糖价格波动的风险。白糖期货上市以来，广大用糖企业积极利用期货市场规避风险，构建起新的贸易模式，取得了很好的效果，其中就有国际知名饮料公司——C公司。

作为白糖终端消费商，C公司在白糖期货上市不久便开始买入套期保值业务，有丰富的实战经验。由于2016/2017榨季，全国食糖产量在经历连续2年下降以后小幅回升至928.82万吨，加之国内实行贸易保障政策食糖进口量处于近年低位。工业库存也处于较低位置，消费也没有出现较大波动，市场供给偏紧。至2017年8月底，期货盘面价格为6350元/吨附近，然而南宁现货却呈现上涨趋势，一路上涨至6660元/吨以上。现货和期货的基差为300元/吨，而且有继续走强趋势。综合考虑之后，C公司决定进行买入套期保值。2017年8月底，C公司买入白糖期货合约2000手，买入价格6350元/吨。9月份，C公司按计划向贸易商买入白糖，成交价格在6800元/吨。9月底白糖期货主力合约价格达到6600元/吨，C公司便将多单平仓出场。历时两个多月的买入套期保值使期货盈利500多万元，摊低了现货采购成本。

期货市场给食糖终端消费企业提供了白糖采购信息以及规避风险的工具，对其生产经营有很好的指导作用，同时也给企业带来了新的经营理念和方式，利用好期货市场的各种功能，对企业的生产经营将大有帮助。

案例9-2

糖价猛涨，用糖企业品尝"苦果"

受印度干旱、全球甘蔗处于减产周期影响，2016年2—10月国际糖价一路猛涨90%，一举创下2016年2月以来高位；国内期货、现货白糖价格在半年的时间里涨幅近40%。伴随着白糖采购价格不断上涨，这一份"甜蜜"的成本压力已经让沈阳众多涉糖企业品尝了苦果。庆幸的是，上游糖价的上涨暂时还未引发糖果、饮料、乳制品、冷饮、糕点等用糖商品价格的上涨。

2016年10月24日，郑州商品交易所白糖期货合约价格全线上涨。主力合约 1701 收盘报 6877 元/吨，延续 2014 年 9 月以来的上涨行情。然而，期货市场的上涨只不过是糖价暴涨的冰山一角。与此同时，辽宁鲅鱼圈 10 月 25 日白糖价格报 6700 元/吨，11 月后一度飙升至 6900 元/吨。据昆商糖网历史报价显示，2016 年年初辽宁地区砂糖现货价格 5200 元/吨，7 月末涨至 5850 元/吨，而 10 月 25 日涨至 6800 元/吨……连续上演了"三级跳"，白糖现货市场价格暴涨程度可见一斑。面对白糖价格的飙涨，许多重点涉糖企业不得不调整产品价格或缩减包装规格，以应对成本暴涨的压力。

"目前还没有涨价的计划。"沈阳中街冰点城采购经理牛刚指着办公桌背后记事板上每周变化的糖价略显得意地说，"因为一切都还在掌握之中。"

早在 2016 年年初，与糖打了十多年交道的牛刚就已经嗅到涨价的气味。"糖价已经在低位运行了 3 年，2014 年有一波阶段性上涨，但 2015 年以上下盘整为主，加上国际糖价已经出现上涨行情今年很有可能出现。"牛刚说。白糖占该企业原料采购的 30% 以上，他们不得不小心。2016 年年初，冰点城在期货市场上买入白糖期货合约，尽管如今糖价上涨，但他们用期货市场的盈利补贴了现货的采购成本，足以抵消大部分白糖价格上涨的压力。

事实上，像冰点城这样利用期货市场进行套期保值来规避糖价上涨的涉糖企业并不在少数。在蒲河新城的十家重点涉糖食品企业里，绝大多数企业都在期货市场上收益颇丰。更重要的是，糖价上涨之前他们已经准备了较为充裕的库存，以备不时之需。"近期不会调整价格，我们采购和定价都是由总公司来制定的。"一家知名饮料企业给出这样的承诺。沈阳康福食品有限公司董事长丁伟表示，糖价上涨确实增加了企业成本，不过零售价格不会轻易改变，这种压力风险要在企业内部消化。

一位谙熟食品生产的业内人士透露，糖价涨到 2016 年这么高，即便是规模企业也会备感压力，只不过对于品牌食品来说，不会像其他一些散货商那样总是调整价格，且目前糖价上涨的时间尚短。据他推测，一般糖价上涨商品会在 5 个月后出现反应，也就是明年 1 月份以后。届时，品牌食品会采取缩减产量或是减少其他一些辅助成本的方式，来缓解原材料价格上涨所带来的影响。

二、终端消费企业通过期货市场进行采购有什么优势？

消费企业从现货市场上进行白糖采购，这是一直以来传统的采购方法。进行现货采购简单、直接，却也存在着一定的信用风险。首先，现货采购是"一手交钱，一手交货"的交易方式，当消费企业需要大批量采购但却出现采购资金紧张的情况时，生产势必会受到影响；其次，现货交易具有一定的信用风险，这也是现货市场交易存在的最大问题，白糖现货合同一般都为分散签约，缺乏有效的履约约束力，一旦卖方出现违约，就会给消费企业造成损失；第三，现货采购的质量不一定能够得到保证，特别是在白糖价格与市场行情有较大不确定性的时候，难免会出现卖方为了获取更大的销售利润而以次充好、缺斤少两的情况；第四，现货交易是买卖双方之间"点对点"的交易模式，在价格发生大幅波动或走势不明朗的时候，就容易造成现货市场上出现商家囤积现货、虚报价格等情况，致使市场流动性降低，成交清淡。

在期货市场上，现货交易中的这些弊端就能够得到很好的解决。相关用糖企业利用期货市场进行采购与传统现货市场采购相比有以下明显优势：

（一）提高资金利用率

期货交易是保证金交易，具有较强的资金杠杆效应，可以利用较少的资金对较多的现货资源实现操作，同时可以节省企业大量现货储备所占用的资金，极大地提高了企业资金的利用率。

（二）减少信用风险

期货交易是以交易所为中介，并通过会员进行的，具有双重担保履约的特点。期货交易在市场中进行集中竞价，市场的规范化程度高，而在交易所进行交易的会员也都经过严格的信用审查，并缴纳了履约保证金，因而使得合约的履约有了切实的保障，企业在期货市场买入以后不用担心对手违约行为。

（三）质量能够保障

郑州商品期货交易所的白糖期货合约规定了统一的、标准化的质量等级，进入其期货交割仓库的白糖，需要经过专业的检验机构进行检验，只有符合交易所规定的交割标准才能进入交割环节，使得从期货市场上采购的白糖在质量上有保障。

（四）市场流动性好，买卖活跃，成交容易

由于期货交易是众多参与者在交易所内对标准化合约集中进行的买卖的交易活动，终端消费企业所面对的交易对象众多，不再局限于现货交易的"点对点"模式，即使价格出现大幅波动，市场也能保持足够的交易和货源稳定，市场流动性更强，所以买卖交易比现货市场更容易成交。

案例 9-3

期货市场采购帮助企业节省开支

2014/2015 榨季，由于前两个榨季我国食糖产量大幅增产，食糖进口增加导致市场供大于求，国际糖市也处于下行趋势，我国白糖现货和期货价格都出现大幅下跌。在 2014/2015 榨季期间，广西南宁白糖现货价格最低下跌至 4350 元/吨，而郑州白糖期货指数也最低下跌到 4163 元/吨。

在 2014 年 9 月末，广西白糖现货价格跌破 4400 元/吨后，湖北武汉某食品加工企业对白糖给予了较多的关注。当时该企业计划采购 4000 吨白糖，按照武汉市场现货 4350 元/吨的价格计算，采购需要花费 1740 万元，但由于当时市场不景气，企业短期内无法筹集到大量资金，加之武汉流通市场上白糖现货库存少，无法满足企业采购需求。在这样的情况下，企业就想到从郑州白糖期货市场进行采购。因为实行保证金制度，企业不必一次性投入大量采购资金，而且郑州商品交易所在武汉设有交割仓库，进行交割也很方便。于是，该企业在白糖 SR1501 合约和 SR1505 合约分别交割了 300 手和 100 手，价格分别为每吨 4250 元和 4400 元，加上升水、交割手续费等其他各种费用之后，期货市场采购价格仍然较在武汉现货市场采购价格每吨要低 50 元左右。仅在采购上，该企业就节省开支 20 万元左右。

因此，终端消费企业通过期货市场来进行白糖采购，不仅节约了资金成本，不用担心合约违约，还可以获得质量稳定的原料货源，从而对稳定其生产经营有很好的帮助。

 三、"现货+期货"的模式可以让终端消费企业规避价格风险吗？

从上文中我们了解到，终端消费企业通过期货市场进行采购有诸多好处，但要从期货市场进行采购，也可能会受到一些限制的约束，不得不通过现货市场来进行采购。面对现货采购中的各种问题、特别是价格波动风险的问题，消费企业可以通过合理利用期货市场风险转移功能，将现货采购与期货套期保值相结合，就可以达到避险的目的。

白糖作为终端消费企业的生产原料，现货价格上涨必然会导致企业的采购成本上涨，因此，企业就必然面临着白糖价格上涨所带来的风险。所以，如何规避白糖现货价格上涨给企业带来增加采购成本的风险就成了企业要解决的核心问题。采用在期货市场上进行"买入套期保值"，就可以达到避险的目的。

消费企业在与卖方签订购销合同之前，选择一个与提货时间相近的期货合约，然后在合适的价位在该期货合约上买入与采购数量相当的套期保值头寸。到签订购销合同确定购买价格的时候，白糖现货价格出现上涨，企业只能以较高的价格采购白糖，但由于其在期货市场上的买入套期保值头寸价格也上涨，期货市场上的盈利弥补了白糖现货上涨带来的成本增加；白糖现货价格下跌，那么企业就能以较低的价格采购白糖现货，但是因为其在期货市场上的买入套期保值头寸价格也发生了下跌，所以企业采购的总成本仍然保持不变。通过这样操作，企业就可以通过期货市场来锁定采购原料的成本，保障企业平稳运行与发展。

案例 9-4

企业利用套保化解采购成本压力

2014/2015 榨季，由于我国食糖连续减产，进入 2015 年后，白糖现货市场价格逐步上涨。白糖价格上涨导致食糖终端消费企业的生产成本也大幅增长。广东某调味料生产厂家计划在 2015 年 3 月采购 1000 吨白糖，以满足春节后生产需求。但进入 2015 年后，白糖现货价格逐步上涨，让该企业措手不及。该企业考虑到短时间内白糖现货价格难以回调以及仓库、资金等因素，于是就在期货市场上进行买入套期保值。

2015 年 1 月中旬，广东湛江地区现货报价为 4300 元/吨，郑州白糖期货 SR1505 合约的价格为 4550 元/吨左右。该企业通过期货市场以 4532 元/吨的价格买入 100 手白糖期货 SR1505 合约。2015 年 3 月 23 日，该企业以 4950 元/吨的现货价格在广东湛江采购了 1000 吨白糖现货，同时在期货市场以 5155 元/吨的价格将 100 手 SR1505 合约进行平仓。这次现货采购，该企业的采购成本较 1 月中旬增加了 650 元/吨，总计增加了 65 万元，而其在期货市场买入套期保值上的盈利为 623 元/吨，总计盈利 62.3 万元。

通过进行套期保值，该企业在此次白糖现货价格上涨中只多付出了 2.7 万元的采购成本；如果不进行套期保值，白糖现货价格的上涨就会导致该企业要多付出 65 万元的采购成本。通过期货市场套期保值，该调味料生产企业有效地规避了白糖现货价格上涨的风险，缓解了原材料采购成本带来的压力。

案例 9-5

糖果企业买入套期保值

糖果生产企业是白糖消费大户，作为消费企业，都希望能够买到价格便宜的生产原料，降低生产成本。进入 2016 年 7 月初，白糖现货市场开始上涨。上海某糖果生产企业预计要在 11 月份采购 1500 吨白糖用于元旦和春节期间的生产。当前上海白糖现货价格是 6080 元/吨，如果白糖现货价格不断上涨，那么到时企业的采购成本就会增加，为了保证利润就只能对产品进行提价。但由于元旦及春节假期是企业产品主要销售期，商品价格受政府部门严格监管，而且提价也会影响商品销售。因此，该企业决定通过在期货市场上进行买入套期保值来锁定目前的采购成本，规避白糖现货上涨带来的损失。

2016 年 7 月 25 日，该企业以 6110 元/吨的价格买入 150 手郑州白糖期货 SR1701 合约进行买入套期保值，当时上海当地白糖现货价格为 6000 元/吨。之后，白糖现货价格一路上涨，8 月底达到 6600 元/吨以上，10 月末达到了 6800 元/吨，到了 11 月初，现货价格没有回落的趋势，企业决定以 6850 元/吨的价格在上海采购 1500 万吨白糖现货，同时在期货市场上以 7150 元/吨的价格将 150 手 SR1701 买入套期保值持仓头寸进行平仓。此次采购中，该企业白糖现货采购成本增加了 850 元/吨，共计增加了 127.5 万元，而其在期货市场上的买入套期保值头寸每吨获利 1040 元，共计获利 156 万元。

在此次交易中，该企业利用期货市场买入套期保值操作，用期货市场盈利的 156 万元，不仅完全弥补了白糖现货价格上涨给企业带来的采购成本增加，规避了价格上涨风险，同时还实现了 28.5 万元的盈利，相当于白糖采购成本每吨减少了 190 元，增强了企业产品的竞争力和盈利能力。

四、白糖价格上涨，终端消费企业如何利用期货市场保护利润？

终端消费企业在已经签订其生产品购销合同或其生产产品价格难以调整的情况下，未来白糖价格出现上涨，则企业购买白糖的价格也会上涨，从而增加了生产成本，导致利润减少；出现大幅上涨，就有可能导致生产利润被白糖价格上涨所带来的生产成本增加所抵消,甚至出现亏损。

终端消费希望未来的白糖价格能够维持平稳甚至是下跌。但白糖的价格走势是不以企业的意愿而转移的,企业无法准确判断未来白糖价格的走势,因此,企业在签订其终端产品的购销合同时就会很被动。未来白糖价格保持平稳下跌,企业就能以平价或低价采购白糖,从而维持甚至降低采购成本,这对企业较为有利;白糖价格出现上涨,那么企业就要花费更多的资金来进行采购,从而造成采购成本上升,这是企业所不愿意见到的。由于未来市场价格与走势具有不可预见性,为了回避价格上涨带来的成本上涨风险,锁定其生产利润,终端消费企业主要有以下几种方法可供选择。

(一)在现货市场进行一次性采购

采用这种方法就是一次性采购一定量的、足够企业消费的白糖,并作为库存存放在仓库,然后根据采购量来制定企业生产计划。这种方法直接有效,可以一次性锁定生产计划内所需消费白糖的成本。缺点是一次性大量采购白糖,企业将面临很大的资金压力和仓储成本,给企业带来很大负担。

(二)根据企业订单即时采购

采用这种方法,企业可以根据订单在生产开始前或者在签订订单的同时,与白糖生产企业或流通贸易商签订白糖现货购销合同。这种方法较为灵活,也不会对企业资金造成很大压力,但需要考虑白糖购销合同的履约风险。因为采购数量相对较小,未来白糖现货价格上涨幅度超过购销合同规定的违约赔偿幅度,或者因为其他原因导致卖方违约,则会严重影响企业的生产经营。

(三)在期货市场进行套期保值

白糖期货上市后,使得为白糖现货套期保值变为可能。企业根据订单或生产计划确定所要采购的白糖数量,在期货市场建立数量与之相等的买入套期保值头寸,等到未来确定现货购买价格之后,再将期货市场买入套期保值头寸平仓,以套期保值来规避价格风险、锁定采购成本,而且期货交易采用保证金制度,极大提高了企业资金利用率,让企业在流动资金不足时利用期货市场成为可能。

期货市场给终端消费企业提供了一个新的控制成本的平台,通过套期保值,企业可以规避白糖现货价格出现的不利变化带来的风险,从而锁定采购成本、保护生产利润,使企业能专心经营其主营业务,并从中获取稳定收益。

(四) 通过点价交易锁定成本

用糖企业首先与供货商签订现货供应量、到厂时间、基差等协议,由供货商按企业用糖进度,送货到厂,企业按 70%~80% 的比例预先给付大部分货款。在期货合约到期前,用糖企业进行点价,锁定成本。例如,饮料企业在 2018 年 2 月,与糖厂签订 5000 吨采购合同,从 3 月份到 7 月份,每月月初送货 1000 吨,价格为 SR1809 + 300 元升水,货到付款 5000 元/吨,点价截止日为 8 月 15 日。2018 年 7 月份,饮料企业在 5000 元/吨的价格一次性点价,总成本 5300 元/吨,很好地规避了价格下跌风险,降低了采购成本。

案例 9-6

卖方违约套期保值保护消费企业利益

2008 年初,由于冰雪天气对全国大部分交通运输造成严重阻碍,导致食糖运输不畅。福建某食品加工企业为了确保春节后白糖能够正常供应生产,打算与流通企业提前签订远期购销合同,约定以春节后第一个市场交易日现货报价为交易价格,预定购买 1000 吨白糖现货。当时福建晋江当地白糖现货价格为 3550 元/吨左右,与 2007 年相比处于较高水平,且当时市场传言 2008 年食糖产品会大幅增产,现货价格呈回落的趋势,该企业也认为价格还会继续下跌,如果在期货市场进行套期保值,还有可能产生亏损,决定放弃套期保值。

进入 2 月,由于冰雪天气影响进一步扩大,市场传言广西受到严重冰雪灾害,白糖现货市场价格闻声而涨,此时福建晋江现货价格上涨至 3600 元/吨,该企业才意识到要在期货市场上进行套期保值,防止出现广西甘蔗受灾导致现货价格大幅上涨的情况。2008年2月4日，该企业以3781元/吨的价位买入100手白糖期货SR805合约进行买入套期保值操作。

春节后第一个交易日，晋江白糖现货报价较节前上涨40元/吨至3620元/吨，该企业与卖家商定以此价格签订购销合同，但由于财务问题，不能马上支付货款，双方约定2月18日付款发货，该企业支付5万元订金给卖方。然而接下来的几天，由于广西甘蔗受冰雪灾害严重影响，白糖价格开始迅速上涨。至2月18日，晋江白糖现货价格已上涨至4050元/吨，比购销合同约定价格高出430元/吨，卖方认为按原合同价格出售损失太大，单方面要求将现货价格提高至4000元/吨出售，该企业认为报价太高，要求卖方退还订金并赔偿违约金。

由于卖100手买入套期保值头寸价格已上涨至4161元/吨。随后几日，现货价格开始出现下跌，到2月27日，价格已下跌至3880元/吨，此时SR805合约价格为4206元/吨，该企业认为套保利润已足以弥补现货价格上涨造成的损失，即以3880元/吨的价格在现货市场购入1000吨白糖，同时将套保头寸以4206元/吨的价格进行平仓。

此次交易中，该企业的现货采购成本上涨260元/吨，而套期保值的盈利为425元/吨，弥补了成本上涨的部分之后，该企业还有将近16.50万元的盈利。此次套保不仅帮企业规避采购成本上涨和违约的风险，锁定了采购成本，还有额外收益。

案例9-7

现货价格大幅上涨，期货助企业规避风险

2015年初，由于新榨季预期减产，国内白糖现货价格开始企稳并上涨。广西南宁某乳制品企业认为，白糖现货价格经过长时间低于成本运行，已经有要上涨的需要，再加上当时的减产以及国外糖价也在大幅上涨，因此，对后市也看涨。1月初，广西南宁现货价格为4450元/吨，根据该乳制品企业的生产计划，企业需要在5月份至6月份采购3000吨白糖供第三季度生产使用。虽然当前糖价还没有开始大幅上涨，但到了5、6月份却可能已经涨

到了比较高的价位，会大幅增加采购成本；如果在当前一次购买到位，需要花费1335万元资金，如此大量的资金占用，对企业的正常经营和生产会产生一定影响。因此，该企业决定在现货市场进行部分采购，剩余部分在期货市场进行套保，锁定采购成本。

2月初，该企业以4850元/吨的价格在现货市场采购了500吨白糖现货，同时在期货市场以5050元/吨的价格建仓250手买入套期保值SR1507合约。

此后，受国内2014/2015榨季食糖产量大幅减产276.2万吨以及国际糖价不断创出新高的影响，国内白糖现货价格一路上升。到了4月底，广西南宁现货价格已涨至5260元/吨。5月中旬，白糖现货价格小幅回落，企业决定在5月完成2500吨白糖现货的采购。5月27日，该企业以5150元/吨的价格采购了2500吨白糖现货，同时在期货市场将250手SR1507买入套期保值合约以5435元/吨的价格进行平仓。

该企业在5月的采购中，白糖现货采购价格较2月初上涨了300元/吨，采购成本增加75万元；该企业在期货市场上进行了买入套期保值，盈利96.25万元。不仅抵消了现货价格上涨增加的成本，还使得该企业在这次白糖现货价格大幅上涨的过程中盈利21.25万元，采购成本下降了85元/吨。

五、白糖价格下跌，终端消费企业有哪些风险？如何规避这些风险？

正常情况下，白糖终端消费企业会希望原料价格越低越好，因为这意味着他们的生产成本能得到降低。在产品销售价格固定的情况下，如果白糖价格上涨就会提高企业的生产成本，白糖价格下跌则成本减少利润增加。

但白糖价格下跌真的对白糖消费企业不会产生任何风险吗？

实际上，白糖现货价格下跌，终端消费企业仍存在风险。首先，消费企业并不能完全把握价格的走势，尤其是像白糖这种价格波动剧烈的商品，要把握其走势难度更大，因此，消费企业也就不能保证总是能以较低的价位采购到白糖。当消费企业在白糖价格下跌前以高价购入大量白糖，对企业来讲采购成本就提高了，如果不能将这部分成本转嫁出去，那么产品利润就会出现减少，也意味着产品在市场价格竞争中已经处于劣势。特别是当竞争对手采购到了价格更低的白糖时，这种劣势会表现得更加明显。其次，白糖价格下跌的确可以在现货市场上买到价格更便宜的产品，但同时也意味着企业手中的库存也同样出现了亏损，如果库存过多，也会使企业资金的流动性受到影响。因此，白糖价格下跌，对终端消费企业来说也并非完全没有风险。

相对于生产企业和流通企业而言，白糖终端消费企业在白糖价格下跌时所受到的冲击会更小。但白糖现货价格出现下跌时，消费企业在进行采购时把握的时机不好或是拥有较多的白糖库存，那么也会在一定程度上对消费企业产生直接的影响。如何避免这些风险呢？可以参考下面的案例。

案例 9-8

买方变卖方，消费企业利用期货市场销售库存

2014年由于糖价持续下跌，使得不少食品加工企业为了保证生产成本，不得不把库存维持在极低的库存量甚至零库存状态，按照生产计划来小批量进行采购，在采购和运输上花费了大量的人力、物力，对企业生产也产生了不良影响。

河南郑州某食品企业由于在糖价较高的时候采购了数量较多的白糖现货来满足生产需要，但由于糖价持续下跌，使得企业的白糖库存也一直在减值，变相增加了企业的生产成本。为了避免白糖价格持续下跌给企业造成的不良影响，该企业决定利用期货市场卖出部分库存，然后再从现货市场低价买入进行补充，以降低平均采购成本。

首先，该企业根据生产计划，将生产用糖与备用库存分开，然后将备用库存运抵交易所指定交割仓库注册成标准仓单，同时在期货市场上进行卖出操作。当期货市场交割价格高于现货市场价格时，就将库存在期货市场进行交割；当期货市场交割价格低于现货市场价格，就在进入交割月前进行平仓

操作。期货交易所在销售上给企业提供了便利，交易的双方都是以交易所为交易对象，而不必关心实际的交易对手是谁，特别是像该食品企业一样的原料终端用户，也不必担心自己是否有相关销售渠道。

由于当时期货价格下跌幅度已超过现货价格下跌幅度，虽导致该企业最终没能在期货市场实现期货高价交割、现货低价补库的计划，但该企业卖出手中仓单仍为其赚取了一定利润，弥补了采购成本上的一些损失，同时也为终端消费企业如何规避白糖价格下跌带来的风险提供了新的思路。

六、终端企业参与期货如何进行风险控制？

终端企业处于整个食糖产业链的下游，作为消费企业，他们面临的风险类型是上游敞口、下游闭口——上游原料的价格波动会影响整个企业的盈利。对终端消费企业来说，白糖作为一种生产原料，原料价格的高低直接关系到最终产品的成本以及企业的利润，所以终端企业参与白糖期货进行套期保值的目的就是为了规避白糖现货价格上涨的风险，锁定采购成本，为了达到这样的目的，终端企业需要在期货市场上进行买入套期保值操作。

进行套期保值风险控制的核心问题，就是套期保值的头寸不能超过所需要保值的商品数量，以及不能随意将保值头寸变为投机头寸，严格遵守已经制定的交易策略及交易纪律，做好套保资金管理与盘中风险管理。

在实际的操作过程中，企业面临的风险也很多，除了最主要的原料价格上涨之外，还有原料价格上涨带来的违约风险、期货交易保证金带来的资金占用风险等等。终端企业应该根据自己的生产及采购计划来制定套期保值的操作策略。在短期采购上，因为时间短，在套保操作上要求不高，只需严格遵守套期保值的操作纪律即可；在长期采购上，因为时间跨度较长，终端企业需要根据自身生产情况计算长期平均采购成本，并根据平均采购成本来选择套保的时机与价位；同时还涉及套保头寸移仓的问题，因为期货合约到期后会发生交割，需要把持有的即将要到期的套保头寸转移到以后的月份，移仓时机、价位以及合约的选择都具有很强的专业性，因此和生产企业一样，终端企业必须具备有专门的人才或委托专业的期货公司来进行操作。

自测题

一、填空题

1. 买入套期保值通常为_____和_____企业所采用，旨在规避现货价格上涨的风险。

2. 白糖终端消费企业可以通过期现结合，即_____与_____相结合的方式，可以缓解原材料采购成本增加所带来的压力。

3. 白糖终端消费企业可以通过期货市场的_____来取得一条稳定可靠的采购渠道。

4. 现货价格大幅上涨，白糖终端消费企业可以进行_____操作来摊低其现货采购成本。

5. 现货价格大幅下跌，白糖终端消费企业可以在期货市场进行_____，以规避白糖价格下跌所带来的风险。

二、判断题

1. 期货市场套期保值不可以锁定白糖终端消费企业的现货采购成本。（　　）

2. 现货市场交易的合同履约率相对期货市场比较高。（　　）

3. 作为终端消费企业来说，希望未来白糖价格能够维持平稳甚至是下跌。（　　）

4. 白糖终端消费企业可以利用期货市场的套期保值功能来规避因现货市场价格的大幅上涨而导致卖方违约的风险。（　　）

5. 期货市场的套期保值总能使得白糖终端消费企业完全规避因白糖价格对其经营利润的侵蚀。（　　）

6. 进行套期保值时可以随意将保值头寸变为投机头寸。（　　）

7. 白糖价格下跌对白糖消费企业不会产生任何风险。（ ）

8. 终端企业一般在期货市场上进行买入套期保值操作。（ ）

9. 套期保值的专业性不强，企业在进行套期保值操作时无须专业人才。
（ ）

三、单选题

1. 白糖终端消费企业可以从以下几个方面来利用好期货市场的各种功能，为其生产经营活动提供指导，但（ ）除外。

　　A. 利用期货市场为企业提供公开、权威的价格信息

　　B. 利用期货市场的价格发现功能调节企业库存

　　C. 利用期货市场赚取价差利润

　　D. 利用期货市场的套期保值功能锁定采购成本

2. 用糖企业利用期货市场进行采购与传统现货市场采购相比有以下明显优势，但（ ）除外。

　　A. 市场流动性差，买卖冷清，成交难

　　B. 提高资金利用率

　　C. 减少信用风险

　　D. 质量能够保障

3. 通过期货市场的实物交割来采购原料有（ ）优点。

　　A. 交易手续简单，质量能够得到保障

　　B. 节约运输成本，质量能够得到保障

　　C. 交易手续简单，采购合同履行能够得到保障

　　D. 采购合约的履行及质量能够得到保障

4. 白糖价格的下跌对（ ）企业产生的影响最小。

　　A. 流通　　　　　　　　　　B. 终端消费

　　C. 生产　　　　　　　　　　D. 仓储

5. 白糖价格的大起大落使白糖终端消费企业承担着巨大的市场风险，但通过在期货市场上进行（ ）操作就可以有效地规避和分散市场风险。

　　A. 基差交易　　　　　　　　B. 套期保值

　　C. 套利交易　　　　　　　　D. 对冲交易

6. 为了回避价格上涨带来的价格风险，锁定生产利润，终端消费企业可以（   ）。

　　A. 买入套期保值　　　　　　B. 卖出套期保值
　　C. 套利　　　　　　　　　　D. 投机

参考答案

一、填空题

1. 流通企业　终端消费企业
2. 买入套期保值　现货采购
3. 实物交割
4. 买入套期保值
5. 卖出操作

二、判断题

1. 错　2. 错　3. 对　4. 对　5. 错　6. 错　7. 错
8. 对　9. 错

三、单选题

1. C　2. A　3. D　4. B　5. B　6. A

第十章

投资者如何参与白糖期货投机

本章要点

本章主要介绍作为普通投资者如何参与白糖期货交易。同时分析基本面分析和技术分析两种方法利弊,为读者介绍几种常用的技术分析指标,并配合应用案例帮助读者理解其初步应用。在章节最后,还对套利交易进行了详尽地讲解,并针对不同的套利方案使用了不同的案例,帮助读者加深理解。

 一、白糖期货投机需要注意哪些问题?

作为普通投资者,参与期货市场的目的与企业不同。企业参与期货市场是为了进行套期保值、规避现货市场价格波动的风险;而普通投资者参与期货市场，是为了在期货市场上利用价格变化来赚取利润，即低价位买进期货合约再高价位卖出或高价位卖出期货合约再低价位买进，赚取差价，是在期货市场上纯粹以牟取利润为目的而买卖标准化期货合约的行为，也就是我们俗称的期货投机。

投机者是期货市场的重要组成部分，是期货市场必不可少的润滑剂。投机交易增强了市场的流动性，投机者频繁地建立头寸，对冲手中的合约，增加了期货市场的交易量，既可以方便套期保值交易成功，又能减少交易者进出市场可能引起的价格波动；同时投机者承担了套期保值者力图回避和转移的风险，使套期保值成为可能。由此可见，投机交易是期货市场正常运营的保证。

同时我们也要看到，由于投机交易纯粹是以利用期货市场上的价格变化来赚取利润为目的，同时投机者承担了套期保值者在期货市场中转移的风险，投机不可能像套期保值一样，利用现货上的盈亏来弥补期货上的盈亏，所以，对于投机者来说，期货投机是一种"高风险、高收益"的投资方式。因此，在参与期货投机交易的同时，投资者需要注意以下几个方面的问题，特别是准备进行期货交易和参与期货交易时间不长的初级投资者，以便更好地参与期货交易，利用期货市场实现投资盈利。

（一）掌握期货知识，选择商品，充分了解合约，熟悉交易规则

"凡事预则立，不预则废。"期货交易也是这样。期货市场是高端金融市场，要参与期货交易并获得长期的投资收益，就需要掌握必要的期货知识，对期货交易的特点、期货交易的规则有充分的了解；在选择期货商品方面，要着重选择自己了解的品种来进行交易。例如投资者想要进行白糖期货交易，在正式交易之前，要对白糖期货的合约及其交易规则、基本面情况、历史走势等情况有系统地了解，做到心中有数，在交易中面对行情变化才能更有把握。

（二）制订交易计划，确定获利目标和最大亏损额度

做好进入期货市场的准备之后，下一步就是投入资金进行交易。但交易正式开始之前，投资者要对自己的投资有一个明确的规划：在这次交易中将投入多少资金，持仓占资金的比例是多少，盈利的目标价位是多少，能够承受亏损的最大额度又是多少等等，这些都是投资者在交易之前需要有一个清晰的概念，并且在交易之中要坚决贯彻执行。

（三）控制交易风险，确保资金安全

期货交易的保证金制度，是导致期货交易具有"高风险、高收益"特点的原因。保证金制度"以小博大"的杠杆原理特性既放大了收益，同时也放大了风险。因此，在期货交易中，投资者首先要掌握的不是技术分析，也不是基本面分析，而是先要学会控制交易风险。只有保证了利润，控制了亏损，才能确保资金安全乃至盈利增长。

二、常用的交易风险控制方法有哪些？

期货交易具有"高风险、高收益"的特点，如果不对交易进行有效的风险控制，就有可能从盈利变为亏损，甚至会出现爆仓的危险。参与期货交易，学会控制交易风险是投资者的首要任务。在开始每一笔交易之前，投资者都要评估自己在此次交易中能够承担多大的风险，并在交易中根据自己的风险承受能力来进行操作。

对于投资者而言，了解和重视期货交易风险固然重要，但也不能过于强调期货交易的高风险，利用合理的风险控制手段，我们也可以把期货交易的风险控制在可控范围内。那么投资者可以利用哪些方法来控制交易风险呢？

（一）控制交易规模

一些投资者在初次参与期货交易时，没有控制交易规模的习惯，喜欢把账户上大部分甚至所有资金都投入到交易中。重仓或满仓交易，价格走势和持仓方向一致，账户盈利可以迅速增加；但如果价格走势与持仓方向相反，浮亏也会迅速增加，投资者的资金就会面临很大风险。另外，由于期货交易

实行每日无负债结算制度，每日的浮动盈亏在当日进行结算之后都会从账户可用资金中进行增减，如果投资者重仓或满仓操作出现浮亏，导致当日结算后账户可用资金为负，按照期货交易所以及期货公司的规定，投资者需要在下一个交易日之前补足资金或自行平出部分仓位以保证账户可用资金为正，否则就会面临被强行平仓的风险。

因此，控制交易风险最有效的方法就是控制交易规模。在行情发展初期，投资者可以先轻仓入市交易，待行情明朗后再增加仓位，对行情发展方向有把握的话，也可以根据自己的风险承受能力适当将持仓比例扩大以获得更多收益。但根据交易经验，持仓所占用的资金比例最好不要超过账户资金的50%~60%。如行情没有朝预定方向发展，由于投资者所持有的仓位比例不重，亏损的幅度就要小很多，可以先平仓出局进行观望，待行情明朗后再进行交易。

案例10-1

控制持仓规模　扩大盈利减少亏损

2017年12月底，某投资者判断白糖期货行情将会持续下跌，即以5970元/吨的价格卖出10手白糖期货SR1805合约，占用保证金47760元（假设保证金为8%）。该投资者账户资金为15万元，持仓资金占账户资金比例为约为32%。到2018年2月底，期货价格继续下跌，该投资者又以5780元/吨的价位卖出5手SR1805合约。此时，该投资者持15手SR1805合约卖单，平均持仓价位为5907元/吨，浮动盈利19000元，持仓占用保证金70800元，账户可用资金为98000元，持仓资金所占比例约为42%。到3月9日，SR901合约价格下破5650元/吨，该投资者以5640元/吨的价格将15手SR1805合约卖单平仓，共获利4万元，此时，该投资者账户资金已增加至19万元。

3月14日，行情小幅反弹，该投资者以5700元/吨的价格卖出5手SR1805合约，而到19日，该合约价格已上涨至5740元/吨以上，该投资者又以5740元/吨的价位将5手卖单平仓，亏损2000元。

该投资者在盈利的时候，增加仓位扩大盈利；而在行情朝持仓不利的方向发展时，由于该投资者的仓位轻，就使得亏损的幅度小，没有给资金造成太大风险。

（二）制定交易策略

在从事期货交易时，建议投资者要制定一个交易策略并长期坚持。交易策略其实并不深奥，策略一般包括止损条件、止盈条件以及入场时机等等。只要投资者在每次进行交易前，都能够制定一个交易策略，在交易中根据策略进行操作并能够长期坚持，胜算会较没有交易策略的投资者要高，因为在交易前，在通过制定交易策略的过程中，投资者就已经会设想交易中会出现怎样的情况，而自己则应该采取怎样的方法来应对，能够让投资者能够从容地面对行情的变化带来的风险，可谓"有备无患"。

至于采用何种交易策略，前人已经留下了许多著作，如斯坦利·克罗的《期货交易策略》、柯蒂斯·费思的《海龟交易法则》等，感兴趣的投资者可以选择阅读，根据自己的投资风格与操作习惯来挑选合适的策略，在平时的操作实践中运用并加以改造成为自己的交易策略。许多经典的交易策略现在依然适用，能够给投资者提供有效的控制交易风险的建议，关键在于投资者能否严格遵守并坚持。

（三）利用期货交易制度

期货交易灵活的交易制度，也给投资提供了很好的控制风险的方法。首先，期货交易是采用"T+0"的交易制度进行交易。不同于股票"T+1"的交易制度，股票在当日进行买入操作后，要到下一个交易日才可以进行卖出操作，如果当日买入的股票出现下跌的情况，投资者要到下一个交易日才能进行交易，增大了隔夜持股的风险性；而期货交易"T+0"的交易制度让期货交易更为灵活，投资者当前买入或卖出期货合约头寸后，如果行情发生突变，投资者可以马上将手中头寸进行平仓。因此，投资者也可以灵活地利用期货"T+0"的交易制度来进行风险控制。

案例 10-2

利用"T+0"制度规避日内价格波动风险

2017年1月19日,白糖期货出现大幅上涨行情,SR1705合约当日以6991元/吨的价位收盘,较上一个交易日收盘价格每吨上涨122元。某投资者预计20日仍会出现大涨行情,19日当晚夜盘以7009元/吨的高位开盘时,该投资即以此价位买入10手SR1705合约。但当晚行情出现逆转,SR1705合约在创下7025元/吨的日内高点之后走势开始调头向下,当价格要跌破7000元/吨的整数关口时,该投资者觉得日内再次反弹概率很小,便以7000元/吨的价格将10手买单平仓,亏损900元。

次日早盘SR1705合约以6974元/吨的价位开盘,而20日更是以6880元/吨的价位收盘,日内低点下行至6790元/吨。正是由于期货交易采用"T+0"的交易制度以及夜盘交易,让该投资者避免了价格日内波动及隔夜持仓的风险。

(四)严格止损

期货交易的保证金制度让期货具有"高风险、高收益"的特点,会将投资者的亏损放大;而当日无负债结算制度和强行平仓制度也让投资者不能以股票"只要不平仓,浮亏就不会变实亏"的观念来进行操作,投资者很难像股票交易一样长期持有亏损合约。因此,投资者在建立仓位之前,应该根据行情判断及自己的风险承受能力制定操作计划,设定止损价位,当行情发展不利,持仓出现亏损并且价格已经达到了所设定的止损价位时,就应该立即执行止损操作,这也是在制定操作策略时必不可少的一个环节。要学会并做到在亏损超出预期之前及时将手中的亏损头寸进行平仓,这是投资者要在期货交易中取得成功所必须具备的能力。

案例 10-3

止损不力　亏损成倍放大

　　由于受 2017/2018 榨季广西推迟开榨影响，白糖期货价格在 2017 年 10 月份企稳反弹，从国庆节后的 5850 元/吨上涨到月底的 6000 元/吨。某投资者在 2017 年 11 月 1 日以 6020 元/吨的高价买入 10 手 SR1805 合约，希望能够赶上盈利的末班车。11 月 9 日，SR1805 最高上涨至 6215 元/吨，此时该投资者已有 19000 元的盈利，但他觉得价格还会继续上涨，应该扩大持仓增加盈利，便在价格回落时以 6120 元/吨的价格买入 10 手 SR1805 合约，平均持仓价格高达 6070 元/吨。

　　11 月下旬，走势开始回落，一度跌至 6050 元/吨，持仓出现浮亏。但到 12 月上旬，价格又冲高至 6200 元/吨，更让该投资者坚定了后市上涨的信心。但 12 月中旬，白糖期货连续大幅下跌，SR1805 合约跌破 6000 元/吨，众多追涨的交易者纷纷砍仓止损，但该交易者认为下跌只是暂时的，仍然坚定持有亏损头寸。到 1 月 17 日，SR1805 合约日内最低价格跌破 5800 元/吨，该交易者才不得不以 5780 元/吨的低价平仓，而平仓带来的亏损此时已高达 5.8 万元。

三、怎样依据白糖基本面来参与白糖期货交易？

　　在商品期货中，基本面的变化是影响及决定期货价格走势的一个重要因素。不论是在长期影响方面还是在短期，基本面的变化常常会给期货价格走势造成很大影响。因此，要在期货市场上投机获利，就要对基本面进行分析，把握住基本面的变化带来的投资机会。但要注意，基本面是指一切影响供需的事件，而基本面分析则是指对这些基本事件进行归纳总结，最终来确定商品的内在价值。当商品的价格高于其价值时，被称为价值高估，在交易中需卖出，反之如果价格低于价值则被称为价值低估，在交易中需买入。

白糖期货的基本面是有很多方面需要值得关注的，如天气、供求、政策、经济等。不同的基本面情况，对期货走势产生影响的程度及持续时间都有所不同，同时基本面的信息变化也纷繁复杂，投资者应该根据自己的投资风格来对基本面信息进行甄选并加以分析利用，才能在期货投机中取得事半功倍的效果。

（一）供求关系决定白糖期货价格长期走势

供求关系是影响白糖期货价格走势的主要因素，供求关系的变化决定白糖期货价格在一段时间内发展方向的主趋势：供大于求，白糖期货价格就会呈长期下跌趋势；供小于求，白糖期货价格就会呈长期上涨趋势。趋势的持续时间大致为1年左右，也就是一个白糖生产榨季的时间。在此期间可能会因为其他影响价格的因素变化而波动，但只要供求关系没有发生根本改变，行情发展的方向也不会改变。决定供求关系变化的因素主要涉及天气灾害、糖料种植、食糖生产消费、进出口、国家储备等因素。

投资风格偏向于长期投资的投资者，就必须能明确地把握白糖的供求关系，在确定供求关系之后，制定好操作计划，明确止盈止损的目标价位之后再入市操作。因为持仓时间较长，再加上期货合约有到期日，所以投资者中途将要经历数次移仓，这也是长期持仓中所需要注意的，同时也要对整体宏观经济趋势有大致的了解。

（二）季节性消费令白糖期货价格中期起波澜

白糖的消费季节有淡旺季之分，供求关系决定了白糖期货价格的长期走势，而季节性消费的特点就使得白糖期货价格中期趋势起波澜。在消费旺季，虽然整体供求关系处于供大于求的状态，但由于消费旺季内市场需求量大，使得白糖销售量上升，从而带动价格的企稳甚至上涨；消费旺季过后，市场需求量减少使得白糖价格重新回到下跌的趋势上来。中期趋势的持续时间一般为2至3个月不等，影响这段时间内走势变化的因素主要涉及消费量的变化。

投资风格偏向中期趋势的投资者，在关注基本面情况时，应该着重关注白糖季节性消费因素在其消费的旺季和淡季内是否做出了应有的表现，再根据具体情况制定中期操作计划,设定止盈止损的目标价位,再入市操作。

(三) 突发事件使白糖期货价格短期大幅波动

白糖期货长期走势由供求关系来决定,中期走势由季节性消费因素来影响,在短期走势方面,各种突发性事件的影响对白糖期货价格影响很大。影响白糖期货短期走势的各种突发性事件多种多样:在生产期以天气状况、产量信息为主;在消费期以消费量及国家各种相关政策为主,特别是在一些市场较为敏感的时期,产区政府部门召开一个糖业相关工作会议都会对短期走势产生明显影响。

在短期走势中,突发事件因素对价格影响大、信息量繁杂、题材炒作迅猛、持续时间短,这些短期突发因素也是造成白糖期货价格频繁波动的主要原因,而且由于影响持续时间短,一般为几天到几个星期不等,投资者把握不好节奏就很容易陷入"追涨杀跌"的被动局面。因此,短线投资者依靠基本面信息进行短线投机交易,需要有丰富的信息来源,但更重要的是要有甄别信息的能力和自己对行情的独立判断能力,基本面信息来源应该是作为分析行情参考,而不应该将它们作为操作的主要依据。同时,由于在短期突发行情中价格波动剧烈,控制交易风险尤为重要,进场操作一定要设置好止损价位以防行情突变。

基本面分析以理性、逻辑性、科学性见长,但是,这也同时意味着基本面分析的结论是人为的,是带有鲜明的主观色彩的。掌握资料的详尽与否、个人分析能力的强弱、主观判断方向的对错,都决定了基本面的分析是一个主观的推论过程,其结论仍然还是要依靠未来走势来证明。利用基本面的另一个不足就是基本面信息来源渠道多样化,信息质量参差不齐,需要投资者有很好的甄别能力。

四、怎样依据白糖技术分析参与白糖期货交易?

技术分析是指以市场行为为研究对象,以判断市场趋势并跟随趋势的周期性变化来进行交易决策的方法的总和。约翰·墨菲在《期货市场技术分析》一书中写道：技术分析认为市场行为包容消化一切。这句话的含义是：所有的基础事件——经济事件、社会事件、战争、自然灾害等等作用于市场的因素都会反映到价格变化中来，所以技术分析认为只要关注价格趋势的变化及成交量的变化就可以找到盈利的线索。技术分析的目的是为了寻找买入、卖出以及止损信号，并通过资金管理而达成在风险市场中长期稳定获利。

技术分析具有以下三个显著的特点：

（一）直观的特点

由于技术分析是以技术图表为主要工具的，因此，可以非常直观地表现出价格的变化。正是因为技术分析的直观的特点，可以客观地揭示出目前价格的运动方向，同时也为我们提供了一个十分有用的工具。所以，技术分析的第一个特点要求我们学会相信技术图表，严格按照技术分析的结论来判断市场，严格根据技术图表的信号来进行交易。

（二）追逐趋势的特点

技术分析的基础理论是道氏理论，而道氏理论最为人们所诟病的是其滞后性。其实，技术分析的滞后性，正是技术分析的一个重要特点。技术分析不是把创造趋势、引导趋势为己任，技术分析最重要的任务是追逐趋势。因此，在原有的趋势还没有结束之前，投资者需要顺势交易，坚决反对逆势操作。同样，在新趋势出现后，就应该及时改变策略和立场，顺应新的趋势方向交易，不可固守原来的观点和交易方向。

（三）量化指标的特点

技术分析的这一特点，是基本面分析所无法替代的，即技术分析可以准确地确定交易中每一个环节的操作时机，界定出一个准确的价格或者价格区间。在约翰·墨菲的《期货市场技术分析》一书中反复提及"时间抉择是期货交易成败的关键"。期货市场的特点，决定了交易时机突出的重要地位，同时也决定了交易策略的重要性。而完整的交易策略，离不开止损的设置与止盈的预计，这正是因为技术分析的量化特点才得以很好地完成。

下面介绍几个简单易用的技术指标以及它们在白糖期货中的运用。

案例 10-4

趋势线（道氏理论）的应用

道氏理论，实际上是指由道琼斯指数的始创者查尔斯·道发明的趋势线。方法很简单，但目前为止仍然深受投资界的推崇。趋势线就是上涨行情中两个以上的低点的连线以及下跌行情中两个以上高点的连线，前者被称为上升趋势线，后者被称为下降趋势线（见图 10-1）。上升趋势线的功能在于能够显示出价格上升的支撑位，一旦价格在波动过程中跌破此线，就意味着行情可能出现反转，由涨转跌；下降趋势线的功能在于能够显示出价格下跌过程中回升的阻力，一旦价格在波动中向上突破此线，就意味着价格可能会止跌回涨。

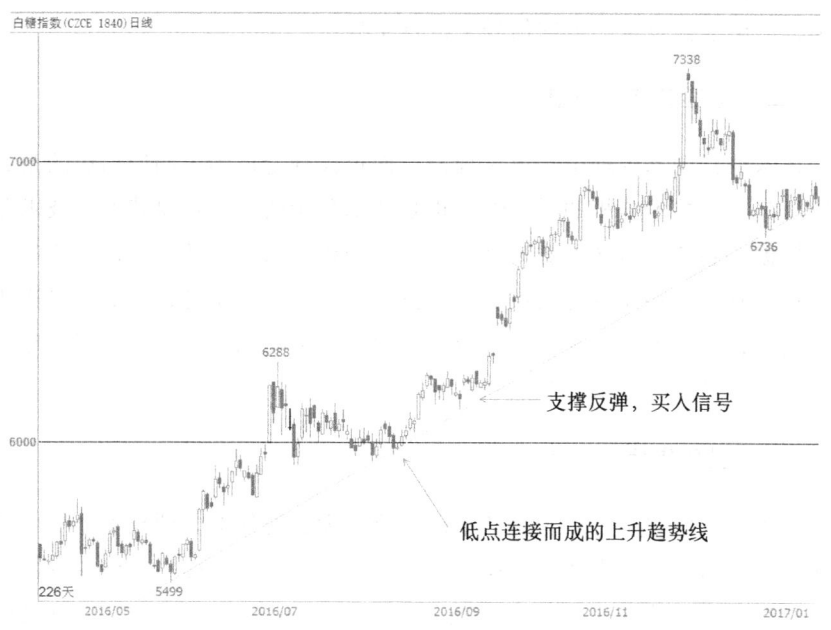

图 10-1　趋势线的应用

资料来源：文华财经、华信期货。

第十章 投资者如何参与白糖期货投机 219

从图10-1中我们可以看到，白糖期货指数的走势沿着上升趋势线运行，而当价位接近或者触及趋势线的时候，就可以考虑买入开仓。趋势线持续的时间越长，被触及的次数越多，就说明越有效，而一旦趋势线被走势下破，那么行情发生转势的可能性也就越大。

案例 10-5

移动平均线（MA）的应用

移动平均线（见图10-2）是以道·琼斯的"平均成本概念"为理论基础，采用统计学中"移动平均"的原理，将一段时期内的价格平均值连成曲线，用来显示价格的历史波动情况，进而反映价格指数未来发展趋势的技术分析方法。它是道氏理论的形象化表述。

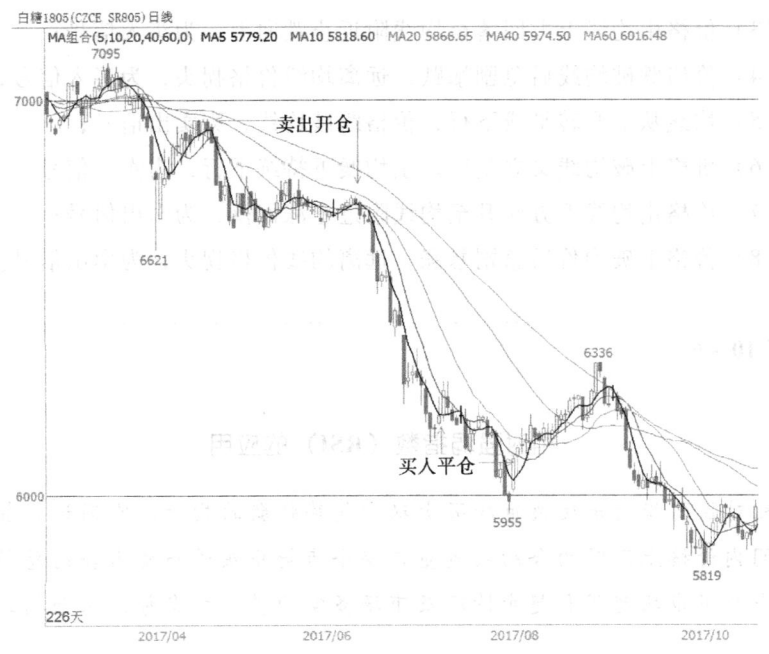

图10-2 移动平均线的应用

资料来源：文华财经、华信期货。

图 10-2 是 2017 年 4 月至 10 月白糖 1805 期货合约的走势图，运用了 5 天均线、10 天均线、20 天均线、40 天均线、60 天均线作为判断趋势和买卖时机的依据。开仓时机为 5 天均线穿过 10 天均线向下突破，（当 10 天均线本来就处于下降的时候，这种 5 天均线往下穿破 10 天均线称为均线"死叉"），在下跌过程中，5 天、10 天、20 天、40 天、60 天均线按照从下至上的发散排列，又称为空头排列，是空头继续持有的信号。当行情进入底部 5 天均线掉头向上并穿过 10 天均线，此次交易盈利平仓。

这里介绍关于均线作为判断买卖的一种方法供投资者参考，该方法称为葛兰威尔均线法则。在实际运用中，建议投资者仍需将此法则与其他技术指标结合分析，然后再对行情做出判断。

葛兰威尔均线法则：

（1）均线从下降转平或上升，价格向上突破均线，为买入信号；

（2）价格跌破均线又立刻回升到均线上持续上升，为买入信号；

（3）价格由均线上方回落至均线附近止跌向上，为买入信号；

（4）价格跌破均线后急剧暴跌，远离均线价格拐头，为买入信号；

（5）均线从上升转平或下行，价格跌破均线，为卖出信号；

（6）价格上破均线又立刻回落至均线下持续下行，为卖出信号；

（7）价格由均线下方回升至均线附近止涨回落，为卖出信号；

（8）价格上破均价后急剧暴涨，远离均线价格拐头，为卖出信号。

案例 10-6

相对强弱指数（RSI）的应用

相对强弱指数是反映市场买卖双方气势强弱的指标，它通过计算某一段时间内价格上涨时的合约买进量占整个市场中买进与卖出合约总量的份额，来分析市场超买和超卖情况及市场多空力量对抗态势，从而判断买卖时机。

根据采样的天数可以计算多种 RSI，如 6 日 RSI、12 日 RSI、24 日 RSI，一般大多采用 6 日 RSI。RSI 的值在 0 到 100 之间。数值越大，表明市场上卖方气势越弱、买方气势越强；值越小，说明市场上买方气势越弱，卖方气势越强。一般说，RSI 值超过 75 或 80 为超买区，低于 20 或 25 为超卖区。

通常将 RSI 值和移动平均线、K 线图等画在一起，以移动平均线或 K 线图观测市场趋势，以 RSI 值图分析市场买卖双方力量对比的变动，以便相互补充。使用 RSI 值进行技术分析最看重的是价格与 RSI 值图的背离。当新的 RSI 值低于前高点而价格线却创新高点时，表明上升趋势可能逆转，当 RSI 降低到以前的低点时逆转便成定局。跌势逆转的判断相反。但是，运用相对强弱指数分析时，除了应注意背离走势外，还应注意切不可因为相对强弱指数已进入超买超卖区便盲目入市。因为，在超买超卖区内，有时即使相对强弱指数的微幅波动，价位也可能持续大涨或大跌。也就是说，在单边的行情中，相对强弱指数可能失真。

从图 10-3 中我们可以看出，将 RSI 指数与 K 线图结合起来，可以很清晰地根据他们反映出来的状况来对趋势进行追踪并制定相应的操作计划。

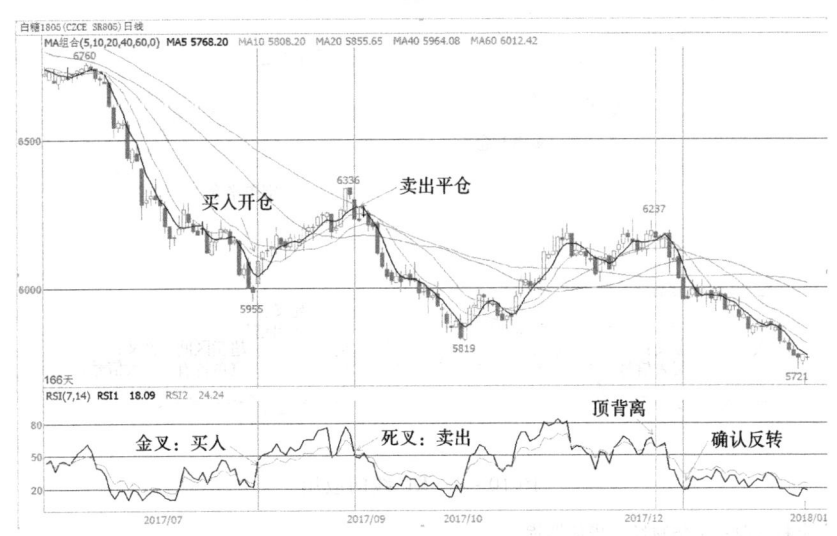

图 10-3　RSI 指数的应用

资料来源：文华财经、华信期货。

案例 10-7

KD 线的应用

KD 线，是指以 K 线和 D 线的组合变化来说明市场价格变化的技术指标。K 值是当前收盘价处于当期极点高价与低价差额的相对比例。比例高显示当前市价偏向靠近高价，比例低显示当前市价偏向靠近低价，通过水平变动的数值，可以说明市场内部动力的增减情况。D 值是累积极点高低价差额，比较当前市价处于当期极点高低价差额的总和，然后再求出相对比例。将 K、D 值画在坐标图中，连点成线，就可得到 K 线、D 线（见图 10-4）。

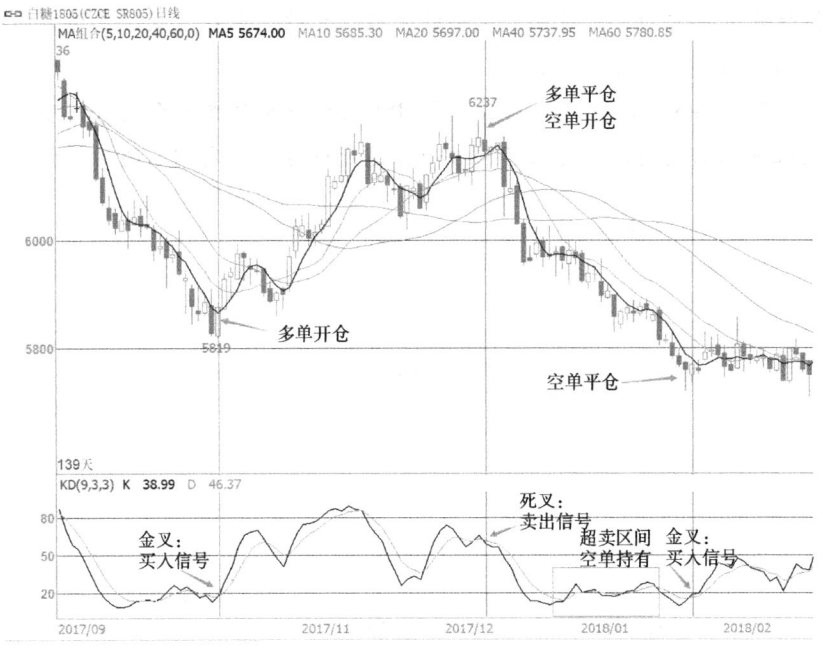

图 10-4 KD 线的应用

资料来源：文华财经、华信期货。

同相对强弱指数一样，随机指标的值介于 0~100，它们的变动同样可以反映市场买卖双方的力量对比。K、D 值越高，说明市场多头占优；相反则空头占优。K、D 值达到 70 或 75 以上时，市场处于超买状态，低于 25 或

30 时,市场处于超卖状态。如果市场处于明显的涨势,它会先带动 K 线上升,然后带动 D 线;如果市场处于显著的跌势,同样是先带动 K 线下跌,其次才是 D 线。当 K 线从下向上穿过 D 线时,特别是两线相交且上升时,证明市场走势向上,应买入合约,当 K 线从上向下穿过 D 线时,特别是两线相交且下跌时,证明市场走势向下,应卖出合约。

从图 10-4 中我们可以看出,当 KD 线在 20 附近的超卖区形成金叉时,就给投资者发出了买入的信号,投资者在确定金叉形成后,则可以选择合适的价位买入开仓;而当 KD 线在高于 80 的超买区形成死叉的时候,就意味着投资者应该考虑将多单平仓,同时卖出空单;而当 KD 线再次在超卖区域形成金叉的时候,就出现一个空单的平仓点以及多单的买入点。

案例 10-8

指数平滑异同移动平均线(MACD)的应用

指数平滑异同移动平均线,是运用快速与慢速的移动平均线聚合与分离的特点,加以双重平滑运算,用以判断买卖时机。它是对中期行情趋势进行分析判断的一种常用辅助工具。在应用上应先算出短期移动平均线与长期移动平均线,再测量出这两个数值的差离值,即:短期移动平均线之值减去长期移动平均线之值。在持续涨势中,短期移动平均线会在长期移动平均线之上,其间的正差离值(+DIF)会越来越大;反之在跌势中,负差离值(-DIF)亦会增大。在行情开始回转时,正或负差离值会缩小。

从图 10-5 中对 MACD 指标的应用,我们也可以看到,该指标的用法与 KD 线的用法较为相似,也是根据指标在其区域内的走势来判断买入或者卖出的信号。在实际的应用中,将这两个指标相结合来判断,准确率也会相应地高一些。

通过案例 10-8,我们简单地介绍了几种常用的分析指标以及如何运用。在期货交易中,还有很多其他的技术指标及分析方法,如江恩理论、艾略特波浪理论等;感兴趣的读者可以另行查阅相关书籍进行了解和学习。无论是哪种技术分析方法,运用它们的最终目的还是为期货交易服务,因此,

图 10-5 MACD 的应用

资料来源：文华财经、华信期货。

在学习技术分析的过程中，首先投资者需要筛选出适合自己的技术分析方法，并通过实践来加深理解。另外，在实际交易中，投资者还应该将基本面分析与技术分析相结合，而不应该单独地依靠某一种分析方法，基本面和技术面的综合运用，能帮助投资者更好地对行情进行分析。

 五、短线交易者参与白糖期货需要注意哪些问题？

对市场的不同理解造就了不同的交易方式，主要分为短线交易以及中长线交易这两种交易方式。由于这两种投资方式的理念对投资者的要求各不相同，投资者可根据自身的情况来选择适合自己的交易方式。

短线交易主要依赖投资者对盘中价格走势的感觉，理性的基本面和技术面信息分析作用在其次。因为价格在一天中的波动主要来自于交易者的投机行为影响、资金作用的推动以及基本面突发事件的影响，特别是在大幅震荡行情中尤为突出，这种行情也是短线交易者的理想行情。

短线交易持仓时间较短，长则一两天，短则几分钟。短线投机者在入市之后不能马上获利，就会准备迅速离场。也正因为短线交易方式持仓时间短，所以承受大幅市场波动的风险低，盈利水平也相对低，主要是依靠大量的交易将利润累积。

从图 10-6 可以看出，2017 年以来，白糖的日内波动相对稳定。而在 2017 年之前，在各大主力合约品种之中，经常会出现短线的投资机会。

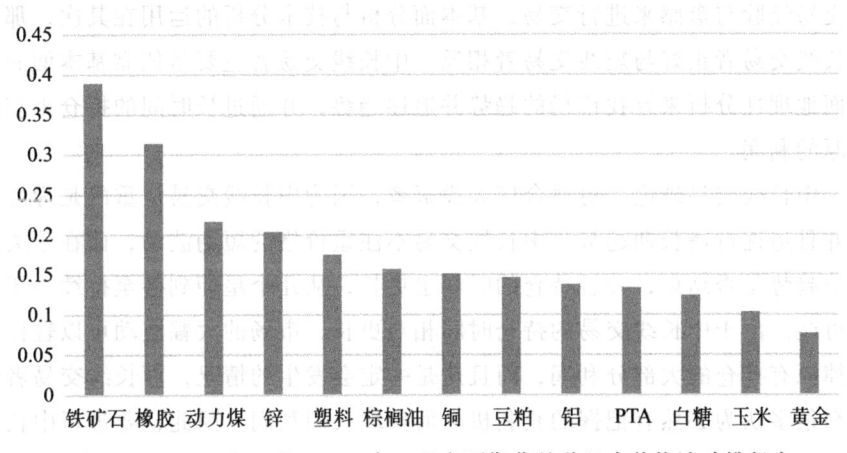

图 10-6 2017 年 4 月—2018 年 3 月主要期货品种日内价格波动排行表

资料来源：华信期货。

要依靠短线投机在白糖期货交易中获得盈利，有三个要点需要注意：首先，要树立薄利的交易思想，规定一个合理的利润空间，达到目标时要立即出局，然后重新分析市场，耐心等待市场给出的下一次交易机会；其次，要选择符合自己交易原则和自己熟悉的交易机会，短线投机由于获利微薄，要靠交易的成功率来保证盈利；最后，控制风险是短线交易的重中之重，止损要坚决,要把损失控制在既定的范围之内,特别是由于白糖期货价格日内波动频繁,一次亏损就有可能把所有盈利都抵消殆尽。

成功的短线交易者需要长期的交易经验积累,因为短线交易重视交易盈利的比例,并且需要交易者具有很强的操作能力和综合素质,实际上并不适合刚刚进入市场的初级交易者。

 六、中长线交易者参与白糖期货需要注意哪些问题?

中长线交易与短线交易完全不同。如果说短线交易者更多的是依靠自己的交易经验与盘感来进行交易,基本面分析与技术分析的运用在其次,那么中长线交易者正好与短线交易者相反。中长线交易者主要是依靠基本面和技术面地理性分析来寻找市场的趋势并追逐趋势,并通过长时间的持仓来获得丰厚的利润。

中长线交易理论上更适合广大投资者,因为中长线交易注重的是理性分析并且追逐行情长期趋势。中长线交易不注重价格的短期波动,而在于关注行情趋势是否结束,并且持仓的时间也更长,从几个星期到甚至持续一年都有可能。由于中长线交易的持仓时间相对更长,市场的大幅波动可以轻松地吃掉原有持仓的大部分利润,而且这是一定会发生的情况,而长线交易者要放弃很多认为必然有把握的获利机会而换取长期利润。因此,要进行中长线交易,就要求交易者有很好的耐心及毅力。

交易者在进行白糖期货中长线交易时要注意以下几个问题:

首先,决定白糖期货价格长期趋势的最主要的因素就是白糖的供求关系,因此,供求关系的变化决定了白糖期货行情的趋势。但是,供求关系的变化会从榨季的生产期一直持续到消费期,也是一个长期的过程,期间会出现很多影响因素干扰投资者的判断。而当供求关系明朗时,则说明当前行情趋势已经结束。因此,中长期交易需要善于理性地分析基本面和技术面的信息,并从中寻找出趋势的方向和进场交易的机会。

其次，白糖期货市场一年之中大部分时间都在震荡，这会令中长线交易者的盈利一直在变化，甚至会出现由盈利转为亏损的情况。同时，市场走势有时会大幅回折，并产生趋势结束的信号，中长线交易者也会面临被迫在失去很大一块利润的情况下平仓离场的情况，而平仓之后市场又朝原来的方向运行，只要判断行情的趋势没有结束，此时交易者还必须有勇气和毅力再次进场。

最后，中长线交易最重要的是保持客观和遵守纪律，在很多情况下交易者要放弃自己的思想以及短期的盈利机会，但结束一次成功的长线头寸却可以获取令人羡慕的回报，这也是长线之所以令人向往的原因。中长线交易有一个最大的特点：亏小赢大，中长线交易不重视盈亏的次数比例，而重视盈亏的质量，这是中长线交易与短线交易的最本质区别。

 七、如何运用套利操作参与白糖期货交易？

套利交易是国际金融市场、特别是外汇市场中的一种主要交易手段，由于其收益稳定，风险相对一般投机操作更小，国际上绝大多数大型基金均主要采用套利或部分套利的方式参与期货市场的交易。套利交易更适合具有一定资金量和交易经验且投资风格稳健的投资者。

套利交易又叫套期图利，是指交易者同时买进和卖出两张不同种类的期货合约。在进行套利交易时，投资者关心的是合约之间的相互价格关系，而不是绝对价格高低。投资者买进自认为价格被市场低估的合约，同时卖出自认为价格被市场高估的合约。如果价格的变动方向与当初的预测相一致，即买进的合约价格走高，卖出的合约价格走低，那么投资者可从两合约价格间的关系变动中盈利；反之投资者就会出现亏损。

套利一般可分为三类：跨期套利、跨市套利和跨商品套利。下面我们来看看三种套利操作在白糖期货中的运用。

(一) 跨期套利

跨期套利是套利交易中最普遍的一种，是利用同一期货品种不同合约之间正常价格差距出现异常变化时进行对冲而获利。跨期套利又分为"无风险套利""熊市套利"和"蝶式套利"等多种套利方式，投资者可以根据市场情况来选择合适的套利操作方式进行交易。

1. 无风险套利

在期货市场中，同一期货品种不同合约间的价格变动既有趋同性又有差异性。趋同性指的是各合约价格均受相同市场因素的影响；差异性指的是可能因季节性因素、现货近远期供求预期及人为因素等影响，使得各合约间的价差在某时间阶段内出现强弱分化，超出了各合约间的正常价差。合约间的正常价差是指市场处于理性状态下出现的合理价格差异，其中包括仓储费用、资金利息、增值税等，由于持仓费用的存在使得在正常情况下远期合约价格应该高于近期合约。那么，当远期合约减去近期合约价格差大于套利交易者的套利成本时，则为套利投资者提供了无风险套利机会。

无风险套利是跨期套利中的一种，也称正向套利、买入套利或牛市套利。当近、远月合约的价差大于两合约间的持仓成本时，理论上则为投资者提供了获取稳定价差收益的套利机会。但由于政策、交易所的规则、细则及期货转现货方面的问题，无风险套利也并非完全没有风险，在实际操作中投资者需熟悉交易所的制度，最大程度上地减少风险，提高套利的成功率。

案例 10-9

白糖无风险套利介绍

进行白糖正向市场无风险套利交易过程中，有两种了结方式：一种是期货市场对冲了结；另一种是实物交割了结。一般情况下，均按实物交割了结方式所需的成本进行计算。

白糖期货无风险套利成本分析：

白糖合约间正常价差 = 仓储费 + 资金成本 + 交易手续费 + 交割费用 + 增

值税

仓储费：5月1日—9月30日：0.40元/吨·天；其他时间为0.35元/吨·天

交割手续费：1元/吨，两次交割

交易手续费：10元÷10吨=1元/吨，两次交易（期货公司手续费按定额收取，这里以5元/手计，每手10吨）

过户费：1元/吨

增值税：以建仓价位与交割结算价差×17%计算

资金利息：按交割细则规定，仓单抵押金额不得超过合约值的80%，因此，计算利息的资金需按照合约市值的20%计算

2013年7月某日：白糖1405月合约收盘价为4800元/吨，白糖1409月合约收盘价为5200元/吨，则9月与5月白糖合约的价差为380元/吨（9月合约仓单贴水20元）。

5月与9月的套利成本如下：

仓储费：0.40×120=48（元/吨）

交割手续费：1×2=2（元/吨）

交易手续费：0.5×2=1（元/吨）

仓单过户费：1元/吨

增值税：增值税是按交割月配对日的结算价计算的，因此，增值税是变动的。在此以380元价差计算：380×0.17=64.6（元）

5月交割后资金利息：

4800×5.25%×4÷12+5200×20%×5.25%×4÷12=102.2（元）

套利持仓期（2013年7月—2014年5月）资金利息，按大边保证金计算：

5200×20%×5.25%×10/12=45.5（元）

白糖1月与5月合约间的套利成本：

48+2+1+1+64.6+102.2+45.5=264.3（元）

总结：以上计算所得，当9月与5月白糖合约价差大于264.3元的时候，理论为套利交易提供了无风险套利机会。

通过对套利成本的分析及白糖5月与9月合约的价差。理论上，此次套利加交割可以稳定获得380-264.3=115.7（元）的利润。

但在实施过程中，会有两种情况出现，不同的情况采用相应的方案处理。第一，如果价差在预期的时间内可以缩小，则可以在期货市场选择对冲方式了结，实现目标利润；第二，如果价差在预期时间内不变或者扩大，则通过现货交割实现。

当5月与9月白糖合约价差缩小时，套利操作方案见表10-1。

表10-1　　　　合约价差缩小时的套利操作方案

市场情况	5月价格（元/吨）	9月价格（元/吨）	合约价差（元/吨）	操作	手续费（5元/手）	操作结果
	4800	5200	400	买入1000手白糖5月合约，同时卖出1000手9月白糖合约	1000×2×5=10000（元）	5月合约资金占用：1000×10×4800×10%=480（万元） 9月合约资金占用：1000×10×5200×10%=520（万元） 套利大边占用：520万元
若市场价格上涨但近月上涨更快	5000	5300	300	双边同时平仓	1000×2×5=10000（元）	5月合约盈亏：(5000-4800)×1000×10=200（万元） 9月合约盈亏：(5200-5300)×1000×10=-100（万元） 净利润=200-100-1×2=98（万元） 投资收益率=98÷520×100%=19%

续表

市场情况	5月价格(元/吨)	9月价格(元/吨)	合约价差(元/吨)	操作	手续费(5元/手)	操作结果
若市场价格下跌但近月下跌较少	4700	5000	300	双边同时平仓	1000×2×5=10000（元）	5月合约盈亏：(4700-4800)×1000×10=-100（万元）9月合约盈亏：(5200-5000)×1000×10=200（万元）净利润=200-100-1×2=98（万元）投资收益率=98/520×100%=19%

资料来源：华信期货股份有限公司。

当5月与9月白糖合约价差扩大时，套利操作方案见表10-2。

表10-2　　　　合约价差扩大时的套利操作方案

市场情况	5月价格(元/吨)	9月价格(元/吨)	合约价差(元/吨)	操作	操作结果
	4800	5200	400	买入1000手白糖5月合约，同时卖出1000手白糖9月合约	5月合约资金占用：1000×10×4800×10%=480（万元）9月合约资金占用：1000×10×5200×10%=520（万元）套利大边占用：520万元
若到期合约价差继续扩大	4500	5000	500	两次交割套利	最大资金占用：1000×10×5000=5000（万元）投资盈亏：(380-264.3)×1000×10=115.7（万元）
投资评估	投入资金收益率=115.7÷5000=2.31%，折合年收益率6.93%				

资料来源：华信期货有限公司。

2. 熊市套利

熊市套利也属于跨期套利交易中的一种，市场也称之为"卖空套利"。套利交易者实施交易策略后希望看到的是近月合约价格下跌幅度大于远期合约、上涨幅度小于远期合约，并从中获得价差利润。

在正常市场中，若近期商品供给量逐步增加但需求渐疲软，而对远期市场的供求预期偏向紧张的前提下，下跌时，将会导致近月合约价格下跌幅度大于远期合约；上涨时，近月合约的价格上涨幅度小于远月合约。

在反向市场中，由于前期因商品现货市场供应极其紧张，同时预期远期商品供应将过剩。现货交易商更愿意购买现在的商品或者买入近期合约进行保值，而不愿意为未来的市场囤积商品，导致商品库存大幅下降，商品现货价格大幅度上涨高于了期货近期合约价格。并且，因市场投机力量的驱使，近月合约价格大大高于远期合约价格。由于农产品市场具有季节性的特点，消费需求也有淡旺季，新供应量的上市或者消费趋向淡季缓解近期供应紧张的格局等将引起套利交易者的关注，进行卖近期买远期的套利交易。

案例 10-10

正向市场的卖近买远

假设 2016 年 4 月白糖近 9 月合约价格低于 1 月远期合约价格 205 元/吨，见表 10-3。

表 10-3　　　　　　　正向市场的熊市套利操作方案

	9月价格（元/吨）	1月价格（元/吨）	价差绝对值（元/吨）	操作	手续费（20元/手）	操作结果
正向市场	5607	5812	205	卖出1000手白糖近月合约，同时买入1000手白糖远月合约	1000×2×20=4（万元）	9月合约保证金占用：1000×10×5607×10%=560.7（万元） 1月合约保证金占用：1000×10×5812×10%=581.2（万元） 合计：1141.9万元（注1）

续表

9月价格(元/吨)	1月价格(元/吨)	价差绝对值(元/吨)	操作	手续费(20元/手)	操作结果
若市场价格下跌但近月下跌更快	5300	5550	250	双边同时平仓	1000×2×20=4（万元）	9月合约盈亏：(5607−5300)×1000×10=307（万元） 1月合约盈亏：(5550−5812)×1000×10=−262（万元） 净利润：307−262−4×2=37（万元）
若市场价格上涨但近月上涨较少	5850	6200	350	双边同时平仓	1000×2×20=4（万元）	9月合约盈亏：(5607−5850)×1000×10=−243（万元） 1月合约盈亏：(6200−5812)×1000×10=388（万元） 净利润：388−243−4×2=137（万元）
收益率	投入资金收益率：37/1141.9×100%=3.24%；137/1141.9×100%=12%（注2）				

资料来源：华信期货有限公司。

注1：实际操作中保证金需考虑到手续费、维持保证金。实际保证金＝手续费＋交易保证金＋维持保证金。

维持保证金比率一般是交易保证金的0.75。

注2：收益率中未计算资金利息成本（以下案例同上）。

从以上案例结果可知，在正向市场中，虽然两种市场情况的涨跌方向不同，但只要近月合约与远月合约间的价差扩大，选择对冲平仓就能稳定地获取利润。

案例 10-11

反向市场的卖近买远

假设 2013 年白糖 5 月近月合约价格高于 1 月远期合约价格 107 元/吨，见表 10-4。

表 10-4　　　　反向市场的熊市套利操作方案

	9月价格(元/吨)	1月价格(元/吨)	价差绝对值(元/吨)	操作	手续费(20元/手)	操作结果
反向市场	5255	5148	107	卖出1000手白糖1月合约，同时买入1000手白糖5月合约	1000×2×20=4（万元）	9月合约保证金占用：1000×10×5255×10%=525.5（万元） 1月合约保证金占用：1000×10×5148×10%=514.8（万元） 合计占用：1040.3万元
若市场价格下跌但近月下跌更快	5150	5080	70	双边同时平仓	1000×2×20=4（万元）	9月合约盈亏：(5255-5150)×1000×10=105（万元） 1月合约盈亏：(5080-5148)×1000×10=-68（万元） 净利润：105-68-4×2=29（万元）
若市场价格上涨但近月上涨较少	5400	5350	50	双边同时平仓	1000×2×20=4（万元）	9月合约盈亏：(5255-5400)×1000×10=-145（万元） 1月合约盈亏：(5350-5148)×1000×10=202（万元） 净利润：202-145-4×2=49（万元）
收益率			投入资金收益率：29/1040.3×100%=2.79%；49/1040.3×100%=4.71%			

资料来源：华信期货有限公司。

从以上案例结果可知，虽然两种市场情况的涨跌方向不同，但只要近月合约与远月合约价差缩小，就能稳定的获取利润。

从两个熊市套利理想案例中，我们了解到在正向市场时是通过价差不断扩大获得利润，在反向市场时是通过价差的不断缩小而获得利润。但当价差往反方向运动时，则可能导致我们的套利失败。因此与"无风险套利"相比，熊市套利在遭遇到政策风险、市场风险、交易风险、资金风险等不确定因素影响的同时，价差变动风险远比无风险套利大。因此，熊市套利要更注重价差变动的研究。

3. 蝶式套利

蝶式套利实质上也是同一品种期货的跨期套利活动。蝶式套利由两个方向相反的跨期套利构成，一个卖出套利和一个买进套利。连接两个跨期套利的纽带是居中月份的期货合约。在合约数量上，居中月份合约的数量等于两侧月份合约的数量之和。蝶式套利必须同时下达三个买进/卖出/买进的指令，并同时对冲。蝶式套利与普通的跨期套利相比，从理论上看风险和利润都更小。

蝶式套利的获利原理是：由于不同交割月份的期货合约在客观上存在着价格水平的差异，而且随着市场供求关系的变动，中间交割月份的合约与两侧交割月份的合约价格还有可能会出现更大的价差。这就造成了套利者对蝶式套利的高度兴趣，即通过操作蝶式套利，利用不同交割月份期货合约价差的变动对冲了结，平仓获利。

蝶式套利涉及的三个交割月份的合约可分别称为近期合约、居中合约和远期合约。"买两个同时卖一个合约"的实际操作是买入近期合约，同时卖出居中合约，并买入远期合约，其中居中合约的数量等于近期和远期合约数量之和。这相当于在近期合约与居中合约之间的牛市套利和在居中合约与远期合约之间的熊市套利的一种组合。

"买一个同时卖两个合约"也是蝶式套利的一种。它是和"买两个同时卖一个合约"相反的套利行为。具体的实际操作是：卖出近期合约，同时买入居中合约，并卖出远期合约，其中居中合约的数量等于近期合约和远期合约数量之和。

蝶式套利与跨期套利的相似之处，都是同一商品但不同交割月份之间的价差出现了不合理的情况。不同之处在于，跨期套利只涉及两个合约之间的价差，而蝶式套利则涉及居中合约与近期、远期合约之间的价差。

案例 10-12

买两个合约同时卖一个合约

假设2016年5月20日，9月份、1月份、5月份的白糖期货合约价格分别是5500元/吨、5750元/吨、5850元/吨，某交易者认为9月份和1月份之间的价差过大而1月份与5月份之间的价差过小，预计9月份与1月份的价差会缩小而1月份与5月份的价差会扩大，于是该交易者以该价格同时买入5手9月份合约、卖出15手1月份合约，同时买入10手5月份白糖期货合约。到了7月4日，三个合约的价格均出现不同幅度的上涨，9月份、1月份和5月份的合约价格分别涨至6200元/吨、6350元/吨、6550元/吨，于是该交易者同时将三个合约平仓。在该蝶式套利操作中，套利者的盈亏状况可用表10-5来分析。

表10-5　买两个合约同时卖一个合约的蝶式套利操作方案

	9月份合约	1月份合约	5月份合约	手续费	保证金占用
5月20日	买入5手，5500元/吨	卖出15手，5750元/吨	买入10手，5850元/吨	30×20 = 600（元）	1月份合约占用：5500×5×10×10% = 27500（元） 3月份合约占用：5750×15×10×10% = 86250（元） 5月份合约占用：5850×10×10×10% = 58500（元） 合计占用：27500 + 86250 + 58500 = 172250（元）

续表

	9月份合约	1月份合约	5月份合约	手续费	保证金占用
7月4日	卖出5手，6200元/吨	买入15手，6350元/吨	卖出10手，6550元/吨	30×20=600（元）	
各合约盈亏状况	盈利700元/吨 总盈利为 700×5×10=35000（元）	亏损600元/吨 总亏损为 600×15×10=90000（元）	盈利700元/吨 总盈利为 700×10×10=70000（元）	手续汇总为：600+600=1200（元）	保证金占用汇总：172250元
净盈亏	净盈利为：35000-90000+70000-1200=13800（元）				
收益率	13800÷172250×100%=8%				

资料来源：华信期货有限公司。

案例10-13

买一个合约同时卖两个合约

2017年11月13日，1月份、5月份、9月份的白糖期货合约价格分别是6500元/吨、6125元/吨、6050元/吨，某交易者认为1月份和5月份之间的价差过大而5月份与9月份之间的价差过小，预计1月份与5月份的价差会缩小而5月份与9月份的价差会扩大，于是该交易者以该价格同时卖出10手1月份合约、买入15手5月份合约，同时卖出5手9月份白糖期货合约。到了12月27日，三个合约的价格均出现不同幅度的下跌，1月份、5月份和9月份的合约价格分别跌至6200元/吨、5975元/吨、5950元/吨，于是该交易者同时将三个合约平仓。在该蝶式套利操作中，套利者的盈亏状况可用表10-6来分析。

表 10-6　　买一个合约同时卖两个合约的套利者盈亏状况表

	1月份合约	5月份合约	9月份合约	手续费	保证金占用
11月13日	卖出10手，6500元/吨	买入15手，6125元/吨	卖出5手，6050元/吨	30×20=600（元）	1月份合约占用：6500×10×10×10%=65000（元） 5月份合约占用：6125×15×10×10%=91875（元） 9月份合约占用：6050×5×10×10%=30250（元） 合计占用：65000+91875+30250=187125（元）
12月27日	买入10手，6200元/吨	卖出15手，5975元/吨	买入10手，5950元/吨	30×20=600（元）	
各合约盈亏状况	盈利300元/吨 总盈利为300×10×10=30000（元）	亏损150元/吨 总亏损为150×15×10=22500（元）	盈利100元/吨 总盈利为100×5×10=5000（元）	手续汇总为：600+600=1200（元）	保证金占用汇总：187125元
净盈亏	净盈利为：30000-22500+5000-1200=11300（元）				
收益率	11300÷187125×100%=6.04%				

资料来源：华信期货有限公司。

（二）期现套利

商品期货市场的期现套利就是当期货价格与现货价格之间出现不合理的基差时，套利者通过构建现货与期货的套利资产组合，以期基差在未来回归合理的时候平掉套利组合的头寸并获取套利利润的投资行为。

从操作形式上，当基差过小时，套利者将在买入现货的同时卖出同等数量的期货合约，通过"做多"基差来获利。因此，期现套利的本质就是基差交易，而判断市场中是否出现期现套利机会就是判断期现基差是否处于合理的水平。

持有成本是判断基差是否合理的一个绝对的标准。理论上，期货价格是商品未来的价格，现货价格是商品目前的价格，按照经济学上的同一价格理论，期现基差应该等于该商品的持有成本。通常情况下，该持有成本应包括购买商品所需资金的资金成本、仓储费用、运输费用、交易和交割费用等。

因此，按照持有成本计算出期现价差大于持有成本时，则为投资者提供期现套利的机会。一般来说有两种情形：第一种当期货价格加上持有成本低于现货价格时，则可以买入期货合约卖出现货，也称之为期现反向套利。第二种当现货价格加持有成本低于期货价格时，则可以买入现货的同时卖出期货合约，也称之为期现正向套利。

依据持有成本实施的套利可以说是完全无风险的套利方式，而套利者实施该种套利的基础在于现货交割。因此，期现套利机会的识别，重点在于持有成本的计算。

案例 10-14

买现货，卖期货

2016 年 9 月 12 日，广西食糖中心批发市场（柳糖市场）白糖 S16113 合约的结算价是 5973 元/吨，而郑州商品交易所白糖 S1701 合约的结算价为 6230 元/吨，两者价差近 300 元/吨，可在柳糖市场低价买入 S16113 合约，在郑糖市场高价卖出 S1701 合约，然后择机对冲了结或进行实物交割了结，实现无风险套利。

1. 首先我们先算一下套利交易成本

交易手续费：柳糖市场交易手续费为 0.6 元/吨，郑糖市场交易手续费为 0.8 元/吨，合计共 1.4 元/吨。

交割手续费：柳糖市场买入交割手续费为 6 元/吨，郑糖市场卖出交割手续费按3元/吨计,两项合计为9元/吨。

仓单检验费:注册成郑糖市场仓单时,需要质检机构进行检验,检验费用为450元/样品,检验费为0.9元/吨。

仓单仓储费:郑糖市场白糖标准仓单仓储费(含保险费)收取标准为:每年5月1日至9月30日为0.45元/吨·天;其他时间收取标准为0.4元/吨·天。

2016年11月第四周可接收到柳糖市场的食糖,而郑糖市场S1701合约是2017年1月中旬进行交割,所以需要支付一个半月的仓储费,仓储费为18元/吨。

出入库费用及短途运费:由于郑州商品交易所指定的14个交割库中,有7个在广西,并且这7个交割库也都是柳糖市场的交割仓库,所以做交割时,仓库重合的概率很大,也就是说,如果在郑州商品交易所指定的交割仓库中接收到柳糖市场的食糖,那么经检验合格后,可直接注册成郑州商品交易所的注册仓单,省去出库及短途运费。如果在柳糖市场接收食糖的仓库与郑州商品交易所的仓库不重合,那么需要把糖拉到郑州商品交易所指定的交割仓库中,这其中增加的成本有柳州市场接收糖的出库费、短途运费。

郑糖仓库的入库费:柳糖市场的出库费按6元/吨计算,广西区域内短途运费按20元/吨,郑糖入库费用按15元/吨计算,此项费用合计为41元/吨。

增值税:增值税率为17%,假设两次交割时的价差仍为300元/吨,增值税为43.58元/吨。资金利息:资金利息按一年期贷款年息5.25%计算,月息是0.43%。

柳糖市场S16113合约占用保证金500元/吨,持有时间按2个月计算,郑糖市场保证金收取比例10%,考虑到风险控制,按650元/吨计算,持有时间4个月。从柳州市场买入现货后,持有一个半月,则资金使用成本为:$(500 \times 2 + 560 \times 4 + 5973 \times 1.5) \times 0.43\% = 54$(元/吨)。

套利交易成本合计:

综合上述7项费用,预计交易的总成本为:$1.4 + 9 + 0.9 + 18 + 41 + 43.58 + 54 = 167.88$(元/吨)。

2. 资金总投入

假设套利数量为3万吨:

柳糖占用资金 = 3 × 500 = 1500（万元）

郑糖占用资金 = 3 × 650 = 1950（万元）

资金总投入 = 1500 + 1950 = 3450（万元）

3. 预期利润率估计

预期收益是 300 元/吨，预期最大成本 167.88 元/吨，则预期利润是 300 − 167.88 = 132.12（元/吨）。

对冲平仓的利润率估计：如果在柳糖 S16113 合约到期前，郑糖 S1701 合约与柳糖 S16113 合约的价差能够回落到 132.12 元以内，则可在两个市场上获利平仓，不必进行实物交割。这种情况下可忽略资金使用成本，预期收益率是：132.12 ÷（500 + 650 + 2.8）= 11.46%。

总利润 = 3450 × 14.32% = 395.37（万元）

实物交割的利润率估计：

如果在柳糖 S16113 合约到期时，价差仍未能缩小到 132.12 元以内甚至扩大，则可以通过交割来实现预期利润。预期收益率是：132.12 ÷（5973 + 650 + 167.88）= 1.95%。

总利润 = 3450 × 1.95% = 67.12（万元）

即无风险利润为 67.12 万元，最大利润为 395.37 万元以上。

从以上期现套利的案例可以看出，期现套利实现的门槛较高，一是从事于期现套利的投资者必须具备现货背景，根据交易所的规则、制度，个人投资者的持仓是不允许进入交割月，也不具有实物交割的条件，个人投资者进行期现套利较难实现；二是期现套利投资者须详细了解交易所的交易规则、交割规则，同时要保障实物商品的品质达到交易所的要求；三是要保障资金的充裕，避免因市场原因出现不利于期现套利的实施。比如，交易所涨跌停板制度与保证金制度规定。比如，连续四个交易日出现涨（跌）停板，交易所将提高保证金额度等。交易所处理极端市场时采取化解风险的措施将对套利投资者带来政策性风险。

（三）跨品种套利

其他农产品和白糖之间存在投资机会吗？这就是跨品种套利。

跨品种套利必须具备以下条件：一是两种商品之间应具有关联性与相互替代性；二是交易受同一因素制约；三是买进或卖出的期货合约通常应在相同的交割月份。

从国内的白糖期货市场来看，由于与白糖有关的原料和成品都没有上市的期货品种，所以，白糖跨品种套利的第二种情况可以排除，下面我们主要讨论一下白糖和相关商品间的套利情况。

如果某些商品期货价格之间存在较强的相关关系，则可利用它们之间的价差进行套利。例如，小麦和玉米均可用作食品加工及饲料，价格有相似变化趋势，因此可以进行小麦和玉米间的套利。但白糖和其他的商品有没有很强的相关性呢？下面我们通过一些数据的整理和分析，来找出相关的答案。

白糖具有农产品属性，目前国内的农产品期货主要分布在大连商品交易所与郑州商品交易所，上市的期货品种主要有豆类系列（大豆、豆油、豆粕）、谷物系列（玉米、强麦、早籼稻）和棉花，我们通过建立白糖与上述品种的相关性分析，找出白糖和其他农产品进行套利的可能性。如果白糖与上述某个品种的相关性较强，则为白糖进行跨商品套利提供可能，如果相关性较弱，则实施跨品种套利可行性较低。

从表10-7中简单的相关性分析可以看出，白糖期货与其他农产品期货的相关系数都偏低，在相关性偏低的情况下进行跨商品套利的成功概率较低，因此，白糖期货并不适合与国内其他农产品期货进行跨品种套利。

表10-7　　2017年1—12月白糖期货与其他商品期货相关系数对比

	白银	铜	螺纹钢	豆粕	玉米	白糖	豆一
SHFE 白银	1	-0.591	-0.604	0.096	-0.621	0.77	0.581
SHFE 铜	-0.591	1	0.843	0.036	0.587	-0.619	-0.461
SHFE 锌	-0.574	0.935	0.856	0	0.578	-0.617	-0.389
SHFE 螺纹钢	-0.604	0.843	1	0.054	0.598	-0.621	-0.333
DCE 豆油	0.393	-0.127	0.011	0.502	-0.607	0.482	0.812
DCE 豆粕	0.096	0.036	0.054	1	-0.273	0.357	0.323
DCE 玉米	-0.621	0.587	0.598	-0.273	1	-0.733	-0.71
CZCE 白糖	0.77	-0.619	-0.621	0.357	-0.733	1	0.594

资料来源：Wind 资讯。

自测题

一、填空题

1. _____是期货市场正常运营的保证。它既增强了市场的流动性,又承担了套期保值交易转移的风险。

2. 参与期货交易,学会_____是投资者的首要任务。

3. 白糖期货价格的主要分析方法有_____和_____。

4. 因为白糖日内价格波动频繁,所以,白糖期货是一个非常适合投机者进行_____的品种。

5. 商品期货套利的种类主要有四种,分别是_____、_____、_____和_____。

6. 严格意义上说,_____属于跨期套利的范畴,也是跨市场套利的扩展。

二、判断题

1. 期货交易的"高风险、高收益"主要归咎于其保证金制度。( )

2. 基本面分析研究的对象是价格波动背后的原因,通过分析影响价格波动的原因来判断市场未来的方向,并因此进行操作。( )

3. 技术分析研究的对象是价格,它既需要知道价格波动的原因,又需要关注价格本身如何波动。( )

4. 上升趋势线的功能在于能够显示出价格上升的支撑位,一旦价格在波动过程中跌破此线,就意味着行情一定出现反转,由涨转跌。( )

5. 根据葛兰威尔均线法则,当价格跌破均线后急剧暴跌,远离均线价格拐头,为买入信号。( )

6. RSI 数值越大,表明市场上卖方气势越弱、买方气势越强;RSI 数值越小,表明市场上买方气势越弱,卖方气势越强。( )

7. "无风险套利"也并非完全没有风险,在实际操作中投资者需熟悉

交易所的制度，最大程度上地减少风险，提高套利的成功率。（　　）

8. 白糖期货适合与国内其他农产品期货进行跨品种套利。（　　）

三、单选题

1. 期货交易的保证金制度让期货具有"高风险、高收益"的特点，投资者可以利用以下方法来控制交易风险，但（　　）除外。

　　A. 控制交易规模

　　B. 利用期货"T+0"交易制度

　　C. 利用期货的杠杆原理

　　D. 学会及时止损

2. 在正向市场上进行跨期"无风险套利"的操作方法是（　　）。

　　A. 卖出近期期货合约，买入远期期货合约

　　B. 卖出近期期货合约，卖出远期期货合约

　　C. 买入近期期货合约，买入远期期货合约

　　D. 买入近期期货合约，卖出远期期货合约

3. 在熊市套利中，在正向市场时是通过价差不断（　　）获得利润；在反向市场时是通过价差的不断（　　）而获得利润。

　　A. 扩大、缩小　　　　　　　　　B. 缩小、扩大

　　C. 扩大、扩大　　　　　　　　　D. 缩小、缩小

4. 蝶式套利是跨期套利中一种常见的形式，其具体操作方法是（　　）。

　　A. 买入2手SR1903合约，同时卖出2手SR1905合约，并买入2手SR1907合约

　　B. 买入2手SR1903合约，同时卖出4手SR1905合约，并买入2手SR1907合约

　　C. 买入4手SR1903合约，同时卖出2手SR1905合约，并买入2手SR1907合约

　　D. 买入2手SR1903合约，同时卖出2手SR1905合约，并买入4手SR1907合约

5. 当期货价格加上持有成本低于现货价格时，进行期现反向套利的操作方法是（　　）。

A. 卖出现货，买入期货合约

B. 卖出现货，卖出期货合约

C. 买入现货，买入期货合约

D. 买入现货，卖出期货合约

6. 白糖期货与（　　）可以进行跨品种套利交易。

A. 棉花　　　　　　　　　　B. 玉米

C. 大豆　　　　　　　　　　D. 都不可以

参考答案

一、填空题

1. 投机交易

2. 控制交易风险

3. 基本面分析　技术风险

4. 短线操作

5. 跨期套利　跨商品套利　跨市场套利　期现套利

6. 期现套利

二、判断题

1. 对　2. 对　3. 错　4. 错　5. 对　6. 对　7. 对

8. 错

三、单选题

1. C　2. D　3. A　4. B　5. A　6. D

第十一章

白糖期权

> **本章要点**
>
> 本章主要介绍期权的基本概念以及郑州商品交易所白糖期权的合约解读,并对如何利用白糖期权进行套期保值操作做了讲解,进一步帮助投资者了解白糖期权。

一、什么是期权?

2017年4月19日,白糖期权在郑州商品交易所上市交易,成为继上交所的50ETF,大商所的豆粕期权之后,我国第三个场内期权。白糖期权的上市为我国糖农和糖业企业提供更丰富的价格管理工具,为老少边穷地区脱贫攻坚提供新金融工具。

期权,也称选择权,是指买方支付给卖方费用后,拥有在未来规定时间内按照事先约定的价格，买入或卖出一定数量资产（商品、指数或金融工具等）的权利。期权卖方收取费用后，负有相应卖出或买入的义务。

期权买方、买方的权利和义务是不对等的，买方可以行使权利，也可以放弃权利，如果买方行使权利，卖方必须履行相应义务。

买方支付的费用称"权利金"，买、卖的约定价格称"行权价格"，买、卖的资产称"标的物"。郑商所的白糖期权为商品期权，标的为郑商所的白糖期货合约，买方行权后得到的是相应期货的多头（看涨期权）或空头部位（看跌期权）。

（一）期权的分类

白糖期权包括看涨期权和看跌期权。看涨期权是指期权买方有权在将来某一时间，以特定价格（行权价格）买进一定数量的相关期货合约。相应，期权卖方有义务卖出期货合约。看跌期权是指期权买方有权在将来某一时间，以特定价格（行权价）卖出一定数量的相关期货合约。相应，期权卖方有义务买入期货合约。

（二）内在价值与时间价值

期权自身的权利金由两部分组成，分别是内在价值与时间价值。内在价值是期权立即行权可以获得的收益，时间价值是指期权到期前，权利金扣除内在价值后剩余部分，一般来说，在其他条件不变的情况下，距离到期的时间越长，期权的时间价值越大，随着到期日的临近，期权时间价值逐渐衰减。期权到期时，期权不再有时间价值，期权价值全部为内在价值。权利金公式如下：

权利金 = 内在价值 + 时间价值

其中，看涨期权内在价值 = max（标的物价格 - 行权价格，0），看跌期权内在价值 = max（行权价格 - 标的物价格，0）。

时间价值 = 权利金 - 内在价值

例如，白糖期货合约 SR805 结算价格为 5800 元/吨，行权价格为 5600 元/吨的看涨期权，权利金报价为 202.5 元/吨，则该看涨期权的内在价值为 5800 - 5600 = 200（元/吨），时间价值为 202.5 - 200 = 2.5（元/吨）。

实值期权也称期权处于实值状态，是指在不考虑交易费用的情况下，如果买方立即行权所获得的收益大于0的期权，即内在价值大于0的期权。包括行权价低于标的物价格的看涨期权，行权价高于标的物价格的看跌期权。例如白糖期货价格为5800元/吨时，行权价为5600元/吨的看涨期权或行权价为6000元/吨的看跌期权都为实值期权。

虚值期权，也称期权处于虚值状态，是指在不考虑交易费用的情况下，如果买方立即行权将亏损的期权。虚值期权的内在价值等于0。包括行权价高于标的物价格的看涨期权，行权价低于标的物价格的看跌期权。例如白糖期货价格为5800元/吨时，行权价为5600元/吨的看跌期权或行权价为6000元/吨的看涨期权。

平值期权则是在不考虑交易费用的情况下，如果买方立即行权会盈亏平衡的期权。从理论上是行权价格恰好等于标的物价格的期权，但在实际交易中，由于行权价格并不连续，所以将离标的物市场价最近的行权价的期权认定为平值。

实值期权的优点在乎如果投资者看对方向，权利金上涨的幅度高于平值期权、虚值期权，缺点是权利金成本相对较高，资金利用率较低，一旦方向看错，损失相对高于平值期权和虚值期权。

虚值期权只有时间价值，没有内在价值，其权利金相对较为便宜，特别是深度虚值期权，权利金更低，但这并不意味着虚值程度越深越值得买入。相反，对于买入深度虚值期权应该更为谨慎，因为深度虚值期权转化为实值期权需要标的物价格很大的变化，可能性较小，即使价格向有利方向变动，深度虚值期权也可能最终没有价值，可能出现看对方向而没有赚到钱的情况。

平值期权的权利金往往比虚值期权高，但比实值要低，介于二者之间。由于时间价值相对虚值期权和实值期权都要高，往往是期权卖方的钟爱的选择。一般来说，投资者应根据交易成本、价格变动方向和波动程度，选择合适的平值期权或虚值期权。

二、期权价格的影响因素有哪些?

期权价格通常会受到合约标的价格、到期日、利率、波动率等因素的影响。

(一) 标的期货价格如何影响期权价格

在其他条件一定的情形下,看涨期权的价值随着标的资产市场价格的上升而上升;看跌期权的价值随着标的资产市场价格的上升而下降。一般而言,行权价格与标的物价格之间的差距越大,时间价值越小;反之,则时间价值越大(见表 11-1)。

表 11-1　　　　　　标的期货价格与期权价格的关系

期权	标的物价格	期权价格
看涨期权	上涨	上涨
	下跌	下跌
看跌期权	上涨	下跌
	下跌	上涨

(二) 波动率如何影响期权价格

标的资产价格波动率越大,标的资产价格涨至行权价格的可能性越大,此时期权向实值方向转化的可能性越大,权利金也会相应越大(见表 11-2)。相反,价格波动越小,期权变为实值期权的概率越小,权利金越低。

(三) 期权的有效期如何影响期权价格

对于期权而言,无论是看跌期权还是看涨期权,在其他条件一定的情形

表 11-2　　标的资产价格波动率变化与期权价格的关系

期权	标的资产价格的波动率	期权价格
看涨期权	上升	上涨
	下降	下跌
看跌期权	上升	上涨
	下降	上涨

下,有效期越长,期权的时间价值就越大,期权价格就越高(见表 11-3)。

表 11-3　　期权有效期与期权价格的关系

期权	期权有效期	期权价格
看涨期权	上升	上涨
	下降	下跌
看跌期权	上升	上涨
	下降	下跌

(四) 无风险利率如何影响期权价格

利率尤其是短期利率的变动会影响期权的价格(见表 11-4)。利率提高(下降),使期权价格的机会成本提高(降低),有可能使资金从期权市场流向价格已下降(上涨)的标的市场,减少(增加)对期权交易的需求,进而会使期权价格下降(上涨)。

表 11-4　　无风险利率与期权价格的关系

期权	无风险利率	期权价格
看涨期权	上升	上涨
	下降	下跌
看跌期权	上升	下跌
	下降	上涨

三、期权与期货有什么区别？

买入期权可以为投资者提供更高的资金使用效率，因为与期货保证金相比，客户可用较少的权利金获得标的物全额价值的买入和卖出权利。

白糖期货合约和白糖期权的区别有以下几方面：

（一）买卖双方的权利义务不同

白糖期货交易中，买卖双方具有对等的权利和义务。而白糖期权交易中，买方有执行合约的权利而不存在履约义务，卖方则负有履约义务而没有权利。

（二）收益风险不同

期货交易中，买卖双方承担的盈亏风险是对称的，双方盈亏取决于价格的变化幅度。而在期权交易中，买卖双方的风险和收益是不对称的。具体为，期权买方承担有限风险（即损失权利金的风险），而盈利则有可能是无限的，期权卖方享有有限的收益（以所获得权利金为限）而其潜在风险可能无限。

（三）保证金制度不同

在期货交易中，买卖双方都需要缴纳保证金。而期权交易中，买方支付权利金，不需要缴纳保证金，只要求卖方缴纳履约保证金。

（四）了结方式不同

期货交易中，投资者可以平仓或进行实物交割的方式了结期货部位。而期权交易中，投资者了结其部位的方式包括平仓、行权和放弃。

投资者利用期货合约进行套期保值的操作中，在规避不利风险的同时也放弃了收益变动增长的可能。但投资者利用白糖期权进行套期保值的操作中,在锁定管理风险的同时,还预留进一步盈利的空间,即标的白糖期货价格往不利方向运动时可及时锁定风险,往有利方向运动时又可以获取盈利。

四、郑州商品交易所的白糖期权合约是怎样的?

期权合约是由交易所统一制定的、规定买方有权在未来规定时间以特定价格买入或者卖出约定标的物(包括期货合约)的标准化合约(见表11-5)。

表 11-5　　　　　　　　白糖期权标准合约

合约标的物	白糖期货合约
合约类型	看涨期权、看跌期权
交易单位	1手(10吨)白糖期货合约
报价单位	元(人民币)/吨
最小变动价位	0.5元/吨
涨跌停板幅度	与白糖期货合约涨跌停板幅度相同
合约月份	标的期货合约中的连续两个近月,其后月份在标的期货合约结算后持仓量达到5000手(双边)之后的第二个交易日挂牌
交易时间	每周一至周五上午9:00—11:30,下午13:30—15:00,以及交易所规定的其他交易时间
最后交易日	标的期货合约交割月份前一个月的第3个交易日,以及交易所规定的其他日期
到期日	同最后交易日

续表	
行权价格	以白糖期货前一交易日结算价为基准，按行权价格间距挂出5个实值期权、1个平值期权和5个虚值期权。行权价格≤3000元/吨，行权价格间距为50元/吨；3000元/吨＜行权价格≤10000元/吨，行权间距为100元/吨；行权价格＞10000元/吨，行权价格间距为200元/吨
行权方式	美式。买方可在到期日前任一交易日的交易时间提交行权申请；买方可在到期日15：30之前提交行权申请、放弃申请
交易代码	看涨期权：SR-合约月份-C-行权价格 看跌期权：SR-合约月份-P-行权价格
上市交易所	郑州商品交易所

郑州商品交易所的白糖期权合约有如下要点及说明：

（一）交易单位

白糖期权交易单位为一手（10吨）白糖期货合约，期权交易必须以"1手"的整数倍进行。

（二）报价单位

与白糖期货合约相同，白糖期权合约以人民币（元）计价，报价单位为元/吨。

（三）最小变动单位

白糖期权的最小变动价位为0.5元/吨，为白糖期货最小变动价位（1元/吨）的一半。

（四）结算价

期权结算价与期货结算价类似，主要用于计算期权卖方保证金的收取，确定下一交易日期权的涨跌停板价格。与期货结算价不同，期权结算价不作为每日盈亏划转的依据。期权合约结算价的计算方法为：

①除最后交易日外，交易所根据隐含波动率确定各期权合约的理论价，

作为当日结算价；

②最后交易日，期权合约结算价计算公式为：

看涨期权结算价 = Max（标的物结算价 - 行权价格，0）；

看跌期权结算价 = Max（行权价格 - 标的物结算价，0）；

③期权价格明显不合理时，交易所可以调整期权合约结算价。

（五）涨跌停板幅度

白糖期权合约涨跌停板幅度与期货相同，即期权的涨跌停板幅度等于标的期货结算价和涨跌停板比例乘积（包括取整）的值。政策情况下，白糖期货的每日价格最大波动限制为上一个加以日结算价±4%。例如，SR805 合约前一交易日结算价为 5790 元/吨，那么今日 SR805 合约的涨跌停幅度就是 231.6 元/吨，按照期货最小变动价位取整后为 232 元/吨；若 SR805C5500 的前结算价为 280 元/吨，那么其当日涨停板就是 280 + 232 = 512（元/吨），跌停板就是 280 - 232 = 48（元/吨）。当期权权利金小于等于停板幅度时，跌停板价格取最小变动价位。例如，如果 SR805C5500 期权合约的前结算价为 200 元/吨，那么其当日涨停板就是 200 + 232 = 432（元/吨），跌停板就是 0.5 元/吨。

表 11 - 6　　　　　　　　白糖期权涨跌停板公式

白糖期权昨结算价 X 元/吨	涨停价 = X + 4% × Y
白糖期货昨结算价 Y 元/吨	跌停价 = MAX [0.5, X - 4% × Y]

（六）交易时间

白糖期权的交易时间与白糖期货相同，每周一至周五上午 9：00—11：30，下午 13：30—15：00，以及交易所规定的其他交易时间。白糖期权的夜盘交易时间也与白糖期货夜盘交易时间一致，为 21：00—23：30。

（七）到期月份与最后交易日

标的期货合约交割月份前一个月的第 3 个交易日，以及交易所规定的其他日期。例如，白糖期权 SR909C5800 的到期月份为期货合约 SR909 交割月份的前一个月，即 2019 年 8 月，最后交易日为 2019 年 8 月的第 3 个交易日，即 2019 年 8 月 5 日（修订后的白糖期权合约从新挂牌的 SR909 期货合约开始执行）。

（八）行权价格

行权价格间距是指相邻两个期权合约行权价格之差。白糖期权行权价格间距依据行权价格分段设计，郑商所白糖期权行权价格间距如表 11-7 所示。

表 11-7　　　　　　　　白糖期权行权间距

行权价格（元/吨）	3000 以下	3000~10000	10000 以上
行权价格间距（元/吨）	50	100	200

（九）行权方式

期权按行权方式可以分为美式期权与欧式期权。对于期权的买方来说，美式期权到期日及之前任意交易日内都可以行使权利，欧式期权只有在合约到期日才可以行使权利。郑商所白糖期权为美式期权。

（十）交易代码

白糖期权的交易代码是由白糖期货的交易代码、类型（看涨或者看跌期权）与行权价格组成。其中看涨期权（Call）用英文字母 C 表示，看跌期权（Put）用英文字母 P 表示。例如，以白糖期货 SR805 合约为标的物，行权价格为 5800 元/吨的白糖看涨期权，交易代码为 SR805C5800；以白糖期货 SR805 合约为标的物，行权价格为 5800 元/吨的白糖看跌期权，交易代码为 SR805P5800。

五、白糖期权合约报价方式是怎样的？

白糖期权合约的报价采用 T 型报价界面。T 型报价行情界面第一栏横向为交易指标名称，中间纵向为行权价格序列，形似英文字母T，故称为T型报价。T型报价包含某一品种、某一到期月份、不同行权价格的所有看涨和看跌期权的行情信息，还包含买卖申报量、成交量、持仓量及波动率、风险指标等。

图11－1是文华财经的SR805白糖期权报价界面，左侧为看涨期权，右侧为看跌期权，中间按照期权合约行权价由小至大顺序（也可以是逆序）纵向排列。由图11－1可以看出，当前白糖期货价格为5791元/吨，行权价为5800元/吨的看涨期权为平值期权，左侧数据为看涨期权行情信息，其中5800C的最新成交价格为74.5元/吨，当前买一价为74.5元/吨，卖一价为75.5元/吨；右侧数据为看跌期权行情信息，其中5800P的最新成交价格为85.0元/吨，当前买一价为83.5元/吨，卖一价为85.0元/吨。

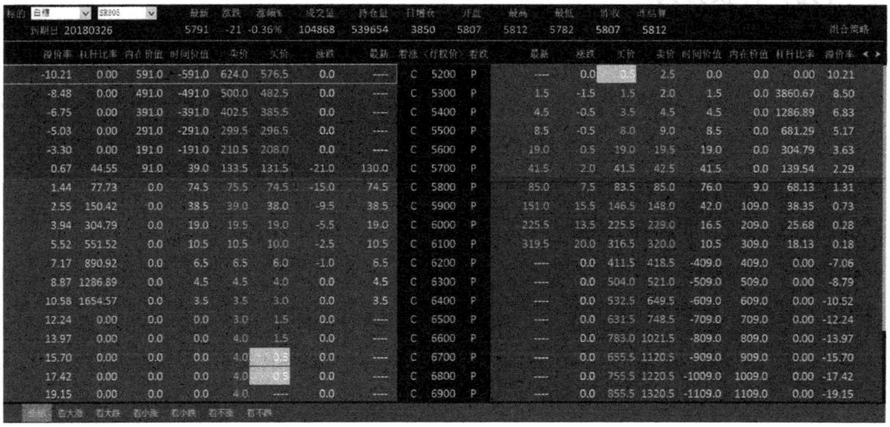

标的	白糖	SR805	最新	涨跌	涨幅%	成交量	持仓量	日增仓	开盘	最高	最低	昨收	昨结算	
到期日	20180326		5791	-21	-0.36%	104868	539654	3850	5807	5812	5782	5807	5812	组合策略

溢价率	杠杆比率	内在价值	时间价值	卖价	买价	涨跌	最新	看涨	〈行权价〉	看跌	最新	涨跌	买价	卖价	时间价值	内在价值	杠杆比率	溢价率
-10.21	0.00	591.0	-591.0	624.0	576.5	0.0	----	C	5200	P	----	0.0	0.5	2.5	0.0	0.0	0.00	10.21
-8.48	0.00	491.0	-491.0	500.0	482.5	0.0	----	C	5300	P	1.5	-1.5	1.5	2.0	1.5	0.0	3860.67	8.50
-6.75	0.00	391.0	-391.0	402.5	385.5	0.0	----	C	5400	P	4.5	-0.5	3.5	4.5	4.5	0.0	1286.89	6.83
-5.03	0.00	291.0	-291.0	299.5	296.5	0.0	----	C	5500	P	8.5	-0.5	8.0	9.0	8.5	0.0	681.29	5.17
-3.30	0.00	191.0	-191.0	210.5	208.0	0.0	----	C	5600	P	19.0	0.5	19.0	19.5	19.0	0.0	304.79	3.63
0.67	44.55	91.0	39.0	133.5	131.5	-21.0	130.0	C	5700	P	41.5	2.0	41.5	42.5	41.5	0.0	139.54	2.29
1.44	77.73	0.0	74.5	75.5	74.5	-15.0	74.5	C	5800	P	85.0	7.5	83.5	85.0	76.0	9.0	68.13	1.31
2.55	150.42	0.0	38.5	39.0	38.0	-9.5	38.5	C	5900	P	151.0	15.5	146.5	148.0	42.0	109.0	38.35	0.73
3.94	304.79	0.0	19.0	19.5	19.0	-5.5	19.0	C	6000	P	225.5	13.5	225.5	229.0	16.5	209.0	25.68	0.28
5.52	551.52	0.0	10.5	10.5	10.0	-2.5	10.5	C	6100	P	319.5	20.0	316.5	320.0	10.5	309.0	18.13	0.18
7.17	890.92	0.0	6.5	6.5	6.0	-1.0	6.5	C	6200	P	----	0.0	411.5	418.5	-409.0	409.0	0.00	-7.06
8.87	1286.89	0.0	4.5	4.5	4.0	0.0	4.5	C	6300	P	----	0.0	504.0	521.0	-509.0	509.0	0.00	-8.79
10.58	1654.57	0.0	3.5	3.5	3.0	0.0	3.5	C	6400	P	----	0.0	532.5	649.5	-609.0	609.0	0.00	-10.52
12.24	0.00	0.0	0.0	3.0	1.5	0.0	----	C	6500	P	----	0.0	631.5	748.5	-709.0	709.0	0.00	-12.24
13.97	0.00	0.0	0.0	4.0	1.5	0.0	----	C	6600	P	----	0.0	783.0	1021.5	-809.0	809.0	0.00	-13.97
15.70	0.00	0.0	0.0	4.0	0.5	0.0	----	C	6700	P	----	0.0	655.5	1120.5	-909.0	909.0	0.00	-15.70
17.42	0.00	0.0	0.0	4.0	0.5	0.0	----	C	6800	P	----	0.0	755.5	1220.5	-1009.0	1009.0	0.00	-17.42
19.15	0.00	0.0	0.0	4.0	----	0.0	----	C	6900	P	----	0.0	855.5	1320.5	-1109.0	1109.0	0.00	-19.15

全部 看大涨 看大跌 看小涨 看小跌 看不涨 看不跌

图11－1　白糖期权T型报价界面

新月份白糖期权合约的挂牌时间为白糖期货合约挂盘交易的下一交易日，以白糖期货前一交易日结算价为基准，按行权价格间距挂出5个实值期权、1个平值期权和5个虚值期权。当白糖期货每日结算价发生变动，白糖期权实值或虚值期权合约少于规定数量时，交易所将增挂新的期权合约至规定数量。当期权合约到期后，即期权合约到期日的下一交易日，该月份期权合约全部摘牌。需要注意的是，期权合约的到期日早于期货合约，比期货合约早到期摘牌。

六、白糖期权交易的了结方式有哪些？

期权交易的了结方式分为平仓、行权和放弃三种。平仓是指将先前买进（卖出）的合约卖出（买进），与期货基本相同，只不过期权的报价是权利金。放弃是指期权合约到期，买方放弃权利，卖方义务终结。由于白糖期权是美式期权，期权买方可以在期权到期前的任一交易日规定时间下达行权指令，期权买卖双方的期权持仓在当日结算时转换成相应的期货持仓。

对于白糖期权，买方可以在期权到期前的所有交易日闭市前通过交易下单系统下达行权期权指令。同时，买方行权时必须准备好满足期货交易保证金要求的资金。如果买方未能在提交行权申请指令时备足足额资金，期货公司不接受行权申请。行权当天结算时，买方的白糖期权持仓转换为白糖期货持仓，行权完成。对应的期权卖方则负有履约义务。当买方提出行权申请时，郑商所按照先投机持仓、再组合持仓、最后套期保值持仓的顺序选择卖方进行配对。行权当天结算时，履约的期权卖方持仓按照行权价格转化为相应的期货持仓，释放期权交易保证金，交纳期货交易保证金，行权完成。

 七、行权之后，白糖期权变成了什么？

对于看涨期权多头，按照行权价格获得多头期货部分；对于卖出看涨期权，按照行权价格，卖方被配对，获得空头期货部位。对于买进看跌期权，按照行权价格，卖方获得空头期货部位；对于卖出看跌期权，按照行权价格，卖方被配对，获得多头期货部位（见表11-8）。

表 11-8　　　　　白糖期权行权后转化为期货部位持仓

	买方	卖方
看涨期权	获得多头期货部位	获得空头期货部位
看跌期权	获得空头期货部位	获得多头期货部位

例如，SR805C5800 的期权行权后，买方获得 5800 元/吨的 SR805 白糖期货多头部位；卖方则获得 5800 元/吨的 SR805 白糖期货空头部位。

八、利用期权套期保值的优点有哪些？

期权套期保值是指，用建立的期权部位的收益，弥补期货或现货可能出现的损失，以达到锁定价格变动风险的目的。用期权进行套保，如果现货或者期货部位盈利或亏损，则期权部位成本仅限于保值者支付的权利金，现货或期货部位的盈利却可以随着价格有利的变化而不断扩大。因此，买入期权，等于为企业的生产经营上了"保险"，可以获得价格有利变动的好处，弥补价格不利变动的损失。

期货是现货的衍生品，投资者可以根据方向相反、数量相等、月份相同或相近的操作原则建立期货头寸，为现货进行套期保值，对冲现货价格变动的风险。白糖期权以白糖期货为交易标的，价格与现货、期货之间存在相关性，通过期权交易，既可以为现货头寸进行套期保值，也可以对冲期货头寸的风险。

期权交易有四个基本交易策略：买入看涨期权、卖出看涨期权、买入看跌期权和卖出看跌期权。其他因素不变时，若现货和标的期货价格上涨，则看涨期权价格上涨，看跌期权价格下跌；若现货和标的价格下跌，则看涨期权价格下跌，看跌期权价格上涨。因此，可以通过买入看涨期权和卖出看跌期权（行权都转化为期货多头），对冲期货或现货价格上涨的风险；通过买入看跌期权和卖出看涨期权（行权都转化为期货空头），对冲期货和现货价格下跌的风险。

期权套期保值策略可以分为保护性保值策略、抵补性保值策略和双限期权保值策略三类。

对于白糖的买家和卖家而言,白糖买家需要对冲商品价格上涨风险,而卖家需要对冲价格下跌风险,根据价格变动方向、变动幅度、保值成本以及目标需要,买家和卖家可以根据需要,采用形式灵活多样的策略来开展套期保值业务。

 九、期权套期保值的策略有哪些?

利用期权进行套期保值主要分为保护性策略和抵补性策略两种:

(一)保护性策略

保护性套期保值策略是指通过买入期权,为现(期)货部位进行保值的策略。这种策略是最基本的保值策略,可以有效地保护现(期)货部位的风险,最大损失是确定的。

在价格大幅变动的情况下,投资者想要锁定损失的同时拥有收益的可能,那么可以选择保护性策略,利用期权进行套期保值。

利弊分析:保护性套期保值策略最大优势是保值的同时拥有增值的可能。如果价格朝着有利的方向变动,那么现货、期货部位会出现盈利,现货朝着有利的方向变动的越大,则盈利也越大,但最大的劣势就是需要付出权利金作为保值成本。

根据套保者使用目的的不同,保护性期权套期保值可以分为买入看涨期权和买入看跌期权两种类型,具体情形参见以下具体案例。

1. 买入看涨期权套期保值策略的具体案例

买入看涨期权套期保值策略,一般适用于需要购买原材料的企业,如以白糖为主要原料的食品加工企业,主要目的是为了防止采购成本大幅上涨。

采用这一策略可以实现在保护现（期）货空头部位，规避价格大幅上涨成本增加的风险，同时保留价格下跌所带来成本降低机会的目标。

具体案例假设条件：假设期货与现货价差不变，期权权利金按波动率20%和利率5%确定，期权盈亏按行权转化为期货持仓盈亏计算。

案例 11 – 1

某食品厂计划与 2018 年 8 月 20 日采购 1000 吨白糖作为其生产原料，2018 年 5 月 20 日白糖现货价格为 4900 元/吨，此时 SR809 合约价格为 5000 元/吨。

因该食品厂目的是规避白糖现货价格大幅上涨的风险，从而锁定生产成本，所以采用看涨期权保护性套保策略。具体操作为：2018 年 5 月 20 日买入看涨期权 SR809C5200，支付权利金 100 元/吨。

情景一：2018 年 8 月 20 日，若白糖现货价格上涨为 5500 元/吨，对应期货合约上涨为 5600 元/吨，则采购成本上升，出现现货亏损，期权盈利，详见表 11 – 9。

表 11 – 9　　　　白糖价格上涨时买入看涨期权套保损益　　　　单位：元/吨

	白糖现货	SR809C6200
2018 年 5 月 20 日	4900	– 100
2018 年 8 月 20 日	5500	400
单项损益	– 600	300
套保损益	– 300	

如果不进行买入看涨期权套保，现货亏损 600 元/吨；买入看涨期权套保，期权盈利 400 元/吨，扣除权利金成本 100 元/吨，期权总盈利 300 元/吨，则现货加期权总亏损即采购成本上升 300 元/吨。

情景二：2018 年 8 月 20 日，若白糖现货价格下跌至 4300 元/吨，对应期货合约下跌至 4400 元/吨，则现货盈利，期权亏损，总采购成本下降，详见表 11 – 10。

表 11-10　　　　白糖价格下跌时买入看涨期权套保损益　　　　单位：元/吨

	白糖现货	SR809C6200
2018 年 5 月 20 日	4900	-100
2018 年 8 月 20 日	4300	0
单项损益	600	-100
套保损益	500	

如果不进行买入看涨期权套保，现货盈利 600 元/吨；买入看涨期权套保，期权盈利为 0，扣除权利金成本 100 元/吨，期权总亏损 100 元/吨，则现货加期权总盈利即采购成本下降 500 元/吨。

假设在 2018 年 8 月 20 日，若现货价格分别出现有利变动和不利变动，表 11-11 为对应现货、期权的损益情况。

表 11-11　　　　买入看涨期权的套保损益　　　　单位：元/吨

现货价格	现货损益	期货价格	期权损益	套保损益
4300	600	4400	-100	500
4500	400	4600	-100	300
4700	200	4800	-100	100
4900	0	5000	-100	-100
5100	-200	5200	-100	-300
5300	-400	5400	100	-300
5500	-600	5600	300	-300

由表 11-11 可知，若 8 月 20 日价格出现不利变动，即白糖期货价格高于 5200 元/吨，对应现货价格高于 5100 元/吨，若投资者行权并平仓，期权获得盈利，现货出现亏损，期权盈利可以弥补现货的损失。但是当期货价格大幅上涨时，期权套保组合的损失，即总采购成本是有限的，最大损失为 300 元/吨。

若 8 月 20 日出现了有利变动，即白糖期货价格低于 5200 元/吨，对应现货价格低于 5100 元/吨，那么现货出现盈利，期权出现亏损。此时套保者可以放弃行权，最大损失为权利金 100 元/吨。由上表可以看出，当价格下跌时，期权套期保值组合保留了盈利增加的机会。

采用买入看涨期权进行保护性套期保值，实现了两个目标，即锁定了价格上行风险、保留了价格下行盈利的机会。

2. 买入看跌期权套期保值的具体案例

买入看跌期权套期保值策略，一般适用于持有现货和期货多头部位的生产企业或贸易商，如生产并销售白糖的糖厂企业，主要目的是防止现货价格大幅下跌带来的损失。采用这一策略可以实现在保护现（期）货多头部位，规避价格大幅下跌的风险，同时保留价格上涨所带来的盈利机会。

具体案例假设条件：假设期货与现货价差不变，期权权利金按波动率 20% 和利率 5% 确定，期权盈亏按行权转化为期货持仓盈亏计算。

案例 11-2

某制糖企业库存白糖，预计 2018 年 8 月下旬销售白糖，2018 年 5 月 20 日白糖现货价格为 4900 元/吨，此时 SR809 合约价格为 5000 元/吨。

因为该制糖企业目的是规避白糖现货价格大幅下跌的风险，所以采用看跌期权的保护性套保策略。具体操作为：2018 年 5 月 20 日买入看跌期权 SR809P4800，支付权利金 95 元/吨。

情景一：2018 年 8 月 20 日，若白糖现货价格上涨为 5500 元/吨，对应期货合约上涨为 5600 元/吨，则现货盈利，期权放弃行权，损失权利金，详见表 11-12。

表 11-12　　　白糖价格上涨时买入看跌期权的套保损益　　　单位：元/吨

	白糖现货	SR809P4800
2018 年 5 月 20 日	4900	-95
2018 年 8 月 20 日	5500	0
单项损益	600	-95
套保损益	505	

如果不进行买入看跌期权套保,现货盈利,即销售收入增加 600 元/吨;买入看跌期权套保,期权盈利 0 元/吨,扣除权利金成本 95 元/吨,期权总亏损 95 元/吨,则现货加期权总亏损即总销售收入增加 505 元/吨。

情景二:2018 年 8 月 20 日,若白糖现货价格下跌至 4300 元/吨,对应期货合约下跌至 4400 元/吨,则现货亏损,期权盈利,总销售收入下降,详见表 11-13。

表 11-13　　　白糖价格下跌时买入看跌期权的套保损益　　单位:元/吨

	白糖现货	SR809P4800
2018 年 5 月 20 日	4900	-95
2018 年 8 月 20 日	4300	400
单项损益	-600	305
套保损益	-295	

如果不进行买入看跌期权套保,现货亏损 600 元/吨;买入看跌期权套保,期权盈利 400 元/吨,扣除权利金成本 95 元/吨,期权总盈利 305 元/吨,则现货加期权总亏损即总销售收入减少 295 元/吨。

假设在 2018 年 8 月 20 日,若现货价格分别出现有利变动和不利变动,表 11-14 为对应现货、期权的损益情况。

表 11-14　　　买入看跌期权的套保损益　　单位:元/吨

现货价格	现货损益	期货价格	期权损益	套保损益
4300	-600	4400	305	-295
4500	-400	4600	105	-295
4700	-200	4800	-95	-295
4900	0	5000	-95	-95
5100	200	5200	-95	105
5300	400	5400	-95	305
5500	600	5600	-95	505

由表 11-14 可知，若 8 月 20 日价格出现不利变动，即白糖期货价格低于 4800 元/吨，对应现货价格低于 4700 元/吨，若投资者行权，期权获得盈利，现货出现亏损，期权盈利可以弥补现货的损失。但是当现货价格大幅下跌时，期权套保组合的损失，即总销售收入的减少是有限的，最大损失为 295 元/吨。

若 8 月 20 日出现了有利变动，即白糖期货价格高于 4800 元/吨，对应现货价格高于 4700 元/吨，那么现货出现盈利，期权出现亏损。此时套保者可以放弃行权，最大损失为权利金 95 元/吨。由上表可以看出，当现货价格上涨时，期权套期保值组合保留了盈利增加的可能。

采用买入看跌期权进行保护性套期保值，实现了两个目标，即锁定了价格大幅下行风险、保留了价格上行盈利的机会。

（二）抵补性策略

抵补性套期保值策略是指通过卖出期权获得权利金，抵补现（期）货价格不利变动的损失，获得成本降低或销售收入增加的期权保值的策略。这种策略是最基本的保值策略，可以有效地保护现（期）货部位的风险，最大损失是确定的。

在市场价格有利变动或不利变动较少时，即权利金收入大于价格不利变动幅度时，抵补性套期保值策略可以盈利。

利弊分析：抵补性套期保值策略最大优势是获得的权利金可以降低购买成本或增加销售收入，但是如果价格朝不利方向大幅变动时，虽然抵补性策略可以弥补一部分现货损失，但不足以弥补现（期）的大部分亏损。

根据套保者使用目的的不同，抵补性期权套期保值也可以分为卖出看跌期权和卖出看涨期权两种类型，具体情形参见以下具体案例。

1. 卖出看跌期权套期保值策略的具体案例

卖出看跌期权的抵补性保值策略，一般适用于需要购买原材料的企业，如以白糖为主要原料的食品加工企业，主要是需要降低未来现货价格上涨的风险。若预期未来价格下跌或不会有大涨的行情时，采用这一策略可以收取权利金，抵补价格上涨的损失。因为是持有现（期）货空头部位，卖出看跌期权，所以愿意接受较大下跌风险，换取收入权利金而成本降低的机会。

具体案例假设条件：假设期货与现货价差不变，期权权利金按波动率20%和利率5%确定，期权盈亏按行权转化为期货持仓盈亏计算。

案例 11 -3

某食品厂计划与 2018 年 8 月 20 日采购 1000 吨白糖作为其生产原料，2018 年 5 月 20 日白糖现货价格为 4900 元/吨，此时 SR809 合约价格为 5000 元/吨。

因为该食品厂未来要购入白糖，相当于拥有 1000 吨的白糖现货空头，而且预期未来白糖价格下跌和上涨的幅度不超过 200 元/吨，所以采用卖出看跌期权的抵补性保值策略。具体操作为：2018 年 5 月 20 日卖出看跌期权 SR809P4800，收取 95 元/吨的权利金。

情景一：2018 年 8 月 20 日，若白糖现货价格下跌至 4500 元/吨，对应期货合约下跌为 4600 元/吨，则出现现货盈利，期权因买方行权而亏损 105 元，套保总盈利为 295 元/吨，详见表 11 - 15。

表 11 - 15　　白糖价格下跌时卖出看跌期权的套保损益　　单位：元/吨

	白糖现货	SR809P4800
2018 年 5 月 20 日	4900	95
2018 年 8 月 20 日	4500	- 200
单项损益	400	- 105
套保损益	295	

如果不进行卖出看跌期权套保，现货盈利 400 元/吨；卖出看跌期权套保，期权亏损 200 元/吨，权利金收入 95 元/吨，期权净亏损 105 元/吨，则现货加期权总盈利即总采购成本下降 295 元/吨。

情景二：2018 年 8 月 20 日，若白糖现货价格上涨为 5100 元/吨，对应期货合约上涨为 5200 元/吨，则现货亏损，期权盈利，详见表 11 - 16。

表 11-16　白糖价格上涨时卖出看跌期权的套保损益　　　单位：元/吨

	白糖现货	SR809P4800
2018 年 5 月 20 日	4900	95
2018 年 8 月 20 日	5100	0
单项损益	-200	95
套保损益	-105	

如果不进行卖出看跌期权套保，现货亏损 200 元/吨；卖出看跌期权套保，期权未产生亏损，权利金收入 95 元/吨，期权净盈利 95 元/吨，则现货加期权总亏损即采购成本增加 105 元/吨。

假设在 2018 年 8 月 20 日，若现货价格分别出现有利变动和不利变动，表 11-17 为对应现货、期权的损益情况。

表 11-17　　卖出看跌期权的套保损益　　　单位：元/吨

现货价格	现货损益	期货价格	期权损益	套保损益
4300	600	4400	-305	295
4500	400	4600	-105	295
4700	200	4800	95	295
4900	0	5000	95	95
5100	-200	5200	95	-105
5300	-400	5400	95	-305
5500	-600	5600	95	-505

由表 11-17 可知，若 8 月 20 日期货价格低于 5100 元/吨，对应现货价格低于 5000 元/吨左右，那么期权的收益就大于零，而且由于获得了权利金的收入，套保使得现货的成本降低了 95 元/吨。因此，当价格下跌或在上涨幅度比较小时，套保组合的收益都处于盈利状态。

采用卖出看跌期权进行抵补性套期保值，可以实现降低现货成本的目标，但是降低的幅度有限。

2. 卖出看涨期权套期保值策略的具体案例

卖出看涨期权抵补性保值策略，一般适用于持有现货和期货多头部位的生产企业或贸易商，如生产并销售白糖的糖厂企业，因为需要规避未来现货价格的风险，预期未来价格上涨或者不会有大跌的行情时。由于收取权利金，抵补价格下跌的损失，所以愿意接受较大价格上涨的风险，而换取收入权利金的机会。

具体案例假设条件：假设期货与现货价差不变，期权权利金按波动率20%和利率5%确定，期权盈亏按行权转化为期货持仓盈亏计算。

案例 11-4

某制糖企业计划于2018年8月下旬销售1000吨白糖，2018年5月20日白糖现货价格为4900元/吨，此时SR809合约价格为5000元/吨。该糖企认为未来现货和期货都将会有200元/吨的波动。

该制糖企业未来要出售白糖，相当于拥有1000吨的白糖现货多头，因为预期未来价格变动幅度较小，所以采用卖出看涨期权的抵补性套保策略。具体操作为：2018年5月20日卖出看涨期权SR809C5200，收取100元/吨的权利金。

情景一：2018年8月20日，若白糖现货价格下降为4700元/吨，对应期货合约下跌至4800元/吨，则现货亏损200元，期权盈利100元/吨，套保总亏损100元/吨，详见表11-18。

表11-18　白糖价格下跌时卖出看涨期权的套保损益　　　单位：元/吨

	白糖现货	SR809C5200
2018年5月20日	4900	100
2018年8月20日	4700	0
单项损益	-200	100
套保损益	-100	

如果不进行卖出看涨期权套保，现货亏损，即销售收入减少200元/吨；卖出看涨期权套保，期权未盈利，权利金净收入100元/吨，则现货加期权

总亏损即总销售收入减少 100 元/吨。

情景二：2018 年 8 月 20 日，若白糖现货价格上涨为 5100 元/吨，对应期货合约上涨为 5200 元/吨，则现货盈利 200 元/吨，期权因受到期权金也盈利 100 元/吨，套保总盈利 300 元/吨，详见表 11-19。

表 11-19　　　　白糖价格下跌时卖出看涨期权的套保损益　　　　单位：元/吨

	白糖现货	SR809C6200
2018 年 5 月 20 日	4900	100
2018 年 8 月 20 日	5100	0
单项损益	200	100
套保损益	300	

如果不进行买入看跌期权套保，现货盈利 200 元/吨；卖出看涨期权套保，期权没有盈利，收入 100 元/吨的权利金，期权总盈利 100 元/吨，则现货加期权总盈利即总销售收入增加 300 元/吨。

假设在 2018 年 8 月 20 日，若现货价格分别出现有利变动和不利变动，表 11-20 为对应现货、期权的损益情况。

表 11-20　　　　　　　卖出看涨期权的套保损益　　　　　　单位：元/吨

现货价格	现货损益	期货价格	期权损益	套保损益
4300	-600	4400	100	-500
4500	-400	4600	100	-300
4700	-200	4800	100	-100
4900	0	5000	100	100
5100	200	5200	100	300
5300	400	5400	-100	300
5500	600	5600	-300	300

由表 11-20 可知，若 8 月 20 日期货价格不低于 4900 元/吨，现货价格不低于 4800 元/吨，那么套期保值的收益就大于零，而且由于获得了 100 元

/吨的权利金收入，套期保值的收益较现货收益高出 100 元/吨。因此可以看出，当价格上涨或下跌幅度比较小时，卖出看涨抵补性套期保值组合收益都处于盈利状态。

采用卖出看涨期权进行抵补性套期保值，实现了两个目标，即降低了现货价格下跌的损失，又具有无限盈利的可能。

 十、期权套期保值应该注意哪些问题？

在进行白糖期权套期保值方案设计时，还需要格外注意一些细节方面的处理和将对风险来源的认识考虑在内。以下是几个选用白糖期权套期保值时需要注意的方面：

（一）期权套保月份与到期问题

郑商所白糖期权合约的到期日和最后交易日，均为标的期货合约交割月份前 1 个月的第 3 个交易日（以及交易所规定的其他日期），较白糖期货合约提前 1 个多月摘牌。因此，套期保值者一定要特别注意最后期权的行权日期，根据套期保值月份相近原则，注意选择的期权与现货或期货在经营计划上的期限匹配问题，以免在套期保值时间上不匹配，导致不必要的损失。

（二）期权套保部位了结

根据郑商所的期权交易规则，利用期权进行套期保值可以采取平仓、行权和放弃三种了结方式。

对于保护性策略，买入期权后，平仓了结优于行权。期权的价值包括内在价值与时间价值，而期货期权的权利金大于内在价值。买方提出行权后获得期货部位，只能从内在价值中获利，但放弃了期权的时间价值。所以市场流动性较好时，平仓为最优选择，保值者可以通过期权的盈利来弥补现货（期货）的损失，或者减少期权部位的亏损。如果保值者想进行实物交割，可以考虑行权。保值者在买入期权后，不会面临交纳及追加保证金的风险，但如果保值者根据市场情况，选择通过实物交割的方式来完成保值交易，就需要先提出行权，以获得期货部位。需要注意的是，交易中必须满足期货交易的保证金要求，进入交割月前1个月，白糖期货的交易保证金逐步提高，交易者要合理安排资金，确保套期保值计划顺利进行。

对于抵补性策略，卖出期权后，卖方有义务而无权利，对于持仓了结的方式处于被动低位。最有利的方式是买方到期放弃，卖方可以获取全部的权利金收入。如果买方提出行权，卖方需要履约，这时一般对卖方不利。

（三）期权套保的成本

套保的成本主要考虑权利金成本，不同合约的执行价格不同，期权的执行价格越有利，权利金成本就越高。通常在期权交易中，平值期权的交易比较活跃，深度虚值和深度实值的交易比较稀缺，流动性不足。虽然深度实值的期权能够提供更大的保护，但权利金高；深度虚值期权的权利金低，但其保护效果甚微。因此，在选择期权套保合约时，也要考虑到了结方式上可能出现的困难。

自测题

一、填空题

1. 郑州商品交易所于_____年_____月_____日推出了白糖期权合约交易。

2. 郑州商品交易所的白糖期权合约以_____作为标的物。

3. 白糖期权可以分为_____期权和_____期权两类。

4. 权利金由两部分组成，分别是_____价值与_____价值。

5. 期权价格通常会受到合约标的价格、到期日、利率、_____等因素的影响。

二、判断题

1. 期权买方、买方的权利和义务是不对等的,买方可以行使权利,也可以放弃权利,如果买方行使权利,买方必须履行相应义务。（   ）

2. 平值期权是指,如果买方立即行权所获得的收益大于0的期权,即内在价值大于0的期权。（   ）

3. 对于期权而言,无论是看跌期权还是看涨期权,在其他条件一定的情形下,有效期越长,期权的时间价值就越大,期权价格就越高。（   ）

4. 在白糖期权交易中,买卖双方都需要缴纳保证金。（   ）

5. 买入期权可以为投资者提供更高的杠杆,因为与期货保证金相比,客户可用较少的权利金获得标的物全额价值的买入和卖出权利。（   ）

三、单选题

1. 郑州商品交易所的白糖期权合约的最小变动价位是（   ）。
   A. 0.5 元/吨　　　　　　　　B. 1 元/吨
   C. 10 元/吨　　　　　　　　 D. 100 元/吨

2. 郑州商品交易所的白糖期权最后交易日为到权利到期月的第（   ）个交易日。
   A. 1　　　　　　　　　　　　B. 5
   C. 3　　　　　　　　　　　　D. 7

3. 按照行权方式分类,郑商所白糖期权属于（   ）期权。
   A. 实值　　　　　　　　　　B. 虚值
   C. 美式　　　　　　　　　　D. 欧式

4. 对于买入看涨期权和买入看跌期权,行权后分别获得（   ）期货部位。
   A. 多头、多头　　　　　　　B. 多头、空头
   C. 空头、多头　　　　　　　D. 空头、空头

5. 白糖期货合约的波动率变大,白糖期权合约的权利金（   ）。
   A. 变小　　　　　　　　　　B. 变大
   C. 不变　　　　　　　　　　D. 无影响

四、多选题

1. 投资者了结其白糖期权部位的方式包括（　　）。
   A. 实物交割　　　　　　　　　　B. 平仓
   C. 行权　　　　　　　　　　　　D. 放弃
2. 保护性套期保值策略分为（　　）和（　　）两种类型。
   A. 买入看涨期权　　　　　　　　B. 买入看跌期权
   C. 卖出看涨期权　　　　　　　　D. 卖出看跌期权
3. 抵补性套期保值策略分为（　　）和（　　）两种类型。
   A. 买入看涨期权　　　　　　　　B. 买入看跌期权
   C. 卖出看涨期权　　　　　　　　D. 卖出看跌期权

参考答案

一、填空题

1. 2017　4　19　　2. 白糖期货合约　　3. 看涨　看跌
4. 内在　时间　　5. 波动率

二、判断题

1. 对　　2. 错　　3. 对　　4. 错　　5. 对

三、单选题

1. A　　2. C　　3. C　　4. B　　5. B

四、多选题

1. BCD　　2. AB　　3. CD

后 记

本书是专为期货投资者编写的一本普及性读物,适合于白糖产业链企业和普通投资者阅读。

本书是在第一版《白糖》的基础上修订而来的。基于第一版,本书更新了白糖期货的理论知识、行业数据以及应用案例,增加了白糖期权的内容,使得本书内容更加符合白糖现货、期货的现状,有利于白糖期货基础知识的普及。

本书注意实用性、趣味性,以通俗易懂的语言、鲜明生动的案例将理论知识简单化,避免了理论知识阐述过程中的呆板僵硬。对白糖企业而言,本书具有指导实务操作的作用,书中包含了大量套期保值、套利、风险管理的应用型案例,对企业应用白糖期货有一定借鉴意义。对于普通投资者而言,本书通过一问一答的形式,由浅入深地剖析白糖的基本面和技术面,有助于投资者快速了解白糖及白糖市场。

与证券、债券等金融工具相比,期货作为风险管理工具,专业性强,杠杆率高,风险大,这在客观上要求投资者具备一定的专业投资知识、经济实力以及风险承受能力。"期市有风险,入市需谨慎!"

本书由于篇幅限制,无法尽述相关实体企业及投资者在期货市场上可能面临的所有具体情况,不管是实体企业还是普通投资者,参与到期货市场中,都务必结合自身需求,制定科学合理的交易策略。企业参与套期保值要避免变成投机,普通投资者要严格评估自身能力,尽可能地熟悉并掌握交易品种的市场特点及操作技巧,并严格控制交易规模,避免遭受不必要的损失。

作为《期货投资者教育系列丛书》之一，本书由中国期货业协会组织编写，华信期货股份有限公司刘永华、张寻园、唐丽君、蔡亮承担了本书的具体编写任务。郑州商品交易所郭晨光、李亚鹏同志对本书书稿进行了审阅并提出了宝贵建议。

本书在第一版的基础上修订而来，在此感谢第一版编写人员——珠江期货有限公司（已并入中国国际期货有限公司）潘峥、杨丽萍、黄兵、何文雄同志对本书的贡献。本书在编写过程中还得到了中国证监会投资者保护局、期货部、郑州商品交易所和华信期货股份有限公司领导的指导和帮助，在此表示衷心的感谢！书中的错误之处，敬请批评指正。

中国期货业协会《期货投资者教育系列丛书》编委会

2019 年 3 月